미래 세대를 위한

한국고대사
바로 읽기

미래 세대를 위한

한국고대사

바로 읽기

이도상 지음

만권당

머리말

　역사를 연구하는 목적은 민족이 살아온 과거를 돌아보고 미래를 내다보기 위해서이다. 과거를 돌아보는 것은 지난날 행위의 연장선상에서 형성된 오늘의 제 모습을 확인하는 과정이며 미래를 내다보는 것은 앞으로 펼쳐질 상황에 지혜롭게 대처해나갈 기반을 다지는 작업이다. 따라서 역사 연구에서는 국가와 민족의 성쇠(盛衰)와 영욕(榮辱)의 문제가 주요 명제로 논의될 수밖에 없다. 또한 줄곧 '나를 포함한 우리는 누구인가?'라는 자아(自我)에 대한 의문이 제기되는데 바로 역사 속에서 그 해답을 찾을 수 있다. 그렇기 때문에 다음 세대가 역사 발전의 주체(主體)로서 올바른 역사의식에 기초한 자아를 확립, 미래를 지혜롭게 엮어나갈 수 있도록 한국고대사는 진실에 기초해 바르게 정립돼 있어야 한다.

　대한민국은 20세기 전반의 힘들었던 역사를 극복하고 21세기에 당당히 선진국 대열에 들어섰다. 그것은 20세기 후반 잘 살아보겠다는 국민적 집념과 열정이 한데 엮여 '한강의 기적'으로 일컬어지는 경제발전을 통해 이루어진 것이다. 하지만 지금부터가 더 중요하다. 예측하기 어려운 급격한 국제정세의 변화 속에서 첨단 정보화시대를 이끌어나갈 젊은이들의 긍정적 사고와 의지가 절실하기 때문이다.

현재 대한민국 젊은이들의 정보처리 능력과 과학적 재능은 미래사회를 엮어나갈 주역으로서 거의 손색이 없다. 그래서 이를 뒷받침할 수 있는 역사인식의 전환이 더욱 더 요구되는 시점이다. 특히 선진국 위상에 걸맞지 아니하게 벌어지고 있는 부정적 행태의 사회현상들이 역사교육의 결함에서 비롯하므로 이에 대한 개혁이 절실하다.

한(韓)민족은 중국의 황하문명보다 이른 시기에 고대문명을 형성했고 청동기시대에 고대조선을 세운 이후 반만년 가까이 유구한 역사를 이어온 민족이다. 그럼에도 안타까운 것은 고려 중기 이후 근대조선에 걸쳐 역사인식이 사대주의에 빠짐으로써 역사를 바로 보지 못하고 민족적 자아를 상실하여 주변국들로부터 얕잡아 보이는 처지가 되었다가 1910년에는 마침내 나라마저 잃어버리는 처참한 비극을 겪어야 했다. 더욱이 일본의 식민지 지배하에서 체계화된 식민사학의 해악이 사대사학 못지않게 아직도 한민족의 정신세계에 부정적 영향을 미치고 있다. "좋은 미래를 원하거든 역사를 기억하라(Remember the past to build the future)"는 말이 있듯이 이제 그에 대한 반성 위에서 우리 역사를 새로운 시각으로 바르게 다시 읽을 수 있어야 한다.

자아를 바르게 인식하고 정체성을 확립할 수 있는 근본 있는 교육은 올바른 고대사 인식에서부터 출발해야 한다. 그런데 한국고대사는 여러 가지 이유로 역사적 진실이 심하게 왜곡돼 있으며 그로 인해 역사에 대한 국민의 인식이 진실에서 많이 벗어나 있다. 그 이유는 무엇이며 누구의 책임인가?

일반적으로 사대사학과 식민사학을 거론하며 그 책임을 중국과 일본에 떠넘기려는 경향을 볼 수 있다. 역사학자들의 논거와 사회적 인식이 그렇다 해도 크게 틀린 말은 아닐 것이다. 그러나 그것은 결코 바른 자세라 할 수 없다. 먼저 우리 자신에게서 근본적인 원인을 찾아야 하며 책임도 스스로에게 물어야 문제의 본질에 접근할 수 있다. 사대사학과 식민사학의 본질을 밝히는 연구가 먼저 이루어져야 한국고대사가 진실에서 벗어난 배경과 왜곡현상을 규명할 수 있을 것이다.

이 책은 제1부와 제2부로 나누어 구성되었다.

제1부에서는 한국고대사가 진실에서 벗어나게 된 배경과 왜곡되는 과정, 그로 인한 역사인식 현상을 살펴본다. 특히 그 책임이 우리 자신에게 있음에 주목하여 서세동점현상을 특징으로 하는 19세기에 우리 역사를 주도해온 지도층의 역사인식과 국제정세를 읽는 능력의 한계가 민족의 불행과 어떻게 연결되고 있는지 설명한다. 이어서 한국고대사 왜곡과 그 인식의 논리적 배경이 되고 있는 사대사학과 식민사학에 대해 논의한다. 사대사학과 식민사학은 한국고대사가 진실에서 벗어날 수밖에 없었던 배경에 깊이 개입되어 있을 뿐만 아니라 한민족의 자존과 통합을 방해하고 생존마저 위협하는 요소이기 때문에 구체적으로 그 본질이 규명되어야 한다.

제2부에서는 한국고대사가 현재 어떻게 논의되고 있는지, 그리고 그 논의들이 과연 합리적인 것들인지를 규명하고자 한다. 한국고대사는 우리 역사학계에 의해서 이미 그 진실이 밝혀졌어야 함에도 아직까지도 합의가 이루어지지 않고 있는 실정이다. 따라서 한국고대사의 본질을 근원적으로 왜곡하고 있는 기자 – 위만 – 한사군 역사에 대한 인식, 패수 위치, 한사군 문제 등 세 가지 논의에 주목하여 이에 대한

선학들의 견해를 비교해 가면서 논리상의 오류가 무엇인지 분석해보고자 한다. 이는 올바른 한국고대사 해석의 기준으로 활용 가능한 지침을 제공하기 위함이다.

한·중·일 삼국은 지리적으로 매우 가까운 이웃이다. 더욱이 21세기에 접어들어 세계의 중심무대로 부상하고 있는 삼국은 이념상의 갈등 극복과 긴밀한 협력 관계가 절실히 요구되고 있다. 그럼에도 서로 가까이 다가갈 수 없는 먼 이웃처럼 정서적으로 멀어져가고 있다. 그것은 서로 다른 역사인식에서 비롯한 앙금이 해소되지 않고 오히려 국익과 관련해 정치적으로 악용되고 있기 때문일 것이다. 왜곡된 역사가 바로 정리되지 않고 인식이 바뀌지 않으면 세 나라는 결코 가까운 이웃이 될 수 없다. 따라서 한·중·일 삼국이 지리적으로뿐만 아니라 정서적으로도 가까워지기를 간절히 바라는 심정으로 이 글을 정리하고자 한다.

지금 세계는 대륙 세력과 해양 세력의 한가운데에 있는 대한민국의 놀라운 발전과 도약에 주목하고 있다. 더욱이 이는 자유 민주 진영을 주도하는 세력으로 성장하리라는 기대와 바람으로 이어지고 있다. 따라서 급변하는 국제질서를 내다보며 태평양시대를 이끌어나갈 전략적 사고를 갖춘 인재가 절실한 시점이다. 이에 미래 세대의 올바른 한국고대사 인식이 그 시작이라는 차원에서 이 논의에 주목해주기 바란다.

차례

2장 중국의 패권주의적 역사인식과 동북공정

3장 일본 군국주의화 과정의 해방론과 정한론

2부 한국고대사 인식기준과 올바른 해석지침

1장 기자-위만-한사군 역사에 대한 재인식

한국고대사에 대한 인식의 문제점

한국고대사로 왜곡된 기자-위만-한사군의 역사

한국고대사 왜곡의 빌미가 된 우리 사서

2장 패수 위치와 한국고대사 강역 재인식

패수 위치 논쟁이 몰고 온 한국고대사 강역 논쟁

일러두기

1. 단군왕검이 세운 고대국가는 '고대조선'

우리 역사책을 펼치면 조선(朝鮮)이라는 이름의 여러 나라들이 등장한다. 한민족 최초의 국가 이름도 조선이다. 『삼국유사』는 단군왕검이 나라를 세우고 처음에 조선이라 하였다[始稱朝鮮]고 전한다. 그런데 이 나라(조선)는 한민족고대사를 논의하는 출발점에 있는 국가이므로 명칭이 정확해야 할 뿐만 아니라 다른 조선과도 구분되어야 한다. 그래서 지금까지는 나라 이름 앞에 古(고)자를 붙여 줄곧 고유명사처럼 고조선으로 칭해왔다. 그러나 시대를 수식하는 의미의 용어는 '고(古)'보다 '고대(古代)'가 적합한 개념이다. 따라서 한민족 최초의 고대국가를 '고대조선'으로 부르고자 한다.

2. 연도의 기준은 '기원'이 아닌 '서기'

대한민국은 1961년부터 서기(西紀)를 연도 표기의 기준으로 삼았다. 어떤 이들은 서기를 기원(紀元)으로, 서기전을 기원전(紀元前)으로 잘못 사용하는 경우가 있다. 서기는 서력기원을 말하는 것으로 독자적 연대를 사용하는 국가나 민족의 입장에서 보는 고유기원과는 의미가 다르다. 그럼에도 이를 혼동하여 일괄적으로 '기원'이라 함은 모순이다. AD는 '서기'로, BC는 '서기전'으로 사용하여야 한다.

3. 미리 읽기

한국고대사를 바로 읽기 위해서는 지명에 대한 정확한 인식이 전제되어야 한다. 따라서 한국고대사에 대한 배경지식이 부족한 경우에는 지명에 대한 착각과 인식의 혼란을 피하기 위해 이 책 말미의 '문답 형식으로 알아보는 한국고대사 개념'을 먼서 읽을 것을 권한다.

한국고대사 왜곡 과정과 인식

1장

한·중·일 역사전쟁은 현재진행형

19세기 국제정세에 대한 인식과 대응

'한국이 중국의 일부'라는 중국인들의 역사인식 ──

2017년 4월 6~7일 트럼프 미국 대통령과 시진핑(習近平) 중국 국가주석이 미국의 플로리다 주에 있는 한 휴양 시설 마라라고에서 미·중 정상회담을 하였다. 거기서 주고받은 대화 가운데에는 우리를 경악하게 하는 역사 관련 내용이 있었다. 하지만 대수롭지 않게 여기는 한국 국민들의 반응을 지켜보면서 우리의 역사인식이 매우 심각한 지경에 이르렀구나 하는 우려를 하게 되었다. 게다가 더욱 주목하고 분노해야 할 젊은이들이 무감각한 것 같아 안타까웠다. 트럼프 대통령과 시 주석이 통역만 대동하고 2시간 동안 북핵 문제를 논의하는 과정에서 시 주석은 "한국은 역사적으로 중국의 일부였다."고 말했다고 한다.[1]

아마도 시진핑은 트럼프가 한국의 역사에 대해 거의 아는 것이 없을 것이라는 전제하에, 미국과 동맹관계에 있는 한국에 대한 인식을

---

[1] 「마라라고 회담과 한반도 운명」, 『서울경제』, 2017년 5월 7일. 트럼프 대통령은 4월 12일 언론 인터뷰에서 "시진핑이 한반도 선제가 중국의 일부였다고 밀했다."고 했다.

바꾸고자 치밀하게 계산해 그처럼 말했을 것이다. 그런데 이것은 시진핑 개인만의 생각이 아니라 중국인들에게 널리 퍼져 있는 보편적 인식이라는 차원에서 한국의 젊은이들이 경각심을 가져야 할 문제이다. 지난 역사 속에서 청국(淸國)이 추구했던 대조선 정책과 같은 차원의 대한(對韓, 남북한) 정책을 추구하고 있는 그들의 속셈을 정확히 읽어야 하는 발언이다.

당시 시진핑은 주권국가인 대한민국의 위상을 폄하한 정도가 아니라 북한은 물론 한국까지도 중국에 종속되어야 마땅하다는 인식을 드러낸 것으로 보아야 한다. 지난 역사 속에서 지도자들의 어리석은 행태로 인해 중국에 대한 사대가 불가피한 시절도 있었으나 그것은 한·중관계의 본질이 아니다. 따라서 자주 독립국가로 당당하게 세계사를 써나가야 할 미래 세대의 의식 속에 이러한 논리가 파고들 여지를 주어서는 절대로 안 된다. 얕보이면 그 순간부터 자주와 독립은 지켜질 수 없다.

중국은 주변국의 역사를 중화(中華)사로 통합하기 위한 과정인 역사공정들을 거의 마무리하고 이제는 일대일로(一帶一路)·중국굴기(中國崛起)·중국몽(中國夢) 등의 구호 아래 패권주의 정책을 추구하고 있다. 특히 한국고대사를 중국사로 편입하고자 하는 동북공정은 일부 한국 사학자들의 동조와 방관, 그리고 한국인들의 역사의식 부재 속에 저항을 받지 않고 진행되고 있다. 고구려사와 발해사를 넘어 홍산문화와 고대조선 문화까지 중화문화로 흡수되고 있다는 심각한 사실에 주목해야 한다.

서세동점현상을 바라보는 시각 ——

19세기 국제정세의 대표적인 특징은 서세동점(西勢東漸)현상이라 할 수 있다. 여기서 굳이 서세동점현상에 주목하는 것은 서세동점현상을 제대로 파악하지 못한 무지와 비효율적 대처가 곧 한민족의 불행한 근대 역사로 이어졌기 때문이다. 서구 유럽은 15세기 말 이후 대항해시대에 접어들어 아프리카대륙 남부와 아메리카대륙을 거쳐 인도양으로 진출하면서 세계 일주항로를 확보하였다.[2] 그리고 발전 수준이 낮은 지역을 정복하면서 자원을 확보하고 부를 축적하여 점차 근대화의 기초를 다져나갔다. 특히 영국은 18세기 중반부터 19세기 초반(1760~1820)에 걸쳐 추진된 산업혁명을 통해 기술의 혁신과 제조공정의 전환으로 무기와 상품의 대량생산에 들어갔다. 영국을 비롯한 서구 유럽 국가들은 19세기 후반에 한자문명권과 이슬람문명권을 공략하여 이들을 정치·경제·문화적 영향권 아래로 묶거나 식민지 또는 반식민지 지배체제로 편입하였다.[3]

따라서 제국주의국가로 변신한 서구 세력의 동방 진출에 따라 대부

---

2 "유럽의 식민주의와 제국주의는 보통 이베리아 인들이 1492년 아메리카를 발견하고 1498년 인도에 도착한 때부터 시작되었다고 간주한다. 이 때 시작된 유럽의 해외 제국은 20세기 후반에 종결됨으로써 약 500년간 지속되고 사라져 갔다. 그중에서도 19세기 말부터 20세기 초에 이르는 한 세대 동안에는 전 세계가 한줌밖에 안 되는 유럽 강대국들에 의해 지배되는 특이한 현상이 일어났다." 박지향, 「오늘의 담론: 왜 지금 제국주의인가」, 『제국주의: 신화와 현실』, 서울대학교출판부, 2000, 1쪽.

3 재레드 다이아몬드 저, 김진준 역, 『총, 균, 쇠』, 문학사상사, 1998. 저자(다이아몬드)는 동서양의 세계적 불평등은 1500년대 전후 유럽인들이 갖게 된 총기, 전염병, 철기(쇠), 인공물에 기초한 힘의 우위와 정복욕이 이를 미처 확보하지 못한 지역 인류에 대한 침략과 정복현상으로 이어져왔음에 착안하여 무기, 병균, 금속은 인류의 운명을 어떻게 바꿨는가라는 명제로 다음과 같은 의문을 제기하고 그에 대해 분석한 결과를 정리하고 있다. 왜 어떤 민족들은 정복과 지배의 대상으로 전락하고 말았는가? 왜 원주민들은 유라시아 인들에게 도태되고 말았는가? 왜 각 대륙마다 문명의 발달 속도에 차이가 생겼는가? 인간 사회의 「다양한 문명은 어디서 비롯한 것인가?'

분의 한자문명권 국가들이 정치·경제·문화적으로 몰락하는 결과로 이어졌다. 그것은 오랜 전제군주·봉건체제의 틀에서 벗어나지 못한 동양 국가들이 정치적으로 타락하고 국가 역량이 쇠락해 있었을 뿐만 아니라 국제정세를 바로 읽고 대처하려는 의지와 능력이 부족했던 결과로 볼 수 있다. 다만 일찍이 서구의 근대화와 군사력 강화에 주목한 일본만은 오히려 서구 열강 대열의 후미에 합류하여 제국주의 경쟁에 나서는 예외적인 국가가 되었다. 그럼 당시 한국과 일본, 중국은 어떤 식으로 국제정세를 읽고 대응했는지 자세히 살펴보자.

반식민지상태로 전락한 청나라 ——

영국과 청국(淸國) 간에 벌어진 제1·2차 아편전쟁에서 청국의 참패는 중화주의사상에 기초하여 세계의 중심이라는 자부심이 가득했던 중국인들에게 심리적으로 치명타를 안겨주었다. 이후 중국은 태평천국운동, 의화단운동, 청일전쟁 등을 겪으면서 거의 반식민지상태로 전락하였다. 명·청대를 거치면서 세계 문명의 중심권을 형성했던 중국이 서세동점현상에 효율적으로 대처하지 못하고 힘없이 무너져 내리는 배경을 살펴보면 패퇴의 원인이 결코 밖에 있는 것이 아니라 안에 있다는 사실에 주목하게 된다.[4]

청 제국은 1618년 여진족의 누르하치가 건주여진을 통합하여 세운 나라이다. 처음 국호는 대금이었으나 누르하치의 아들 홍타이지(태

---

4 오누마 야스아키·에가와 쇼코 저, 조진구·박홍규 역, 『한중일 역사인식 무엇이 문제인가』, 섬앤섬, 2018, 171~174쪽 참조.

종) 대에 국호를 대청(大淸)으로 바꾸고 중국을 통일하였다. 역대 중국은 한인(漢人)들이 지배세력이었다. 그런데 송(宋, 960~1279) 이후 중국은 원(元, 1271~1368)에 의해 최초로 이민족의 지배를 받았고 한족 최후의 왕조인 명(明, 1368~1644)이 멸망하면서 두 번째로 이민족인 청의 지배를 받게 된 것이다.

따라서 피지배층으로 전락하여 만주족의 지배를 받게 된 한인 지식인들의 한(漢)민족주의사상과 반청 정서가 반청복명(反淸復明, 청을 반대하고 명을 복원)운동으로 나타나기도 하였다. 청 황실은 이러한 한인들의 반청 정서를 억압하기 위하여 황제 또는 청의 지배체제에 대한 비판 행위를 학살이나 숙청을 통해 가혹하게 처벌하는 소위 '문자의 옥(獄)'을 강행하였고 화기(火器) 연구와 제조를 일체 금지하였다. 이로 인해 학문과 사상의 자유가 초토화되고 학문 연구 환경이 파괴되었다. 19세기 후반까지 청의 군사적 발전은 거의 없었으며 청군은 승마와 궁술에 집착하는 경향이 있었다. 게다가 건국 초기 막강한 기동력을 자랑하던 팔기군(八旗軍)도 점차 약화되어 나중에는 군인 신분이지만 한족보다 지위가 다소 높은 공무원에 불과한 나약한 상태가 되었다.

군사력의 문제뿐만 아니라 후진적 전제군주제 국가의 제반 정치적 문제점, 민족간 정서의 차이를 해소하지 못한 유목민 정복왕조의 한계 등을 극복하지 못했던 청은 급변하는 국제정세를 전혀 읽지 못하고 밀려오는 서구 세력에 굴복함으로써 황실의 명성이 바닥으로 추락하는 결과로 이어졌다. 안타까운 것은 국제적으로 이런 상태였던 청국이 유독 조선에 대해서만은 종주국 행세를 거두지 않고 오히려 강화했다는 사실이다. 이에 대한 원인과 배경을 인식하지 못하면 또다시 역사적 불행을 반복할 수 있다. 그러므로 19세기 말 조선 지도층의 서세동점현상에 대한 인식과 대응을 살펴보자.

외세의존 행태가 초래한 조선의 운명 ──

조선의 서세동점현상에 대한 대응을 말하기에 앞서 한(韓)민족의 긍지와 자존심을 짓밟은 중국인의 실체를 알아보는 것이 한국근대사를 풀어나가는 첫 순서일 것이다. 19세기 말경 무섭게 압박해오는 서구 제국주의 세력 앞에 놓인 조선의 모습은 그야말로 바람 앞의 촛불과 같은 형국이었다. 그러나 1884년 일어난 '갑신정변'이 말해주듯이 자주개혁에 대한 논의와 활동이 전혀 없었던 것은 아니었다. 그럼에도 조선의 최소한의 자구 노력마저 철저히 차단함으로써 조선을 망국의 역사 속으로 치닫게 농락한 원세개(袁世凱, 위안스카이)를 제쳐두고 한국근대사를 이야기할 수는 없을 듯하다. 이러한 수모의 역사를 다시 반복하지 말라는 당부의 차원에서 당시 원세개의 행적을 짚고 넘어가 보자.[5]

1882년 6월, 조선에 임오군란이 일어났다. 이때 조선은 자력으로 군란을 진압하지 못하고 청군의 도움을 받음으로써 결국 청국의 정치적 내정간섭을 불러들이는 결과를 초래했다. 임오군란이 일어나자 청의 이홍장은 수사제독(水師提督) 오장경의 인솔하에 육병(陸兵) 3000여

---

5 원세개(袁世凱)에 대한 자세한 내용은 이양자, 『감국대신 위안스카이: 좌절한 조선의 근대와 중국의 간섭』, 한울, 2019 참조.

명을 파견했고 이들은 경기도 남양만으로 들어왔다. 그 군사들 사이에 23세의 청년 무관 원세개가 있었다. 그때만 해도 원세개는 그다지 존재감이 없었지만 전투 경험이 거의 없는 부대의 무질서한 군율을 지켜본 후 기강을 바로잡겠다고 나섰다. 그리고 오장경의 승인을 받아 부대의 기강을 바로 세우고 신임을 얻었다. 이어 임오군란의 배후 세력으로 판단되었던 대원군을 납치해 연금하였고 반군을 무자비하게 진압하였다. 임오군란으로 조선의 구식 군대와 신식 군대가 모두 해산되어 고종이 비상사태에 대비한 친위군의 필요성을 제기하자 청군의 실력자로 부상한 원세개가 오장경의 지시를 받아 친위군을 창설하였고 이어서 별기군을 다시 개편하여 신식 4군영(前營, 左營, 右營, 後營)을 창설하였다. 이로써 원세개는 실질적인 조선의 신식군대 총수로 군림하게 되었다. 그리고 갑신정변 때 고종을 보호하는 등 공을 세워 정치무대에서 두각을 나타냈다.

원세개가 조선에서 활동한 시기는 1882년부터 1894년까지였다. 갑신정변 때 일본군을 진압하는 데 공을 세우고 잠시 귀국하였다가 1885년 천진에 유폐되어 있던 대원군을 호송하고 조선의 감국(監國) 대신으로 부임하였다. 1885년 26세의 젊은 나이에 조선의 내정과 외교를 감시하는 자리에 오른 원세개는 고종 정권의 외교와 내정을 사사건건 간섭하여 자주와 자립을 봉쇄함으로써 조선의 국권을 유린하여 북양대신 이홍장의 조선 속국(屬國)화 정책을 앞장서서 집행하였다. 청일전쟁에서 패퇴할 때까지 9년여 동안 그의 내정간섭 행위는 일제 35년간의 식민지배에 버금가는 가혹한 것이었다. 마치 이토 히로부미(伊藤博文)의 뒤를 이어 조선에서 무단통치를 자행했던 데라우치 마사타케(寺內正毅)를 연상하게 한다.

　내정·외교·경제면에서 원세개의 개입은 조선이 열강과 결탁하는 것을 막고 청의 굴레에서 벗어나지 못하게 하려는 것이었다. 그는 청국 상인들이 한성(서울)에서 점포를 열 수 있도록 하는 것 외에 심지어 청국 상인들의 밀무역까지 묵인하여 외국 공사들로부터 밀수업자 또는 외교의 무법자라는 말을 들을 정도였다. 그는 조선 해관을 중국 해관에 통합·종속시켰고, 조선의 차관문제도 일일이 간섭해 청국에서만 차관하도록 밀어붙였다. 전신·통신 분야의 시설도 청국이 선점 또는 독점하게 하였으며 윤선(輪船) 운항도 청국 배만 이용하도록 강요하였다. 청일전쟁 이전까지 그의 개입이 있는 동안 조선은 실질적으로 청국의 속국이나 다름없었다.[6]

　19세기 말 서세동점 상황에 대한 조선의 인식은 거의 백지상태였다고 해도 과언이 아니다. 조선은 중국과 일본 외에 국제관계에는 별로 관심이 없었던 것 같다. 일본이 서양의 경제 발전과 군사력에 주목하여 근대화를 서두를 때 조선은 철저한 쇄국정책으로 서양과의 외교관계를 차단하고 있었다. 그러던 중 조선의 문호가 개방된 것은 일본 때문이었다. 1875년 운양(雲揚)호 사건에 이어 맺어진 강화도조약(병자수호조약)의 제1조에 '조선은 자주독립국'이라고 규정하였다. 이는 청의 간섭을 배제하고 조·일간의 외교와 통상 문제를 직접 교섭하는 근거가 되었다. 러시아의 남하를 가장 우려하고 있던 청도 조선이 공법상의 독립국임을 부정하지 않았다. 러시아가 강점하고 있던 신강(新

---

6 이양자, 앞의 책, 215쪽 참조.

彊) 북부 이리(伊犁) 지역 환부문제로 전쟁 위기가 고조되고 있던 당시 청은 조선이 자력으로 러시아의 진출을 저지할 힘이 없다고 판단했다. 그래서 일본이 조선과 제휴해 러시아의 예봉을 막아줄 것을 기대하는 입장이었다. 청은 조선이 쇄국정책을 버리고 서양과 수호통상을 하도록 권장하였다. 청의 주일공사관 참사관 황준헌(黃遵憲)이 저술한『조선책략』에서 조선이 중국과의 친밀[親中]을 꾀하고 일본과 결속[結日]하며 미국과 연결[聯美]하여 러시아를 막아야 한다는 내용에서 청의 입장을 읽을 수 있다.

청의 의견을 수용한 조선은 1882년부터 미국에 이어 영국, 독일과 통상조약을 체결하였다. 조선이 국제적 개방으로 나아갈 수 있는 매우 의미 있는 일들이었다. 그러나 안타까운 것은 이러한 조선의 노력과 의지가 임오군란을 계기로 차단되고 말았다는 사실이다. 청은 강화도조약 체결 이래 조선에 진출해 개항장에서 통상을 독점하고 세력 확대의 기초를 다져나가던 일본의 세력을 몰아내려고 부심하던 차였다. 이때 임오군란이 일어나 청이 군대를 파견하면서 그들의 종주권을 만회할 기회를 제공하는 결과로 이어졌다.

임오군란이 발발하자 세계정세에 어둡고 부패했던 조선 정부는 청나라 군사를 불러들이는 주체성 없는 외교적 선택으로 국가의 운명을 나락으로 밀어 넣고 만다. 자력으로 문제를 해결하려는 의지와 능력이 전혀 없었다. 게다가 최소한의 반성이나 후회는커녕 갑신정변과 갑오농민혁명 때도 같은 실수를 반복하였다. 지도자의 역사인식 결여가 잘못된 의사결정으로 이어지고 민족의 불행한 운명으로 이어진 것이다. 나아가 조선 말기에는 다음의 몇 가지 부정적 사회현상이 더해

결국 나라의 주권을 빼앗기는 치욕을 겪게 되었다.[7]

첫째, 한 사회를 지탱하는 힘은 구성원들의 주인의식에서 비롯한다는 측면에서 볼 때 조선 사회의 신분 구별은 이를 기대하기 어려운 구조였다. 조선의 전체 인구 중 '사람답게' 품위를 유지하며 삶을 영위할 수 있었던 계층은 얼마나 될까? 조선에서 '사람대접'을 받을 수 있는 신분은 양반 계층 이상이었을 것이다. 여기서 말하는 양반의 개념은 사대부 일반에 대한 호칭으로 인격적 대우를 받지 못하던 인구(상민, 천민, 노비 등)에 대한 상대적 개념이다. 양반의 숫자는 조선 초기에는 전체 인구의 7%에 불과하였다. 물론 점차 늘어나 19세기에는 29% 또는 67%까지 증가하였다는 통계도 있다. 양반 신분이 아닌 절대 다수의 인구가 인격적 대우의 범위에서 벗어나 있었다는 사실은 무엇을 말할까? '사람대접'을 받지 못하는 사람에게 자발적인 나라사랑이나 민족의식을 기대하기는 어렵다. 임진왜란 때 백성 중 상당수가 일본군에게 정보를 제공하거나 협조했다는 연구 결과도 있다. 동서양을 막론하고 현대적 의미의 인권이라는 개념은 근대 자유민주주의체제가 확립되면서부터 확립되었다고 볼 수 있다.

둘째, 조선의 정치와 외교를 망친 주범은 사림(士林)의 당파 싸움일 것이나. 훈구 세력의 정신적 타락을 비난하며 등장한 사림이 지배한 조선시대 후반은 학문과 이상만 앞세우며 중국에 사대했던 암흑기였다는 평가가 있다.[8] 본래 정당은 공공의 이익 실현을 목표로 정치적 견해를 같이하는 사람들이 자발적으로 조직한 집단을 말한다. 그런데

---

7 임종권, 『역사의 변명』, 인문서원, 2022, 제4장 '농민들은 말한다' 참조.
8 「사림 386에 밀린 훈구 산업화세력… 역사는 반복되는가」, 『조선일보』, 2020년 10월 8일.

1부 한국고대사 왜곡 과정과 인식 — 29

사림의 행태는 합리적 의사결정과는 무관한 편을 가른 사생결단의 싸움뿐이었지 공공 이익이나 민족의 미래라는 개념은 없었던 것 같다. 처음 동서남북으로 나뉘기 시작한 이들은 수많은 파벌을 만들어 복수의 칼날을 휘두름으로써 정국을 파탄지경으로 몰아가더니 나라가 식민지 나락으로 떨어지기 직전까지도 협력은커녕 사대 친청파, 친일 개화파, 친러파 등으로 나뉘어 이전투구하다가 결국 나라를 잃고 말았다.[9]

셋째, 조선 사회의 가치관 중에는 문을 높이 평가하고[文尊] 무를 가볍게 여기는[武卑] 풍조가 대세였다. 군사적 위협이 거의 없이 평화적 분위기가 지속되었던 때의 이러한 인식은 임진왜란, 정유재란, 정묘호란, 병자호란 등의 전쟁을 치르면서 마땅히 바뀌었어야 했다. 그럼에도 이러한 생각을 바꾸지 못하고 출세 지상주의 가치관에 함몰되어 무를 천시하던 풍토가 서세동점시기까지 이어지면서 결국 안보를 유지할 수 있는 체제를 갖추지 못해 식민지로 전락하고야 말았던 것이다.

넷째, 관료체제와 행정조직의 마비가 조선을 몰락으로 이끌었다. "500년을 지탱했던 우수한 관료체제와 행정조직은 정권의 비호와 묵인 아래 부패의 가장 효과적인 수단으로 변질되었다."는 한 이코노미스트의 표현처럼 조선 말기 정부 기능은 제대로 운영되지 못했다. 일상적인 매관매직으로 자리를 차지한 관료들이 본연의 소임과 직분을 수행할 리 없었다. 더욱 놀라운 사실은 조선 말기 세관 업무를 담당하

9 이덕일, 「사림의 집권과 동서분당」, 『조선 선비 당쟁사』, 인문서원, 2018, 12~53쪽 참조.

는 책임자가 전부 외국인이었다는 것이다. 이는 대부분의 국가 기능이 제대로 작동하지 못했다는 의미로 볼 수 있다.[10]

다섯째, 조선은 게으르고 경제적으로 낙후한 나라였다. 유교 질서에 함몰된 조선 사회의 실용을 무시한 형식 일변도적 가치체계가 조선 사회를 극도의 후진 사회에 머물게 한 것이다. 따라서 19세기 이래 쇠잔한 조선의 경제 상태는 미국 등 선진국에게 동맹의 자격조차도 인정받지 못했다. 당시 서양인들의 눈에 비친 조선의 모습은 정부는 부패했고 국정은 희망이 없는 혼란 상태이며 국민들은 노력하고자 하는 자극이 전혀 없는, 그래서 국가의 잠재력이 사그라진 호롱불로 묘사된다.[11]

군국주의 국가로 나아간 일본의 대응 ——

서세동점에 대한 일본의 대응은 일본의 메이지유신(明治維新)에서부터 찾을 수 있다. 왜냐하면 동양권에서는 일본이 유일하게 서구 열강을 뒤쫓아 군국주의 국가로 성장하여 조선 침략으로 치닫는 기반이 메이지유신부터 다져졌기 때문이다.

메이지유신 이전 일본은 에도(江戸, 도쿄) 막부에 의해 지배되는 봉건체제였다. 그러다 막부 말기 막번(幕藩)체제의 내재적 모순으로 인해 봉건제도가 몰락·해체되면서 메이지유신을 통해 왕정을 복고하고 근대국가로 발전하는 과정을 밟는다. 내재적 모순이란 농민생활의

---

10 최성락, 『100년 전 영국 언론은 조선을 어떻게 봤을까?』, 페이퍼로드, 2019, 제3장 참조.
11 최성락, 위의 책, 제6장 참조.

피폐와 세습 신분제·봉건 할거체제에 따른 정체현상을 들 수 있다.[12]

당시 지배기구의 재원은 쌀이었다. 그런데 쌀 생산량은 늘지 않는데도 세금(年貢米, 쌀)이 격증하여 농민생활이 피폐해짐에 따라 농민 폭동이 자주 일어나곤 하였다. 그리고 상품경제의 대두에 따라 도시 상인들은 부를 축적해나가는 데 비해 지배계급에 속하는 무사들은 상대적으로 생산·유통 과정에서 유리되어 불만이 쌓이고 있었다. 그런 가운데 세습 신분제는 신분 차별을 통해 인간의 능력을 억압하고 유능한 인재 등용을 저해하여 막부를 정체시키는 한 요인이 되고 있었다. 또 봉건 할거체제는 인접 번(藩)과의 교류를 외면하여 문물의 전파와 발전에 장애가 되었다. 이와 같은 사회적 모순으로 침체되어 있던 막부 말기, 미국의 개항 요구와 이에 따른 막부의 불평등조약 체결, 그에 대한 반대세력의 막부를 향한 저항과 투쟁이 오히려 내부 모순을 극복하고 근대화로 나아가는 계기가 되었다. 이는 젊은 지도자들의 의식 전환으로 얻은 결과라 할 수 있다.

1853년 6월 미국의 동인도함대 사령관 페리(M. C. Perry, 1794~1858)가 미우라(三浦)반도의 우라가(浦賀)에 도착해 미국의 국서를 수리(受理)하라고 요구하였다. 막부는 흑선의 위용과 장착된 대포, 승선한 300여 병력의 위협에 놀라 국서를 수리하고 회답은 다음 해에 주기로 하고 일단 돌려보냈다. 강력한 미국의 개국(開國) 요구를 접한 막부는 교토(京都)의 일왕 궁정에 이 사실을 보고하고 다이묘(大名)들에게 의견을 구하였다. 이는 전례가 없던 일로 막부의 절대적인 전제체제(專

---

12 민누기, 「日本의 歷史」, 지식산업시, 1976, 제4편 근대일본 참조.

制體制)가 외부의 압력에 의해 무너지기 시작하였음을 의미한다.

1854년 페리가 약속된 회답을 받고자 7척의 군함을 이끌고 다시 일본에 오자 막부는 가나가와(神奈川) 화친조약(12조)을 맺고 시모다(下田)를 기항지로, 하코다테(箱館, 후에 函館으로 개칭)를 포경(捕鯨, 고래잡이)을 위한 땔감, 물, 식량의 공급지로 지정하고 영사의 일본 주재를 약정하였다. 아울러 차후에 일본이 다른 나라에 부여하는 이익은 자동적으로 미국에도 적용된다는 최혜국 대우도 규정하였다. 또한 같은 해 5월에 영국과, 12월에 러시아와 화친조약을 맺었으며 사할린(樺太)의 러·일 공동영유도 협약하였다.[13] 그리고 이 조약에 따라 초대 미국 영사로 부임한 해리스(T. Harris)와 수호통상조약(14조)과 무역장정(7칙)까지 맺었다.

이러한 조약 체결 과정에서 해리스 대사가 재촉하자 막부는 일왕 정부의 승인을 미처 받지 못하고 독단적으로 조인을 하고 말았다. 네덜란드, 러시아, 영국, 프랑스와도 거의 같은 내용의 안세이조약(安政條約)을 맺었으며 이 조약들은 서양의 열강이 중국에 강요한 것과 같은 수준의 불평등조약이었으며 일왕 정부의 승인 없이 맺어진 것으로 반막부 세력에게 대대적인 저항의 빌미를 제공하는 결과를 가져왔다.

각지에서 과격파에 의해 막부에 반대하는 봉기가 일어났다. 막부는 초기에 강한 군사력으로 이를 모두 진압하였다. 그러나 내란을 거쳐 번권을 장악한 조슈(長州), 사쓰마(薩摩), 도사(土佐)번의 토막(討幕)파들이 연합하여 본격적으로 막부타도운동을 전개하자 결국 토막전쟁

---

13 막부 정권 말기 존왕양이운동과 개항 과정에 대한 내용은 민두기, 앞의 책, 189~211쪽 ; 이도상, 『일제의 역사 침략 120년』, 경인문화사, 2003, 39~47쪽 참조.

에서 패한 막부 정권이 붕괴되는 결과로 이어졌다. 교토를 완전히 제압한 토막파가 1868년 1월 3일 왕정복고 쿠데타를 결행하였다. 사쓰마번의 압도적인 병력이 장악한 교토 궁중에서 이와쿠라 도모미(岩倉具視)는 자파의 왕족·공경·번 주들을 불러들여 교토 정부의 직제개편과 수뇌부의 새 인사를 발표하고 왕정복고를 선언하였다. 이것이 메이지유신의 시작이었다. 같은 날 교토 남방 도바(鳥羽)·후시미(伏見) 전투에서 막부군은 토막군보다 세 배나 많은 수적 우세에도 불구하고 무참히 패퇴하고 말았다. 민중은 절대적으로 토막군을 지지하였고 제후들도 막부 측에 거의 협조하지 않았던 것이다. 이에 따라 쇼군(將軍) 도쿠가와 요시노부(德川慶喜)는 에도성(江戶城)을 평화리에 내놓았다. 그리고 다음 해 5월 막부의 해군이 항복함으로써 막부 세력이 완전히 궤멸되어 265년간 일본을 실질적으로 지배하였던 막부 정권은 막을 내렸다.

이렇게 출범한 메이지 정부는 막부체제의 모순을 제거하기 위한 새로운 조처로 판적봉환(版籍奉還), 폐번치현(廢藩置縣), 번병해소(藩兵解消)를 시행하였다. 판적봉환은 각 번의 영토[版]와 영민[籍]을 정부에 바치는 조치로 처음 사쓰마·조슈·도사·히젠(肥前) 등 네 개의 번이 자발적으로 상표(上表)를 올려 시행에 들어갔고 정부는 상표를 받아들여 번을 없애고 번주(藩主)를 번지사로 임명하여 메이지 정부의 지방관으로 삼았다. 이를 번을 폐하고 현을 설치한다는 뜻에서 '폐번치현'이라 한다. 다른 번들도 이에 따랐으며 상표를 하지 않은 번들에는 봉환 명령을 내려 강제로 실현시켰다. 폐번과 동시에 번지사들은 관속이 되고 모든 관리는 도쿄 정부에서 직접 임명하는 체제가 되었다. 번의 군대 양성소는 폐지되었고 화약·총기 제작소는 이전되었다. 이를 '번병해소'라고 한다. 이로써 일본은 일왕 중심의 완전한 중앙집권체제를 갖추게 되었다.

그런데 이러한 일본의 근대화 과정에는 심각한 문제가 잠복해 있었다. 봉건제도 폐지 과정에서 폐번치현으로 정치적 지도권을 상실한 40~50만여 명에 이르는 무사계급이 심각한 정치·사회적 문제로 대두된 것이다. 1871년 이후 무사계급의 경제적 궁핍이 이들의 지위 보장 문제와 겹쳐서 이를 해결해주지 않을 경우 언제 폭발할지 모르는 위험요소가 되었다. 새로 출범하여 기초가 매우 미약했던 메이지 정부는 일본 국내에서 이를 해소할 대안을 찾지 못하자 밖에서 문제를 해결하려고 하였다. 그 대상으로 주목한 것이 바로 조선이었다. 메이지유신은 일본이 국력을 키워 근대화의 기반을 다졌다는 차원에서 역사적 의미를 지닌다. 그러나 국수주의적 성향으로 흘렀고 더욱이 강화된 군사력을 이웃 나라 침략으로 돌렸다는 점에서 또한 심각한 문제를 안고 있었다.

지금까지의 내용을 종합해보면 중국은 세계의 중심이라는 중화주의 우월의식에 빠져 서세동점현상을 제대로 읽지 못했다. 아예 읽을 의사가 없었던 것이다. 그런 가운데 밀려오는 서구 열강의 경제적 침탈과 군사력의 맹위에 눌려 반식민지상태로 추락하고 말았다. 뒤늦게 양무(洋務)·자강(自强)운동을 펼치면서 이를 만회하려 노력했지만 200여 년 넘게 누적되어온 사회적 결함과 모순을 쉽게 극복하지 못하고 후진 국가로 뒤처지고 말았다. 동쪽 변방의 섬나라라고 과소평가해왔던 일본과 청일전쟁을 벌여 패배함으로써 영토를 떼어주어야 하는 수모를 겪은 중국은 한 세기가 지난 지금까지도 근대국가의 핵심 가치라 할 수 있는 자유와 인권을 챙기지 못하는 후진적 이념의 틀 속에서 독재체제를 유지하고 있다. 여기서 우리가 주목해야 할 것은 과거 조선에 대한 중국의 인식이 '중국몽'을 강조하며 패권주의 정책을 추구하고 있는 지금의 중국이 드러내는 남북한에 대한 인식과 크게 다르지 않다는 사실이다.

조선은 전통적인 유교적 사회질서에 묶여 중국 중심의 국제질서를 의례적으로 따르고 있었다. 중국이 아편전쟁에서 참패하고 양무운동을 추진하는가 하면 일본이 메이지유신을 통한 근대 제국주의를 추구하고 있었음에도 그 배경과 역사적 의미에 대한 확인은커녕 당파적 이념과 지도층의 사사로운 이해관계에 따라 다툼만 벌이고 있었다. 개국 초기부터 해금(海禁)정책을 펴왔던 조선의 지배층은 1876년 개항을 통하여 바닷길을 열었지만 바다를 통하여 아시아로 밀려오는 서양문명의 실체를 파악하고 대처하는 데 실패하였다.[14] 오늘날도 자유진영과 사회주의 진영 한가운데서 군사적 대치상태를 유지하고 있는 남북한의 정치 지도층이 국제관계에 임하는 모습을 지켜보노라면 지도자들의 역사인식과 국제관계에 대한 안목이 민족의 영욕에 미치는 영향이 얼마나 큰지를 절감하게 된다.

일본은 젊은 지도자들의 역사적 안목과 국가관이 근대화를 앞당겼고 중앙집권화를 통해 서세동점현상에 비교적 효율적으로 대처했다고 평가할 수 있다. 특히 서구에 유학했던 사상가, 서구를 유람한 정치

---

14 고정휴, 『태평양의 발견, 대한민국의 탄생』, 국학사료원, 2021, 11쪽 참소.

지도자들의 참신한 의식과 참여가 막부의 폐해를 극복하고 왕정체제로의 전환을 앞당겼다고 할 수 있다. 다만 일본의 근대화가 국수주의적 행태를 띠면서 군사 전략이 정한론으로 이어졌다는 점은 문제가 있다. 여기서 강조하고 싶은 것은 일본에 대한 분노보다 반성이 필요하다는 점이다. 조선이 식민지로 전락한 그러한 역사를 반복하지 않으려면 올바른 역사인식과 국제정세를 읽는 안목이 더욱 요구된다.

국민교육과 역사인식

독일의 사례에서 배우는 국민교육의 중요성 ——

조선은 멸망했지만 한민족은 꿋꿋하게 버텨 오늘날 당당한 선진 대한민국으로 위상을 높여가고 있다. 조선의 독립은 연합국의 제2차 세계대전 승리에 따른 결과였기도 하지만 독립투쟁 과정에서 보여준 민족정신이 있었기에 가능한 것이었다. 그런데 지금 우리에게 그러한 민족정신이 이어지고 있는지 돌아보기 위해 독일의 국민교육 모범사례를 살펴보자.

1807년 독일은 나폴레옹의 침략을 받고 처참하게 패하였다. 당시 독일 지도층은 부패했고 국민의식은 퇴락한 상태였으며 군인들은 싸워 보지도 못하고 패퇴했다고 한다. 잘못된 교육이 초래한 결과였던 것이다. 기진맥진한 독일 국민들은 좌절하였다. 이때 피히테(Johann Gottlieb Fichte, 1762~1814)가 그 유명한 '독일국민에게 고함'이라는 주제로 14번에 걸친 강연을 통해 국민정신을 새롭게 다져나갈 것과 젊은이들에게 좋은 교육을 시킬 것을 호소하였다. 그리고 64년이 지난 1871년 독일의 근대적 참모제도 창시자로 알려진 몰트케(Helmuth von

Moltke, 1800~1891)가 프랑스와의 전쟁에서 크게 승리하고 개선하였다. 독일 국민들은 그를 영웅으로 치켜세우며 대대적으로 환영하였다. 이때 몰트케는 "이 모든 영광은 초등학교 선생님들에게 돌려야 한다."고 선언하였다. 이 말은 국민교육의 결과로 형성된 민족정신의 승리라는 의미일 것이다.[15]

제2차 세계대전 직후 독일에는 먹을 것도, 입을 것도 없이 엄청난 전쟁배상금만 나날이 기하급수적으로 늘어갔다. 세계사를 향해 나치 독일이 뿌린 재앙에 대한 죗값이었던 것이다. 폐허가 된 독일에 겨울이 닥쳐왔다. 뱃속까지 스며드는 독일의 추위는 겪어보지 않으면 모를 정도로 무서운 것이라 한다. 대부분 흐리고 강풍이 부는 날씨에 체감하는 냉혹한 추위는 견디기 힘들 정도였는데 연료나 에너지원은 절대적으로 부족했다. 그러자 독일 정부는 방송을 통해 국민들에게 산에 있는 나무를 베어다가 땔 것을 권유했다고 한다. 패전으로 실의에 빠진 국민을 얼어 죽게 할 수는 없어서였다.

그러나 독일 국민 그 누구도 산의 나무를 베어다 때지 않았다. 옷을 있는 대로 껴입고, 식구들끼리 부둥켜안고 자다가 새벽에 잔인한 추위가 몰아치면 식구들은 제자리 뛰기를 했다고 한다. 나무를 베어다 때는 건 한순간이지만 산의 나무는 30년 이상 가꿔야 숲이 된다는 사실을 아는 국민들은 누구도 나무를 베러 산으로 들어가지 않았다. 그렇게 지켜진 '검은 숲(Black Forest, Schwarzwald)'은 세계적으로 으뜸가는 산림이 되었으며, 독일은 어마어마한 전쟁배상금을 갚고 라인

---

15 E. 버크·J. G. 피히테 저, 박희철 역, 「독일 국민에게 고함」, 『프랑스혁명 성찰 / 독일 국민에게 고함』, 동서문화사, 2016 참조.

강의 기적을 이루어 오늘날 세계 최대의 채권국이 됐다. 한순간의 안위를 추구하지 않겠다는 국민정신과 집단지성이 이루어낸 결과였다. 여기서 우리는 선진국 독일 국력의 튼튼한 기반과 동서독 통일을 이룬 힘의 원천이 국민교육에서 비롯함을 알 수 있다. 이러한 독일의 사례를 본보기로 삼아 지금 정치적 이념논리에 휘둘리고 있는 한국의 국민교육 현상에 주목해 보자.

민족의 흥망을 좌우하는 국민교육 ——

교육은 당대의 사회적 건강뿐만 아니라 미래의 민족적 흥망을 좌우한다는 차원에서 안보 문제 이상으로 중요한 분야로 다루어야 한다. 그래서 교육현상에 대해 비상한 관심을 가져야 한다.[16] 교육(教育)은 '가르치다'는 의미의 교(教)자와 '기르다'는 의미의 육(育)자가 더해진 단어이다. 따라서 사회구성원으로서 성실히 살아갈 수 있도록 삶의 의미와 본질을 숙지시키는 인성 교육 분야를 포함하여 자주적인 생활능력을 길러주는 분야까지 교(教)와 육(育)에 해당하는 전 분야를 입체적으로 길러주는 것이 교육의 역할이라 할 수 있다. 가정과 사회가 일꾼을 기르는 역할을 소홀히 하거나 교육기관이 본질을 가르치는 역할을 제대로 하지 못한다면 어찌되겠는가? 민족의 밝은 미래는 꿈꿀 수 없을 것이다.

---

[16] 1949년 공포된 한국의 교육법은 '홍익인간(弘益人間)'을 교육이념으로 명시하고 있다. 또 교육기본법 제2조는 "교육은 홍익인간의 이념 아래 모든 국민으로 하여금 인격을 도야하고 자주적 생활능력과 민주시민으로서 필요한 자질을 갖추게 함으로써 인간다운 삶을 영위하게 하고 민주국가의 발전과 인류공영(人類共榮)의 이상을 실현하는 데에 이바지하게 함을 목적으로 한다."고 되어 있다.

그럼에도 지금의 교육현장은 이러한 기준에서 한참 벗어나 있는 것 같아 우려스럽다. 곧이어 살펴보겠지만 제1~2세대는 고난의 극복과 산업화 과정에서 물질적 성장에 집착하다 보니 뒤따라오는 세대에게 민족의 전통과 문화적 요소를 전해주는 일에 소홀했다. 하지만 역사를 제대로 설명해주지 못한 잘못은 지나간 일로 접어두자. 과거보다 미래가 더 중요하기 때문이다.

　　우리의 교육현장을 살펴보면 35년에 걸친 일제강점기에 오염된 우리의 말과 글, 혼을 잃어버린 민족정신을 광복과 더불어 서둘러 건전한 본래의 모습으로 되돌리는 작업에 착수했어야 했다. 그러나 불행히도 우리는 국민교육이 민족의 미래를 가꾸어나가는 첫 번째 과제임을 깨닫지 못했다. 정치 지도자들은 정치적 이념논리에 치우쳐 국가이익과 민족의 미래를 설계하는 데 집중하지 못했다. 일제강점기에 교육을 담당했던 이들이 여전히 자리를 지키면서 기존의 내용으로 종래 하던 방식대로 교육체제를 이어나갔다. 그러다 보니 청소년들에게 민족정신과 역사의식을 올바로 가르칠 수 없었다. 그러므로 교육현장에 이어지고 있는 아래에서 제기하는 교육체제와 내용상의 문제들은 반드시, 서둘러 시정되어야 한다.

　　첫째, 교육을 담당하는 주체는 누가 되어야 하는가?

　　교육현장이 교육목표 추구와는 거리가 먼 정치논리와 이념논쟁에 휘둘리고 있다는 우려의 목소리가 높다. 국가와 민족의 미래를 걱정하는 자세로 교육을 설계하고 이끌어나가야 할 교육감이 정쟁으로 선발되는 체제는 바람직하지 못하다. 더욱이 국가의 정체성을 부정하면서 안보를 위협하는 불량한 이념논리가 교육현장을 지배한다면 그것은 민족의 미래를 위해서 지극히 위험한 일이 아닐 수 없다.

둘째, 교육현장에서 국가와 정부, 체제에 대한 정통성 시비가 왜 일어나는가?

우리나라 헌법 제1조는 '① 대한민국은 민주공화국이다. ② 대한민국의 주권은 국민에게 있고 모든 권력은 국민으로부터 나온다.'고 규정하여 국가의 정치적 이념과 주권의 출처를 명확히 밝히고 있다. 이는 우리나라 국체(국가체제)는 국민에게 주권이 있는 민주(民主)제이고, 정체(정치체제)는 국민의 의사에 따라 주권이 이루어지는 공화(共和)제임을 의미한다. 그러므로 대한민국 국민은 헌법이 명시한 자유민주주의 체제 안에서 국민의 의무를 성실히 수행하면서 헌법이 보장하는 권익을 자유롭게 누릴 수 있어야 한다. 체제를 위협하거나 자유와 인권을 침해하는 어떠한 불합리한 요소도 용납되어서는 안 된다. 이것이 우리가 추구하는 이상이자 지켜나가야 하는 헌법정신이다. 그럼에도 국가의 체제나 민족의 미래를 외면하는 선전선동논리가 교육현장에 동원되는 현상은 반드시 차단되어야 한다.

셋째, 민족주의적 역사교육이 왜 부정되어야 하는가?

민족주의를 폄하하는 일부의 주장이 청소년들의 가치 판단을 혼란스럽게 하고 있다. "민족주의는 본래 배타적이고 폭력적인 이념으로 역사인식과 해석의 진전을 방해한다. 민족사관은 민족적 관점에 갇혀 있어 시대 분위기에 둔감하다."고 주장하는 의견도 있다. 역사수정주의 또는 자유주의사관의 입장에 선 이들은 민족주의를 개인의 복지와 민주주의를 억압하는 수단으로 보고 배척한다.[17] 식민지 근대화 논리를 펴는 이들은 독도 문제를 제국주의의 침탈로 보는 전통적 해석마

저 부정한다. 심지어 '독도공유론'까지 제기하면서 평화적 한·일관계를 위해서 독도는 한국 땅이라는 주장도 삼가자는 입장이다.[18] 역사적 진실 속에서 민족적 자아를 찾아 정체성을 확립하고자 하는 한국의 민족사학과 만세일계 천황의 국민이라는 역사적 자부심을 고취함으로써 침략전쟁에 국민들의 역량을 동원하기 위해 펼쳐지는 일본의 국수주의적 역사왜곡의 본질적 차이를 직시하고 구분하는 안목이 필요하다.[19]

넷째, 정서적인 면에서 2세들의 자아 확립을 위한 역사교육이 제대로 이루어지지 않고 있다. 현재 우리나라의 역사교육이 과연 역사교육의 기본 목표를 충족시킬 수 있는 체제를 유지하고 있는지 의문이다. 국사교과서 제작과정에 대한 합의도 이루어지지 않고 있으며 교과 내용이 정파적 이해와 이념 문제에 치우쳐 진실에서 크게 벗어나는 경향을 볼 수 있다.[20] 역사교육에서 다루는 시대 범위도 균형을 유지하지 못하고 있다. 예컨대 고등학교의 경우 4분의 3이 근현대사에 치우쳐 고대사 교육에 소홀해 정쟁논리 중심으로 편성된 교과 내용에 대한 우려가 제기되고 있는 것이다.

다섯째, 문화적으로는 개인주의적 생활환경 속에서 공익과 이웃에 대한 배려의 정서가 지극히 약화되고 있으며 차례와 질서가 지

---

17 역사문제연구소, 「기획1 한국고대사와 사이비 역사학 비판」, 『역사비평』114 / 「연속기획 한국고대사와 사이비 역사학 비판②」, 『역사비평』115, 역사비평사, 2016 ; 젊은역사학자모임 지음, 역사비평편집위원회 기획, 『한국고대사와 사이비역사학』, 역사비평사, 2017 참조.

18 이영훈 외, 「독도, 반일 종족주의의 최고 상징」, 『반일 종족주의』, 미래사, 2019, 151~174쪽 ; 이영훈 외, 『반일 종족주의와의 투쟁』, 미래사, 2020, 243~261쪽 참조.

19 이덕일, 『사기, 2천 년의 비밀』, 만권당, 2022, 23~25쪽 「민족이라는 용어에 담긴 상반된 의미」 참조.

20 조갑제닷컴 편집실, 『고등학교 한국사 교과서의 거짓과 왜곡 바로잡기』, 조갑제닷컴, 2011 참조.

커지지 않고 있다. 한국의 공교육은 남을 배려하는 문화와 타협·협상·토론문화를 소홀히 하며, 앞서 달리는 것만 강조해 그 본질을 놓치는 경향이라는 견해가 있다. 그것은 사회 환경의 변화에 대한 인성교육 차원의 대책이 소홀한 결과로 보인다. 이러한 현상이 지속되도록 방치하는 것은 인성 함양을 위한 국민교육의 중요성을 간과하는 것으로 우리나라가 당당한 선진국으로 나아가는 데에 커다란 장애요소가 될 것이다. 국민교육은 근본에 대한 바른 인식에서부터 시작되어야 한다.

여섯째, 대학을 위시한 교육기관들은 장기간 유지해온 낡은 학과와 커리큘럼을 고수하면서 새로운 사회 변화와 발전에 적응하지 못하고 있다는 비판을 받고 있다.[21] 더욱이 1980년대 이후 대학가에 불어 닥친 민주화 열풍 속에서 일부 왜곡된 자유·평등논리와 고질화된 저항행태가 체제를 부정하거나 건국이념을 희석시켜 민주주의의 기본 이념마저 흔들리는 등 부정적 현상도 보인다.

근본 있는 교육이 바로 우리의 미래라는 차원에서 목표가 분명한 교육이 절실하다. 미래 세대들이 자아인식과 정체성 확립을 통해 주체적으로 성장하도록 교육의 본질에 초점을 맞춰야 한다. 젊은이들을 광장으로 끌어내기 위해 개념이 변질된 '자유·평등·민주·평화'라는 구호로 선전·선동하는 것을 자제하고 법과 질서를 준수하고 공익과 이웃을 배려하는 성숙한 민주시민을 육성하기 위한 미래지향적 교육이 가정·학교·사회에서 폭넓게 이루어져야 한다.

---

21 「20세기 교수가 21세기 학생을 가르치는 한국 대학」, 『조선일보』, 2021년 9월 8일.

세대별 성장환경과 역사인식 ──

오늘날은 20세기가 시작되면서 태어난 세대부터 21세기 20년 차에 접어든 세대까지 120여 년 사이에 출생한 사람들이 함께 살아가고 있다. 국어사전에서는 세대를 "혈통으로 보아 한 대가 다음 대로 바뀌기까지 약 30년 정도 되는 기간, 같은 시대를 살아가는 비슷한 연령층을 한 세대로 묶을 수 있다."고 적고 있다. 이 개념에 따르면 네 세대가 같은 공간에서 함께 살아가고 있는 셈이다. 이를 편의상 30년 단위로 묶어서 제1~4세대로 구분하여 그들이 겪어온 역사적 경험에서 비롯하는 사고행태를 살펴볼 필요가 있다. 왜냐하면 시대별로 상이한 정세의 변화 속에서 겪어온 문화와 역사적 체험이 크게 다르기 때문이다. 각 세대간 문제를 바라보는 관점과 인식이 다르다는 점에 주목하지 않으면 역량을 한데 모을 수 없기 때문이다.

우선 90대 이상(91~120세)의 연령층을 제1세대로 묶어보자. 이들은 나라가 자주적인 능력을 잃고 외세의 간섭 속에서 방황하다가 국권마저 빼앗기는 일을 겪었다. 가장 암울했던 20세기 전반에 태어나서 한 세기의 우리나라 역사를 힘겹게 살아온 세대이다. 그런 가운데서도 그들은 잃었던 나라를 되찾고 누란의 위기에서 대한민국을 지켜냈다. 또한 이를 잘 가꾸어 한강의 기적을 이룩함으로써 경제적으로는 세계 10위권의 버젓한 선진국 위치로 끌어올리는 기초를 다졌다. 제1세대는 생존 과정에서 처절한 인권유린을 경험했기 때문에 국가와 민족을 향해 땀 흘리며 쏟아 부은 봉사와 희생은 가히 눈물겨운 것이었다. 그럼에도 다음 세대에게 그 의미를 제대로 설명해주지 못했다. 왜 알려주어야 하는지 미처 깨닫지 못했던 것이다.

제2세대는 60대에서 80대(61~90세)까지의 연령층을 묶을 수 있다. 이들은 시대의 흐름 속에서 제1세대와 더불어 한강의 기적을 이룩하는 데 적극적으로 참여하여 피와 땀을 함께 흘렸던 세대이다. 굳이 설명을 듣지 않고서도 고생하면서 겪어온 사실들에 대한 역사적 의미와 가치를 잘 알고 있었으며, 노력한 만큼 발전하는 과정을 지켜보면서 무한한 보람과 긍지를 다져왔던 세대이다. 그러나 그들 역시 20세기 후반과 21세기를 살아나갈 자녀세대(제3세대)와 손주세대(제4세대)에게 자아를 바르게 심어주어야 한다는 점에 착안하지 못했다. 비록 늦었지만 지금부터라도 서두르면 다음 세대의 자아 확립에 필요한 역사자료를 잘 정리하여 전해주는 일이 가능할 것이다.

제3세대는 30대에서 50대(31~60세)까지의 연령층이다. 이 세대는 현재 대한민국의 모든 정치·사회적 현상을 주도하고 이끌어나가는 세대이다. 더욱이 제4세대와 함께 남북으로 분단된 나라를 하나로 묶어 민족통합과 번영을 이뤄야 할 과제를 안고 있는 세대이다.

1945년 8·15광복과 더불어 마땅히 통합되었어야 할 우리 민족이 남북으로 분단되어 제2차 세계대전 후 형성된 냉전체제하에서 자유진영과 공산진영의 최첨단에서 첨예하게 군사적으로 대치해 왔다. 그리고 냉전체제가 종료된 현재까지도 한 발짝도 물러설 수 없는 군사적 대치상황이 이어지고 있다. 80년 가까이 이어지고 있는 민족적 비극이다. 이를 강대국들의 책임으로만 돌리는 것은 무책임한 발상이다. 국제정세를 바로 읽고 대처할 줄 몰랐던 지도자들의 책임이자 미래를 똑바로 내다보며 대처할 수 있는 힘을 스스로 기르지 못했던 우리 모두의 책임이 아닐 수 없다. 제3세대야말로 이러한 민족분단의 비극을 바로 인식하고 극복해나가야 할 세대이다. 그들은 아날로그적인 제1, 2세대와 다른 디지털 세대로 4차 산업혁명시대를 이끌어나갈 정보화능력을 갖추고 잘 훈련되어 있다. 필요한 것은 평화적 민족통합의 기반을 닦는 작업이 자신들의 시대적 과제라는 사실을 인식하는 것이다. 아울러 학생운동 과정에서 비판 일변도적 시각으로 형성된 국가와 민족에 대한 부정적 인식도 겸허히 교정되어야 한다.

제4세대는 30세 미만(1~30세)의 연령층이다. 이들이야말로 실질적으로 민족의 미래를 이끌어나갈 주도세력으로 성장해 나갈 세대이다. 이들은 정보기술(IT) 붐과 함께 완전한 디지털 환경 속에서 나고 자라며 생활하고 있다. 이들의 정보화능력은 가히 세계적 첨단 수준으로 도약이 가능하리라 기대된다. 그러므로 4~5차 산업혁명시대에 사회발전을 이끌어나갈 자질을 기반으로 성장하는 세대이다. 자유로운 환경 속에서 풍요롭게 성장한 이들의 뚜렷한 개인주의적 가치관은 다양성이라는 측면에서 사회발전에 긍정적일 수 있다. 앞 세대들은 제4세대가 첨단 과학기술의 발달에 따라 같은 공간 속에 살면서도 정서적으로 분리되어 '우리' 또는 '함께'라는 개념이 부족하다며 부정적 시각으로 보기도 한다. 하지만 제대로 된 교육과 이해가 있다면 세대간의 격차를 줄일 수 있을 것이다.

남북한 이질화 현상과 민족통합문제 ─

'평화적 민족통합'이라는 용어는 국민 대다수의 잠재의식 속에 하나의 구호처럼 자리잡고 있으리라 생각한다. 그것은 남북한이 같은 민족이니까 응당 통합되어야 하며 수단은 평화적으로 이루어져야 한다는 논리일 것이다. 이 논리는 남북한이 하나의 민족이라는 전제에서 출발한다.

여기서 잠시 남북한 국민을 '한 민족(동족)'이라 부를 수 있는지 짚고 넘어가자. 민족이라는 단어는 사전에서 "같은 지역에서 공동생활을 오랫동안 함으로써 언어나 풍습 따위의 문화 내용을 함께하는 인간 집단"이라고 설명하고 있다. 이에 따르면 민족은 지역, 문화, 이념, 언어와 풍습 등에서 함께한다는 개념이 전제되고 있음을 알 수 있다. 그런데 남북한은 스탈린과 모택동(毛澤東, 마오쩌둥)의 지원을 받는 김일성의 불법 남침을 계기로 분단이 고착화된 이래 철저하게 다른 이념과 체제 속에서 80년 가까이 적대적으로 대치해왔다. 그 과정에서 이질화된 의식과 사고행태를 고려할 때 과연 함께하는 집단으로 볼 수 있느냐 하는 문제가 제기된다. 따라서 '남북통일' 또는 '민족통합'이라는 용어도 새로운 시각에서 재음미할 필요가 있다.

북한 정권은 오늘의 세계에서 유일하게 3대에 걸친 절대 왕정국가 체제를 세습해온 독재집단이다.[22] 지금 북한 국민(인민)들은 자유와 인권이라는 개념을 누려본 일도 없고 누릴 의사도 없어 보인다. 그것을 허락하지 않는 체제 속에서 장기간 생존을 위해 순응해왔기 때문이

---

22 송봉선, 『북한 김씨 3대 인간 청소 실태를 고발한다』, 선인, 2021. 이 책은 조선 시대의 피비린내 나는 사화(史禍)를 초월하는 북한 김씨의 무자비한 숙청과 잔학 행위의 죄행을 구체적으로 고발하고 있다. 1991년 9월 17일 제46차 유엔총회에서 가입이 승인됨으로써 대한민국과 함께 유엔 가입국이 된 북한은 국가 명칭이 '조선민주주의인민공화국'이다. 국가 명칭을 보면 북한은 민주주의국가이며 인민(국민)이 주인인 것처럼 포장되어 있다. 그러나 안에서 벌어진 숙청의 역사를 들여다보면 김씨 체제는 인간 학살의 표본이라고 해도 과언이 아닌 스탈린과 히틀러의 독재 행태를 그대로 활용하였음을 지적한다.

다. 더욱이 '주권은 국민에게 있고, 모든 권력은 국민에게서 나온다.'는 우리에게는 상식에 해당하는 주권재민의 진리를 그들은 상상할 수도 없는 상황이다. 80년 가까이 '적화(공산화)통일'이라는 구호를 앞세운 독재 권력의 선전선동에 세뇌된 인민들에게는 오직 노예적 복종과 희생이 있을 뿐이다. 따라서 그들이 내세우는 구호를 우리 식으로 해석하면서 접근하면 그들이 파 놓은 함정으로 말려들어가는 결과로 이어지게 된다.

예컨대 북한이 말하는 '평화'는 주한미군 철수와 한미동맹체제의 해체로 한국군이 무력화되어 스스로 무기를 내려놓고 항복하는 경우를 말한다. 또 '한 민족(하나의 민족, 같은 민족)'이라는 구호가 갖는 의미는 수령에게 절대 복종하고 북한 체제와 이념을 따르는 사람에게만 적용되며 이에 동조하지 않거나 거부할 경우 동족이 아니라 바로 제거의 대상이 될 뿐이다. 그렇기 때문에 지금 남북한 관계는 정치·경제·사회·문화적으로 함께할 수 없는 상황이 되어 있다. 현 상황에서 논의되는 그들의 '민족통일' 주장은 정치적 선전구호에 불과한 것이다. 특히 독재 권력으로부터 민중의 이탈을 방지하기 위한 선동수단으로서 '민족통일'을 강조하고 있음에 주목해야 한다. 그러므로 북한에 대한 인식의 전환과 그에 기초한 새로운 민족통합을 위한 전략이 필요하다.

일부 지식인들은 "이제 남북한은 구태여 통일을 달성해야만 할 그 어떤 당위도 상실한 지 오래다."며 남북한이 통일됐을 때 감당해야 할 것으로 예상되는 정치·경제·사회·문화적 충격을 근거로 통일을 반대하는 견해를 보이기도 한다. 그들은 유전자가 비슷하고 한때 역사상 같은 나라였다는 이유만으로 계속 같은 나라여야 한다는 법은 없다며 북한이 안고 있는 다양한 한계와 문제를 해결하려다 공동 몰락의 길로 갈수도 있음을 우려한다. 모든 문제의 단초는 북한의 폐쇄성과 비정상성에 있기 때문에 북한이 자체적으로 체제를 개혁하여 정상 국가로 변모하고 남북한이 따로 잘 살면 된다는 것이다. 그러면서 독일과 오스트리아, 네덜란드와 벨기에 등의 관계를 예로 들고 있다.[23] 하지만 역사적 관점에서 민족통일은 반드시 이룩해야 할 민족적 과제임이 분명하다. 그러나 민족의 안위와 번영, 국민의 권익과 행복이 보장되지 않는 수단과 방법으로 통일을 추구해서는 안 된다. 따라서 자유와 인권이 보장되는 체제 속에서 남북한이 서로를 절실히 필요로 할 때까지 기다리며 여유를 가지고 준비해나가야 한다. 다만 국민의 안보의식을 이완시키려는 운동에 현혹되거나 이념적 선전선동에 휘말리지 않는 지혜를 길러주는 교육이 필요하다.

23 독일, 오스트리아, 룩셈부르크, 스위스, 리히텐슈타인 능는 한때 같은 나라였으나 지금은 따로 잘 살고 있다.

2장

중국의 패권주의적 역사인식과 동북공정

통일적 다민족국가론 추진 배경

소수민족문제를 다루는 중국의 입장 ──

중화인민공화국(중국)은 1949년 국공내전(국민당 정부군과 공산당 군부 간의 내전)에서 공산당 세력이 승리함으로써 중국 본토를 장악하고 공산주의국가로 출범하였다. 이때 중국은 사상과 문화면에서 철저히 한족 (漢族) 중심의 국가였다. 그런 중국이 문화대혁명 과정을 거치고 1979년 개혁·개방과 더불어 소수민족문제에 눈을 돌리기 시작하였다.

56개 민족으로 구성된 중국의 인구는 대략 14억 명 이상으로 집계되고 있다.[24] 그 가운데 8.4%가 55개 소수민족이다. 문제는 55개 소수민족이 중국 영토의 60%를 차지하고 있다는 점이다. 따라서 민족문제, 영토문제, 국경문제 등이 소수민족의 독립 움직임과 더불어 언제든지 현실적 갈등으로 부상할 수 있는 우려를 안고 있다. 그런 가운데 동구 공산권과 소비에트연맹이 붕괴되고 구소련 주변의 소수민족들이 분리·독립하는 과정을 지켜보면서 중국 영토 내의 소수민족문제

---

24 2021년도 통계에 따르면 중국 인구는 14억 1171만여 명이며 그 구성은 한족이 91.6%, 소수민족이 8.4%로 집계되고 있다.

가 방치할 수 없는 심각한 문제로 제기된 것이다. 더욱이 1994년 북한의 김일성이 사망하였다. 당시 절대 권력을 장악하고 있던 1인 지배체제하의 북한에서 김일성의 사망은 곧 북한의 급변사태로 이어지지 않을까 하는 우려를 가져왔을 것이다. 북한의 급변사태란 남북한의 통일까지도 상정할 수 있는 문제였는데 그럴 경우 미국과의 사이에 완충지대가 사라질 뿐만 아니라 간도와 한·중 국경문제, 만주 지역 조선족의 정체성문제, 연해주문제 등이 현실적인 갈등으로 부상할 수 있었다.

게다가 홍산문화를 중심으로 하는 요하문명이 1980년대 이후 세계의 주목을 끌고 있다. 요하문명은 지역적으로는 현재 중국 영토 안에 있지만 그 성격상 결코 중국의 문명이 아니라는 문제 때문에 억지로라도 중국의 문명으로 만들어야 하는 입장에서 착안한 것이 '통일적 다민족국가론'이었다.[25]

통일적 다민족국가론의 초점을 중화민족(中華民族)에 대한 개념의 전환이라는 사실에 맞춰보면 이해가 용이하다. 중화민족이라고 할 때 지난날 중국인들은 한족(漢族)만을 지칭했다. 그러나 한족 위주의 중화민족 개념은 현재 중국이 차지하고 있는 영토 안의 소수민족을 포함한 인접 국가들과의 관계에서 발생할 수 있는 분쟁을 차단할 수 있는 역사·지리·문화적 명분을 갖지 못한다. 그래서 중화민족을 현 중국 영토 안의 모든 민족을 포괄하는 개념으로 전환한 것이다.

---

25 홍산문명(광의의 홍산문명)은 홍산(적봉)을 중심으로 한 발해 연안의 전체적인 고대문명을 말하며 중국인들은 이를 요하문명이라 부른다. 협의의 홍산문화는 서기전 4500에서 서기전 3000년 사이의 후기 신석기문화를 말한다.

신해혁명(1911)[26] 시기에 이민족의 통치(만주족이 세운 청나라)를 거부하고 한족 중심의 부흥운동을 폈던 중국인들은 기존의 민족과 문명의 기원에 대한 개념을 바꿔 새로운 개념으로 일대 전환을 추구하였다. 이를 논리적으로 뒷받침하기 위해 추진한 공정들이 하·상·주 단대공정(夏商周 斷代工程), 중국 고대문명 탐원공정(古代文明 探源工程), 동북·서북·서남공정(東北·西北·西南工程) 등이다.

조선족에 대한 시각과 정체성문제[27]

중국 영토 안에 살고 있는 조선족은 1952년 연변 자치구가 성립된 이래 12번째 많은 소수민족으로 남아 있다. 이들에 대한 호칭은 통상 '조선족'과 '조선인'으로 구분되는데 성격이 상이하므로 그에 대한 이해가 필요하다. 조선족은 중화인민공화국(중국)이 건립된 1949년 이후 소수민족의 하나로 불리는 호칭이다. 그런데 한국의 역사는 중국인의 시각으로 볼 때 조선인의 역사이므로 그 역사의 주체를 호칭하는 경우는 조선인이라고 한다. 그래서 중국은 연변 자치구 안의 소수민족을 지칭할 때는 조선인이라고 쓰지 않는다. 따라서 다양한 방법으로 연변 자치구 안의 소수민족의 정체성을 상실하도록 유도하고 있는 중국의 입장은 '조선족은 55개 소수민족 중 하나이며 중화민족의 구성원일 뿐'이라는 것이다. 여기서 조선족의 정체성과 관련하여 제

---

26 신해혁명은 1911년 청나라를 무너뜨리고 중화민국을 성립시킨 중국의 민주주의 혁명이다. 이 혁명은 중국 역사에서 처음으로 공화국을 수립한 혁명이기 때문에 공화혁명이라고도 불린다.

27 박선영, 「중화인민공화국의 조선족 역사적 정체성 만들기」, 『동북공정과 한국학계의 대응 논리』, 고구려연구회, 2008 참조.

기되는 두 가지 과제가 있다.

'첫째, 중국 동북 지역 조선족의 활동 범주는 한국사인가, 중국사인가?'

'둘째, 중국 동북 지역 역사를 한국사에 포함시킨다면 어떻게 범주화할 것인가?'

현재 조선족에 대한 인식은 한국사와 관련시켜 보려는 시각과 중국인으로 보는 시각으로 나뉘는데 전자를 '토착민족(土着民族)설', 후자를 '이주민족(移住民族)설'로 구분한다. 토착민족설은 또한 고대조선·고구려설로도 불리는데 현재의 조선족은 바로 고구려와 고려인의 후예라는 시각이다. 그들은 일찍이 요수, 송화강, 동해에 이르는 광활한 지역에서 고대국가(고대조선과 고구려 등)를 건립하고 번성했던 민족으로 고구려 멸망 후에는 말갈족과 함께 발해국을 건립하였고, 요(堯), 금(金), 원(元), 명(明) 시기 요동 지역에서 조선 민족의 선조인 고려인과 잡거했다고 보았다. 그리고 지금은 중화민족이 되었다는 시각이다. 이주민족사로 보는 조선족에 대한 시각은 고대 역사 속의 조선인과 현재의 조선족은 구분해야 한다는 입장으로 조선족 이주시기에 따라 19세기 중기와 말기, 원말(元末)·명초(明初)·명말(明末)·청초(淸初)에 이주했다는 주장으로 나뉜다.

중국의 동북공정은 '중화민족은 중국 고금(古今) 각 민족의 총칭'이라는 입장이다. 따라서 법률적으로 중국 국적을 가지고 문화적으로 중국어[漢語]를 구사하는 조선인은 이미 중국화된 소수민족이라는 것이다. 중국의 소수민족 중 인구가 가장 많은 장족(藏族), 회족(回族), 만족(滿族)과 서남·서북의 소수민족들은 이미 자기 민족의 언어와 문자를 상실하였고, 유일하게 자기 언어와 문자를 상실하지 않은 조선족도 점차 한족(漢族) 공동체에 흡수시키는 것이 동북공정 논리이다. 이에 대해 한국 역사학계는 남북한과 동북 지역을 포괄하는 고대부터 현대까지의 역사를 체계적으로 정리하여 조선인의 역사 속에서 중국 내 조선인의 역사를 설명할 수 있어야 할 것이다.

박선영은 "유득공은 『발해고』 서문에서 고려가 발해사를 짓지 않아 끝내 약소국이 된 것을 한탄했다."며 이는 민족사의 무대를 남북한 안에 가두고 중국이 규정한 시각으로 역사를 이해하려는 풍토에서 기인한다고 강조한다.[28] 서길수는 동북공정은 중화인민공화국의 역사 침탈이므로 우리의 체질을 강화해야 하며 당당히 내놓을 수 있는 한국적 사관과 논리 정립이 시급함을 강조한다.[29]

새로운 패권주의 논리를 추구하는 중국 ――

중국 국가주석 시진핑은 집권 이후 미국과의 경쟁관계 속에서 열세를 만회하기 위해 소위 '중국 굴기(中國崛起)' 또는 '중국몽(中國夢)'이라는 이름으로 제국주의적 패권정책을 추진하고 있다. 그런 가운데 2017년 마라라고 미·중 정상회담에서 "한국은 역사적으로 중국의 일부"라고 한 발언은 한국 역사학자 입장에서 보면 단순한 역사인식 차원의 표현으로 보기 어려운 일종의 역사전쟁을 선언한 선전포고라 생

---

28 박선영, 앞의 논문, 14·17쪽 참조.
29 서길수, 「중화인민공화국 동북공정 5년의 성과와 전망」, 『동북공정과 한국학계의 대응 논리』, 고구려연구회, 2008 참조.

각하지 않을 수 없다. 시 주석의 역사인식은 중국이 왜곡된 중화주의를 바탕으로 한 패권적 민족주의 입장에서 한국문제를 풀어나갈 것임이 분명하기 때문이다. 이에 대해 "1880년대 형성된 중국의 역사적 질병이 130년이 지났는데도 치유되지 않고 오히려 더 고질화됐다는 사실을 보여준다. …… 시 주석의 발언은 개인 생각이 아니라 역사적으로 만들어진 중국적 사고방식을 드러낸 것이다."라는 김용구의 지적은 한국 역사학계가 이를 어떻게 받아들여야 할지 방향을 잘 말해준다.[30] 여기서 우리는 왜 이러한 역사왜곡이 일어날 수밖에 없는지 이해하기 위해서 먼저 중국인들의 역사서술에 대한 기본자세를 알아볼 필요가 있다. 사마천의 『사기』의 서술 체계가 이를 잘 말해주고 있다. 『사기』 「사공자서(史公自序)」에는 다음과 같은 내용이 있다.

28개의 성좌는 북두칠성을 돌고 30개의 바퀴살은 한 개의 바퀴통을 향하고 있어 그 운행이 무궁하다. (천자를) 보필했던 고굉(股肱)의 신하들을 배열하여 충(忠)과 신(信)으로 도를 행함으로써 주상을 받들었던 내용을 모아 30세가(世家)를 지었다. 의를 돕고 재기가 높이 뛰어나 시기를 놓치지 않고 공명을 천하에 세운 사람을 모아 70열전(列傳)을 지었다. [二十八宿環北辰 三十輻共一轂運行無窮 輔拂股肱之臣配焉 忠信行道以奉主上 作三十世家 扶養俶儻不令己失時立功名天下 作七十列傳]

---

30 「시진핑, 원세개식 중화주의 되풀이?」, 『조선일보』, 2017년 4월 21일 ; 「한국, 중국의 일부' 주장은 1880년대 형성된 역사적 질병」, 『조선일보』 2017년 4월 26일(김용구 한림대 한림과학원장의 분석에 대한 소개 기사) 참조.

이에 의하면 『사기』의 서술 체계는 중국의 최고 통치자였던 천자(天子)를 정점으로 한 천하사상, 즉 중국적 세계질서의 사상적 체계를 바탕으로 하여 구성되어 있다. 따라서 중국적 세계질서에 포함되지 않았거나 그와 관계가 없다고 인식되는 내용은 『사기』에 실려 있지 않다는 것이다. 그렇기 때문에 『사기』에 실린 중국의 주변 민족에 관한 기록을 보면 그 지역이 중국의 세계질서 안에 포함된 시기를 알 수 있다.[31] 이는 중국의 사서가 우리 역사와 관련된 내용을 싣고 있을 때 그것이 중국 역사와 어떤 관계 속에서 실리게 된 것이며 우리 입장에서는 어떻게 보아야 하는지 바르게 해석할 수 있어야 한다. 그렇지 않으면 객관성을 유지할 수 없기 때문이다.

---

31 윤내현, 「위만조선의 재인식」, 『사학지』 19, 1986, 7쪽 참조.

동북공정의 본질과 역사왜곡 논리

동북공정으로 추진된 연구 프로젝트 ——

동북공정의 공식 명칭은 '동북 변강의 역사와 현상에 대한 연구 프로젝트(東北邊疆歷史與現狀系列研究工程)'로 중국 사회과학원과 동북 3성(길림성·요녕성·흑룡강성)이 연합하여 2002년 2월부터 2007년 1월까지 5년여에 걸쳐 추진한 사업이다.[32] 이에 앞서 두 가지 사업이 추진되었는데 하나는 1996년부터 2000년까지 추진된 하·상·주 단대공정(夏商周斷代工程)이었다. 이는 서주 이전의 나라들, 즉 하(夏, 서기전 2070~서기전 1600), 상(商, 전기: 서기전 1600~서기전 1300, 후기: 서기전 1300~서기전 1046), 서주(西周, 서기전 1046~서기전 771)의 연대를 확정짓는 프로젝트였다. 또 하나는 2000년부터 2005년에 걸쳐 추진된 중국 고대문명 탐원공정(古代文明探源工程)으로 용산시대(서기전 3000~서기전 2000)와 오제(五帝)시대를 함께 묶어 고고문화와 문명의 발전 과정을 탐색하는 프로젝트였다.[33]

---

32 서길수, 앞의 논문 참조.

뒤이어 추진된 동북공정의 주안은 첫째, 중국(중화인민공화국)의 범위를 러시아와 맺은 북경조약(1860) 이전의 청나라 국경으로 하여 이의 회복을 추진한다. 둘째, 부여·고구려·발해 역사는 한국사라는 인식을 차단하여 중국사로 정리한다. 셋째, 한국(북한 포함)과 있을지도 모르는 영토와 주권분쟁을 차단하기 위한 역사귀속 논리를 체계화한다. 넷째, 조선족의 정체성을 중국의 소수민족으로 확립한다. 중국의 이러한 동북공정은 북한의 통제를 전제로 하고 있는 논리라는 점에 주목해야 한다. 중국의 입장에서 보면 태평양 진출의 길목에 자리하고 있는 북한은 미국과의 완충지대로써 놓칠 수 없는 전략적 가치를 갖고 있기 때문이다.

동북공정은 식민사학과 맞먹는 역사왜곡 ──

일제가 만든 식민사학은 광복과 더불어 우리 역사학계에서 마땅히 배제됐어야 했다. 그러나 실제는 그와 정반대현상으로 이어졌다. 식민사학을 정립하는 데 참여했던 학자들이 역사학계의 주요 위치를 차지함으로써 식민사학의 핵심 논리들이 교육을 통해 전승되면서 한국인의 의식에 고정관념으로 자리잡고 말았다. 역사학계는 실증사학이라는 명분으로 식민사학을 수용하면서 자신들의 논리에 대한 방어체제를 구축하여 오늘에 이르고 있다. 따라서 뜻있는 인사들이 식민사학은 반드시 시정되어야 한다고 강조하지만 여전히 생활 주변과 교육

---

33 오제(五帝)는 소호(少昊), 전욱(顓頊), 제곡(帝嚳), 요(堯), 순(舜) 등 고대 중국의 다섯 성군을 지칭하는데 『사기』에는 소호(少昊) 대신 황제(黃帝)가 들어가 있다.

현장에 그 잔영들이 남아 있는 실정이다.

중국은 동북공정을 추진하는 과정에서 한국사를 겨냥한 새로운 논리를 별도로 수립할 필요가 없었다. 왜냐하면 식민사학이 한국사를 그들의 입맛에 맞게 왜곡해주고 있을 뿐만 아니라 일부 한국의 역사학자들이 그에 호응하여 맞장구를 치고 있기 때문이다. 한마디로 동북공정은 사대사학에 이은 식민사학의 연장선상에서 추진되고 있으며 그 핵심 논리가 통일적 다민족국가론이다. 즉 중국의 고대사 인식 논리는 한국의 고대국가들(부여, 고구려, 발해 등)이 대동강 이북의 역사이므로 중국의 고대사라는 주장이다. 이는 바로 식민사학의 연장선상에서 전혀 수정이 불필요한 일맥상통의 역사왜곡 논리이자 한·중 국경분쟁에 대비한 중국의 역사귀속 논리라 할 수 있다.[34]

문제는 이러한 논리가 우리 사회 일각에서 받아들여지고 있다는 점이다. 그렇다면 우리는 현 역사체제를 그대로 유지하면서 중국의 역사침탈을 허용할 수밖에 없다. 그러나 그것은 진실이 아니라고 분명히 말하고 당당하게 제시할 수 있는 대응 논리를 정리해야 한다. 즉 역사의 진실을 복원해야 하는 것이다. 한국 역사학계는 고대 한·중 국경을 확인하는 것이 바로 그 시작이자 기초 작업이라는 점에 주목해야 한다.

---

34 한규철, 「중화인민공화국의 발해사 연구」/기수연, 「현도군과 고구려 건국에 대한 연구」, 『동북공정과 한국학계의 대응 논리』, 여유당, 2008 참조.

한국 내 고대사 인식 행태 ——

일본의 식민사학이나 중국의 동북공정에 대해 한국인들의 이해가 매우 부족하거나 거의 무관심하다는 말도 틀린 표현이 아닌 것 같다. 중국과 일본의 도전에 대한 대응이 매우 소극적이거나 경우에 따라서는 오히려 동조하는 현상을 볼 수 있기 때문이다. 식민사학은 한국과 대륙에 대한 일본의 침략이 '역사 주권의 회복'이라는 가당치 않는 논리에 기초하면서 고대조선의 역사를 허구에 불과한 신화로 왜곡하여 부정한다. 동북공정은 통일적 다민족국가론의 시각에서 한국사(만주와 북한 지역을 포함한 역사)를 본다. 따라서 고대조선, 고구려, 발해 등의 역사는 중국 지방 정권의 역사라는 인식이다.

두 논리는 모두 고대 한·중 국경이었던 패수를 대동강 또는 청천강으로 해석하며 한사군, 그중에서도 낙랑군이 평양 지역에 있었다고 주장한다. 그리고 한민족(韓民族)은 통일신라시대에 형성되었다는 입장이다. 문제는 우리 국사 교과서와 역사학계의 한국사 개설서뿐만 아니라 국가기관에서 펴내는 공식 문서들이 이를 강력하게 부정하는 것이 아니라 오히려 동조하는 논리를 펴고 있다는 점이다. 그럼 여기서 우리 역사학계와 사회의 부정적 역사인식 행태를 사자성어를 통해 비판적으로 반성해보자. 일반적 분위기를 지적하는 데는 다소 지나친 표현 같지만 타성적 관행에 파묻혀 있는 사회 분위기를 쇄신해야 한다는 경고성 메시지라는 차원에서 적어본 것이다.

역사학계는 사대·식민사학은 반드시 극복되어야 한다는 주장에 대해

묵묵부답(默默不答, 잠자코 아무 대답도 하지 아니함)이다. 때에 따라서는 엉뚱하게 동문서답(東問西答, 질문과 전혀 다른 엉뚱한 답변)하거나 심할 경우 정도에서 벗어난 학문으로 곡학아세(曲學阿世, 학문을 왜곡하여 세상에 아첨)하는 등의 납득할 수 없는 현상을 보이기도 한다.

지도층은 수수방관(袖手傍觀, 팔짱을 끼고 바라만 봄, 강 건너 불구경)하다가 유권자들의 이해관계에 따라 감탄고토(甘吞苦吐, 달면 삼키고 쓰면 뱉다, 자신의 비위에 따라 사리의 옳고 그름을 판단) 또는 마이동풍(馬耳東風, 전혀 귀담아 듣지 않고 흘러버림)의 행태를 보이는 경향이 없지 않다.

대부분의 국민들이 역사는 나와는 무관하다는 자세로 강 건너 불구경(隔岸觀火, 격안관화)하듯 해왔지 않나 싶다. 따라서 지금까지 사대사학과 식민사학을 극복하자는 목소리가 우이독경(牛耳讀經, 소귀에 경 읽기)에 그치고 말았다는 것은 지나친 말이 아닐 것이다.

이러한 지적은 우리 국민의 역사에 대한 마음가짐과 결코 무관하지 않을 것이다. 역사 논의는 역사학계만의 고유 영역이 아니다. 그럼에도 국민들의 역사의식은 날로 약화되어 가고 있고 남북한의 이질화 현상이 점점 두드러지고 있다. 더욱이 중국과 일본의 한국고대사를 주제로 한 역사왜곡은 개선되기는커녕 나날이 심화되어 가고 있다.

그러므로 이러한 상황에 당당하게 대응하고 미래 세대들에게 한국고대사의 진실을 정확히 정리하여 전하는 일이 절실한 시점이다.

한민족 기원에 대한 이론과 인식

한민족 형성 기원과 호칭 ──

우리 민족은 한민족으로 일컬어진다. 따라서 한민족 형성 기원과 호칭에 대한 이해는 한국인에게는 보편적 상식이어야 한다. 그럼에도 실제로는 그렇지 못한 것 같다. 교육의 한계라는 사실에 주목하면서 먼저 우리 민족의 형성과 한민족으로 불리는 배경에 대해 살펴보자. 중국과 일본이 한민족의 기원에 초점을 맞춰 역사를 왜곡하고 있기 때문에 이를 알아보는 것은 매우 중요하다.

한민족 기원에 대한 연구는 일제강점기에 본격적으로 시작되었다. 그것은 한·일 두 민족의 기원에 대한 연구의 의미를 지닌 것으로 일본과 조선인은 같은 조상의 후예라는 소위 '일선동조론'의 틀을 만들기 위한 목적이었다. 그런데 당시 연구는 중국 문헌에 나타난 기록들을 중심으로 이루어짐으로써 중국 중심의 잘못된 역사상으로 정리되었다. 왜냐하면 중국 문헌의 기록들은 국외자에 대한 중국인들의 무지, 오해, 선입견에서 오는 부정확한 역사인식과 중국 중심의 전통적 화이(華夷)관에 기초하여 쓴 기록들이기 때문이다. 그로 인해 왜곡이 심각할 뿐만 아니라 자체 기록이 부실한 주변 민족들은 중국의 기록을 수용, 답습하였고 그것이 다시 중국으로 전파되어 잘못된 역사상이 확대 · 재생산되었다.[35]

중국 문헌에 등장하는 한민족의 종족 호칭은 맥(貊, 貉, 陌, 貘 등), 예(濊, 獩, 穢, 薉), 한(韓, 寒, 馯, 汗) 등 세 계통이다. '맥, 예, 한'은 원래 한자어가 아니라 우리말이었는데 중국인들이 폄하된 의도를 담아 '사나운 말 한(馯), 찰 한(寒), 거칠 예(薉), 더러울 예(穢)' 등의 표기를 사용하였다. 이러한 호칭이 중국 문헌에서 '맥 · 예 · 한'의 단칭으로 사용되었고 종종 '한맥(寒貊) · 한예(寒穢) · 예맥(濊貊)' 등으로 조합되어 사용되기도 하였다. 그러나 '맥 · 예 · 한'에 관한 기록이 극히 단편적이고 모호하며 화이(華夷)론으로 폄하된 문제점을 안고 있기 때문에 이들만으로 한민족의 기원에 대한 답을 찾을 수는 없다. 일제강점기 일본인 학자들에 의해 시작된 연구는 이러한 근본적 한계를 안고 출발하였지만 고고학 방면의 연구와 결합하면서 보다 전문화되어 갔다. 예컨대 일본인 학자들의 한 · 일 민족의 기원에 대한 관심이 신석기 토기문제로 전환된 것이다.

도리이 류조(鳥居龍藏, 1870~1953)에 의해서 제기된 한 · 일 민족의 동북기원설은 비록 신석기 유문(有紋, 빗살무늬)토기와 청동기 무문(無紋, 민무늬)토기라는 시대적 차이도 구분하지 못할 정도로 초보적인 연구였지만 그럼에도 토기 분야를 통해 민족의 기원문제를 바라보는 기본 방향이 제시되었다는 점에서 한 차원 진전된 전문화현상이라

---

35 이성규, 「중국 고문헌에 나타난 東北觀」, 『동북아시아 선사 및 고대사 연구의 방향』, 학연문화사, 2004, 12~13쪽 참조.

할 수 있다. 도리이 류조에 이어 후지타 료사쿠(藤田亮策, 1892~1960)는 시베리아 출토 빗살무늬토기가 북유럽 신석기 토기인 캄케라믹(Kammkeramik) 토기에서 발원하여 시베리아를 거쳐 남북한 지역으로 들어왔다고 주장하였다. 서기전 3세기경 중국인들이 청동기·철기문화를 가져오면서 신석기시대에서 갑작스럽게 철기시대로 이행했다고 보고 이를 금석병용기라고 부르기도 하였는데 그 후 남북한 지역에서 비중국계 청동기가 나오자 우메하라 스에지(梅原末治, 1893~1983) 등은 한국 청동기의 시베리아 기원설을 주장하게 된 것이다.[36]

이처럼 고고학 방면의 한민족 기원 연구는 '한민족 시베리아 기원설'로 귀착되었는데 문헌 연구 기반의 민족학 분야에서도 역시 마찬가지였다. 남북한 지역의 민족 형성을 보면 북부(북한과 그 북쪽)에는 예맥족이 있어 조선·부여·고구려·동예를 건국하였고 남부(남한 지역)에는 한족이 있어 한(삼한)을 건국했는데 북쪽의 예맥족은 북방 대륙민족 계통이며 남쪽의 한족은 남방 해양민족 계통이라는 식이었다. 특히 예맥족의 종족적 기원에 대해서는 동시베리아 일대 퉁구스족으로 보는 견해가 일반적이었고 일부 퉁구스·중국인 혼혈, 또는 중국인·동호(東胡)족 혼혈 등의 시각도 있었다. 이러한 시각은 구한말 미국인 헐버트(Hulbert)에 의해 처음 제시되었는데 나중에 일본인 학자들에게 수용된 것이었다.[37]

36 정경희, 『백두산문명과 한민족의 형성』, 만권당, 2020, 547~554쪽 참조.
37 정경희, 위의 책, 548~549쪽 ; 김정배, 「한국 민족과 예맥」, 『한국 민족문화의 기원』, 고려대학교출판부, 1973, 7~8쪽 참조.

일제강점기에 일반화되었던 한민족 시베리아 기원설은 광복 이후 한국학계로 이어졌다. 김정학과 김정배는 남북한의 신석기 선주민은 고아시아족이며 청동기시대에 이르러 서시베리아 알타이족 계통의 예맥족으로 교체되었다고 보았다. 한민족의 기원을 고아시아족과 알타이계 예맥족(한족 포함)의 결합으로 본 것이다. 그에 비해 김원룡은 남북한의 신석기인은 고아시아족이었는데 이후 동시베리아 퉁구스족 계통의 예맥족으로 교체되었다고 보았다. 한민족의 기원을 고아시아족과 동시베리아 퉁구스계 예맥족(한족 포함)의 결합으로 본 것이다. 종합해보면 광복 이후 고고학계의 한민족 기원 연구는 일제강점기 한민족 시베리아 기원설을 계승한 것으로, 첫째, 서시베리아 알타이 지역이나 동시베리아 퉁구스 지역으로부터 민족 이동이 있었고 둘째, 신석기인은 고아시아족이며 청동기인은 예맥족이었다는 것이다. 이에 대해 북한 학계는 1970년대 초부터 정치적 논리인 주체사관에 따라 조선민족 '단혈성 기원론'을 제기하였다. 즉, 조선 민족은 고대 인류로부터 시작해서 남북한 지역 내에서 이루어진 장기간의 진화를 거쳐 구석기 말에 형성된 소위 '조선 옛 유형 사람'을 기원으로 한다는 논리이다.[38]

한민족 시베리아 기원설의 한계 ——

한민족 시베리아 기원설은 두 가지 사실에 의해 사실이 아님이 밝

---

[38] 정경희, 앞의 책, 552~554쪽 ; 김원룡, 『한국 고고학 개설』, 일지사, 1986, 61~62쪽 ; 최몽룡·이헌종·강인욱, 『시베리아의 선사고고학』, 주류성, 2003, 466~467쪽 참조.

혀지고 있다. 하나는 지구의 빙하기에 인류의 생존 환경과 관련된 학설이며 다른 하나는 고고학적 측면에서의 분석이다.

지구의 빙하기는 5만 년 전부터 1만 2천 년 전(서기전 10000년)까지 였다. 이 기간 북위 40도 이상의 북쪽에는 사람이 살지 않았다. 당시 적도의 평균 기온이 섭씨 8도 정도였으며 북위 40도 이상에서는 혹독한 추위 때문에 사람은커녕 동물과 식물조차 생존할 수 없었다. 인류는 북위 40도 이남에서만 살 수 있었던 것이다. 북위 40도는 한국의 신의주와 중국의 북경을 동서로 잇는 위도이다. 문제는 이 사실이 서기 2000년, 즉 21세기가 되어서야 과학자들에 의해 확인됨으로써 이를 잘 몰랐던 그 이전 역사학자들이 인류 기원에 대한 연구 과정에서 많은 논리상의 오류를 범했다. 그리고 이제는 바이칼호수 기원설, 캅카스 기원설, 시베리아 기원설 등과 같은 한국 민족의 기원에 대한 여러 학설은 모두 틀린 것으로 판명되었다. 따라서 한반도 사람들의 기원은 완전히 다른 곳에서 찾아야 했다.[39]

다음은 고고학적 측면에서 살펴보자. 1980년대 무렵부터 흑룡강 일대와 요서·요동 일대에서 동북아 신석기·청동기 고고학의 눈부신 성과가 있었다. 그리고 그것은 1960~1980년대에 성행했던 한민족 시베리아 기원설에 대한 인식을 바꿀 수밖에 없는 배경이 되었다. 즉, 신석기문화에서 청동기문화로의 변화는 이를 담당한 종족이 교체됨에 따른 것이 아니고 신석기문화 자체가 발전하는 가운데 외부의 영향이 더해져서 청동기문화로 변화되었다는 인식의 전환이다. 특히 각 지역

---

39 김상태,『고조선과 21세기』, 글로벌콘텐츠, 2021, 111 - 112쪽 참조.

문화간의 상호 관련성을 연계하여 동북아 신석기문화를 폭넓게 바라보는 시야가 열리면서 기존의 일방적이고 단선적인 문화전파이론은 더 이상 설 자리를 잃게 되었으며 한민족 기원문제와 관련해 생각을 바꾸는 계기가 되었다.

1980년대에서 2000년대 초반까지 흑룡강·연해주 일대에서 동아시아의 가장 오랜 조기 신석기문화 유적이 집중적으로 발굴되었다. 그리고 조기 신석기시대에는 동시베리아 바이칼 호, 남북한 지역, 양자강 일대, 일본 열도가 동일문화권이었음이 밝혀지게 되었다.[40] 여기서 고고학적 문화권역이 종족의 기원과 밀접한 관련이 있음을 강조하는 정경희의 다음과 같은 주장과 견해는 한민족의 기원을 추적해가는 과정에서 주목해야 한다.[41]

• 종족의 기본 출발점은 혈연 요소이지만 어차피 이주 등을 통한 혼혈로 인해 순혈이라는 것은 있을 수 없다. 따라서 종족 형성에 있어 혈연 요소와 함께 중요한 것이 정신적·문화적 공동체 의식이다. 이러한 공동체 의식을 보여주는 일차 단위가 문화권역이다. 그것은 문화권역이 일차적으로 고고학적 문화권역으로 가시화되기 때문이다.

• 1980년대 이후 동북아 고고학에서는 흑룡강 일대와 요서·요동 일대 두 지역이 동북아 신석기문화의 양대 중심으로 주목되었다. 요서·요동 일대는 동아시아 일대에서 가장 이른 시기의 조기 신석기문화가 개화

---

40 정경희, 앞의 책, 555쪽에서 인용(임효재, 「신석기시대」, 『신편 한국사』 2, 국사편찬위원회 2002, 306쪽 ; 최몽룡, 「다원론의 입장에서 한국문화의 기원과 시베리아」, 『한·러 공동 발굴 특별전 아무르·연해주의 신비』, 국립문화재연구소, 2006, 142쪽).

41 정경희, 앞의 책, 554~561쪽 참조.

했던 흑룡강 일대보다 문화의 발전이 한참 늦다. 이는 흑룡강 일대가 조기 신석기문화의 중심이었다가 서기전 6000년 무렵 후기 신석기문화의 중심이 요서·요동 지역으로 옮겨갔음을 말한다.

• 흔히 만주·남북한 지역의 토기문화 형태에 대해서는 조기 신석기시대 이래의 원시무문토기·편목문토기·융기문토기 등은 흑룡강 문화권의 영향으로, 융기문토기 다음에 등장하는 후기 신석기시대 빗살무늬토기는 요서·요동 문화권의 영향으로 설명되고 있다. 이는 한민족 문화의 변천과정과 한민족 기원문제에 대해서 첫째, 조기 신석기시대 이래 주로 흑룡강 일대의 영향을 받았다는 점과 둘째, 서기전 6000년 무렵부터는 흑룡강 일대의 문화에서 요서·요동 일대 문화의 영향을 주로 받게 되었다는 점을 시사한다.

• 1980년대 이후 흑룡강 일대와 요서·요동 일대에서 드러난 고고학 성과를 통해 일제강점기 이래의 한민족 시베리아 기원설 또는 신석기 – 청동기 종족교체설 등이 자연스럽게 폐기될 수 있게 되었다. 그리고 요서·요동 일대에 대한 새로운 이해를 통해 후대에 한민족의 종족적 실체로 알려진 예·맥·한족의 문제를 풀어가는 새로운 연구 조건이 마련되었다.

• 그럼에도 아직까지 한국 학계의 현실은 일제강점기 이래 유지되어 왔던 기본 틀에서 벗어나지 못한 채 청동기시대 만주와 북한 지역의 주인공은 예맥족, 남한 지역의 주인공은 예맥족이 지역화한 한족으로 보며 이러한 예맥족이 고대조선을 비롯하여 부여, 진국 등 많은 국가를 건설하고 다시 삼국으로 이어지면서 한민족의 근간을 형성했다고 보고 있다. 이러한 학계의 현실에 더하여 중국학계가 1980년대 이후 요서·요동 일

대의 상고문화에 대해 동북공정을 진행하면서 사태가 더욱 복잡해졌다.

역사 침략에 악용되고 있는 요하문명 ——

정경희는 "현재 요서·요동 일대 신석기~청동기 문화 연구는 중국에 의해 주도되고 있다. 이는 이 지역이 현재 중국령이며 중국이 발굴을 주도했기 때문이기도 하지만 그 기저에는 이 지역 문화가 갖는 세계사적 위상에 대한 중국 측의 탐욕이 자리하고 있다."고 지적하고 있다. 간단명료하고 정확한 지적이자 한국고대사의 기원을 밝히는 작업에 나서야 할 우리 사학계에 방향을 제시하는 분명한 문제제기로 보인다. 윤내현 이래 중국의 역사 침략 행태를 매우 정확하게 읽고 있는 것으로 판단된다. 다음은 「중국의 동북공정과 한국 민족학의 위기」라는 제목으로 그가 정리한 내용을 요약한 것이다.[42]

• 요서 지역의 여러 고고문화 중에서도 특히 중·후기 홍산문화(서기전 4000~서기전 3000)는 시기나 내용 면에서 동아시아, 더 나아가 세계 상고문화의 원형으로 새롭게 자리매김해가고 있다. 중국 측은 이를 배타적 중국문화로 독점하고 중국사를 영토·시기·내용 면에서 한 차원 끌어올림으로써 동아시아, 더 나아가 세계문화의 중심 국가가 되고자 했다. 이에 과거 이 지역 문화의 실제 주역이었던 한민족(예맥족) 이하 여진족·선비족·몽골족·흉노족 등 동북방 여러 민족의 역사문화를 중원의

---

[42] 정경희, 앞의 책, 561~563쪽 참조.

역사문화로 끌어안는 역사공정, 곧 동북공정을 시작했다.

• 중국은 1980~1990년대에 홍산문화를 중국 문명의 원형이자 기원으로 삼아 새롭게 중국사체계를 잡아가는 '요하문명론'을 제시했다. 중국 측이 홍산문화를 바라보는 기본 시각은 중국 고대왕조인 은상(殷商)왕조와 연결 짓는 방식이었다. 홍산문화의 주된 흐름을 '홍산문화 → 하가점 하층문화 → 은상문화'로 바라본 것이다. 이러한 흐름은 은상문화를 기준으로 한 것이기에 홍산문화나 하가점 하층문화는 '선상문화(先商文化, 은상의 선대 문화, 황제족 문화)'로 평가되었다. 즉 홍산문화론은 요하문명론의 기본이 되는 중국인들의 역사인식이다.

• 요서 지역을 중심으로 요하문명론을 정립한 중국 측은 이를 요동 지역으로 확대하여 '장백산문화론'을 전개하였다. 요하문명론의 요체인 홍산문화론은 애초 중원이나 요서 지역에 대한 이론으로 출발했으나 점차 요하문명의 동쪽 끝, 곧 요동과 남북한 지역으로 확대되었고 이 과정에서 요하문명의 동진이론으로 장백산이론이 등장한 것이다. 즉 요하문명론은 은상(殷商)족 중심의 역사인식인데 이를 동쪽으로 확장하여 장백산문화론에 이르면 연·기자조선은 물론 고구려·부여까지도 은상계 국가임이 강조되어 한국사를 뿌리에서부터 말살하는 논리로 발전하였다. 이렇듯 요하문명론·장백산문화론의 진행 결과 동북아 상고사의 주역으로 하화족(夏華族, 漢族)이 내세워지고 한(韓)민족은 하화족의 한 일원이자 지류일 뿐이라는 논리가 만들어졌다.

• 동북아 고고학의 발전으로 한국학계의 민족기원문제에 대한 새로운 접근 가능성이 열렸지만 중국의 동북공정에 의해 그 가능성이 원천적으로 차단되고 말았다. 따라서 한민족의 기원문제를 풀기 위한 첫 단추

는 중국의 '요하문명론·장백산문화론'의 오류를 밝히는 것이다.

고고학에서 보는 단군왕검사화의 역사성 ──

1980년대 이후 고고학의 발달은 일제 식민사학의 영향으로 침체상태에 빠져 있던 한민족의 기원에 관한 연구를 새로운 시각에서 접근하는 계기가 되었음은 앞에서 살펴본 바 있다. 비록 소수이기는 하지만 광복과 더불어 식민사학을 극복하여 민족적 자아를 찾아 한민족의 정체성을 확립하려는 뜻있는 학자들의 주장에 힘을 실어준 것이다. 일본인 학자들이 한민족의 기원을 끌어내리기 위해 신화로 조작하였던 단군왕검사화를 고고학 분야가 역사적 사실로 입증하고 있다는 차원에서 『삼국유사』가 제시하는 한민족의 기원을 학문적으로 체계화할 수 있게 된 것이다. 더욱이 요하문명으로 불리고 있는 요서·요동 일대의 신석기~청동기 문화 연구를 통해 한민족의 기원을 하화족의 지류로 왜곡하는 동북공정이 역으로 한국학계에 큰 자극이 되어 한민족의 기원문제를 새로운 시각에서 인식하는 기틀이 되고 있다는 점에서 오히려 고무적인 현상으로 볼 수 있다.

윤내현은 『삼국유사』에 나오는 단군왕검사화를 인류의 고고학적 발전단계(무리사회 – 마을사회 – 고을나라 – 국가사회단계)에 대입하여 한민족의 기원문제를 풀 수 있는 획기적인 방법을 제시하였다. 그는 "고대조선의 주민은 여러 지역에 있었던 고을나라(마을연맹체사회, 배달국) 종족들이 모여서 형성되었기 때문에 초기에는 집단의식이 약했을 것이다. 그러나 고대조선(국가사회)은 2천여 년 동안 존속했으므로 오랜 기간 공동체 속에서 함께 생활하는 과정에서 집단귀속의식이 점차 강화되었을 것이다. 따라서 한민족은 고대조선시대에 출현했다고 말할 수 있다."고 하였다. 또 "단군사화에 보이는 환웅과 웅녀의 결합으로 태어난 단군에 의해 (고대)조선이 건립되면서 '조선'이 종족의 명칭이자 나라의 명칭으로도 불리게 되었다. 그리고 이 조선족이 숙신·부여·고구려·옥저·예·맥 등 여러 종족(소국)들을 다스렸다."고 하였다. 이와 관련된 윤내현의 추가적인 강조점은 다음과 같다.[43]

- 우리 민족은 지역적으로 만주(지금의 요서와 요동)와 남북한 전 지역에서 살아온 민족이다.
- 한민족은 단일 혈통이라고 말하는데 이는 지극히 정서적인 것일 뿐 과학적인 논리는 아니다. 단지 그렇게 생각한다는 정도로 이해하는 것이 좋겠다. 분명한 것은 만주와 남북한 지역에 많은 사람들이 거주했는데 이들의 후손이 고대조선의 주민을 형성해왔다는 것이다.
- 고대인들의 신앙은 고대사연구에서 빼놓을 수 없는 중요한 요소 중 하나이다. 고대조선의 역사 속에서 최고의 신은 하느님(또는 하나님)이었고, 이를 중심으로 여러 가지 풍속이 이어져왔다. 천군(天君)과 소도(蘇塗), 부여의 영고(迎鼓), 고구려의 동맹(東盟), 예의 무천(舞天), 한의 10월 추수제 등이 이를 말해준다.

신용하는 "한국 민족은 서기전 약 30세기~서기전 24세기경에 한

---

43 윤내현, 『고조선연구』 상, 만권당, 2015, 197쪽 참조.

(桓·韓·畢)·맥·예 3부족이 연맹하여 최초의 고대국가인 조선(고조선)을 건국하였다. …… 고조선 국가를 세운 한·맥·예 3부족은 고조선 건국 직후부터 융합해서 고조선민족을 형성하게 되었다. …… 고조선 민족이 바로 한국 민족의 원민족인 것이다."고 하여 '한·맥·예 3부족 결합에 의한 한민족기원설'을 제기하였다.[44] 신용하는 '환웅(桓雄)족=한족, 웅(熊)족=맥족, 호(虎)족=예족'으로 보고 남북한 지역의 초기 신석기인들이 대동강 일대를 중심으로 정착하여 남은 종족이 한족이며, 북상하여 요하 동쪽·송화강 등지에 정착한 종족이 예족, 그리고 북상하여 요서 대릉하·서랍목륜하 등지에 정착한 종족이 맥족이라고 하여 일제강점기 이래의 '북방의 예맥족과 남방의 한족'이라는 기본 구도를 수용하였으나 영역을 크게 확장하였다는 차이가 있다는 점이 주목된다.[45]

한민족의 기원 확인을 위한 연구 ——

한민족의 기원 확인은 두 분야의 연구 결과에 근거해야 한다. 한 분야는 고고학이며 또 다른 분야는 문헌 연구이다. 고고학적인 접근은 요하문명의 실체에 대한 정확한 인식이 전제되어야 하며 문헌 연구는 고대 역사서와 더불어 한민족의 정신(의전)세계를 말해주는 선도사서(仙道史書, 仙家史書)들도 함께 분석되어야 한다. 그리고 두 분야의 논리는 모두 한민족의 기원을 설명하고 있다는 점에 착안하여 상호 연

---

44 신용하, 『한국 원민족 형성과 역사적 전통』, 나남출판, 2005, 17~62쪽 참조.
45 정경희, 앞의 책, 565쪽 참조.

계하여 해석되어야 한다. 그럼에도 현재 한국 역사학계는 두 분야를 체계적으로 연결하지 못하고 있으며 한민족의 기원에 대한 중국과 일본의 악의적 고대사 왜곡에 효율적으로 대처하기는커녕 방관하고 침묵하는 가운데 일부에서는 오히려 그에 호응하거나 동조하는 현상까지 보이고 있다. 그럼 이러한 현상의 원인과 문제점들을 짚고 넘어가보자.

첫째, 동아시아를 넘어 세계 상고문화의 원형으로 자리매김해 가고 있는 요하문명이 현재의 중국 영토 안에서 중국의 주도로 발굴된 데다가 이 문화가 갖는 세계사적 위상에 대한 중국 측의 탐욕으로 요하문명의 실체에 대한 인식이 본류에서 벗어나 하화(중국)문명의 선행문명처럼 왜곡되고 있다.

둘째, 고고학이 문헌사학에 의해서, 또 문헌사학이 고고학에 의해서 상호 보완될 수 있다면 가장 확실한 역사적 사실로 받아들여질 수 있을 것이다. 그러나 고대 역사에 대한 자체 문헌이 미흡한 한국사학계는 과도하게 중국 문헌에 의존하는 경향이 있었다. 이 때문에 고대 유적을 중국 중심의 편향된 시각으로 해석하거나 우리 역사와 무관한 것으로 인식하는 경향이 없지 않았다.

셋째, 민족의 기원을 밝히는 문헌사학은 역사서여야 하겠지만 상당량의 선가(仙家) 또는 선도(仙道)사서들이 민족의 기원을 확대 해석하는 자료로 이용되고 있다.『징심록(澄心錄)』「부도지(符都誌)」,『환단고기(桓檀古記)』,『규원사화(揆園史話)』등의 서적들이 이에 해당된다. 김상태는 이러한 자료들은 역사적 사료로 활용되어서는 안 된다고 강조한다.[46] 그러나 이러한 서적이 문헌사학이 충분히 설명하지 못하는 민족 신앙문제를 다루고 있으며 고고학적으로도 논증되는 분야가 있다는 점에서 이에 대한 학문적 합의가 필요하다고 생각한다.

넷째, 종족과 민족의 형성, 한민족의 명칭과 그 기원에 대한 개념이 명확히 구분되지 않아 인식상의 혼선을 일으키는 경향이 있다. 참고로 국어사전에 따르면 '종족'은 조상이 같고 같은 계통의 언어와 문화 따위를 가지는 사회 집단을 지칭한다. '민족'은 겨레라고도 하는데 같은 지역에서 공동생활을 오랫동안 함으로써 언어나 풍습 따위의 문화 내용을 함께하는 집단이라고 하였다. 주목되는 것은 종족은 생물학적인 혈통에 초점을 맞춰 '같은 조상'이 강조되는 반면 민족은 같은 지역과 공동생활 중심의 '함께하는 문화'가 강조되고 있다는 점이다.

그럼 한민족의 기원이 되었다고 판단되는 남북한 지역에 살았던 사람들은 어디서 왔을까? 신용하에 의하면 빙하기의 추위 때문에 당시 인류는 북위 40도 이남에서 끊임없이 해가 뜨는 동쪽을 찾아 이동할 수밖에 없었고 마지막에 도달한 곳이 동해로 가로막힌 한반도(남북한 지역)의 중부였다는 것이다. 그때는 빙하가 많고 수면이 낮아 서해가 육지였으며 북쪽으로는 사람이 갈 수 없었기 때문에 인류는 육지로 이어진 한반도로 밀려들었고 당시 유일하게 바다로 남아 있던 동해 앞에서 멈추어야 했다. 이는 한반도뿐만 아니라 이동 경로가 바다로 막힌 세계 각 지역에서 동일하게 발견되는 현상이다. 따라서 한반도 사람들의 기원이 어디인가는 분명해진다. 한반도인의 기원은 한반도인 것이다. 1만 2천 년 전이라면 구석기시대에 해당되므로 한민족

---

46 김상태, 앞의 책, 213~226쪽 참조.

은 구석기시대부터 한반도에 살았던 사람들로 형성된 민족으로 보는 것이다.[47]

그럼 한민족은 어떻게 형성되었을까? 단군왕검사화에 신화적 형태로 압축되어 있는 한민족의 역사적 체험을 시간대별로 풀어보면 환인시대 → 환웅시대 → 단군시대의 세 시기이며 이를 선도(선가)사서에서는 환국(桓國) → 배달국(倍達國) → 단군조선(檀君朝鮮)이라는 국가 형태로 기술하고 있다.[48] 윤내현은 이를 인류 발전단계에 대입하여 마을사회 → 마을연맹체(고을나라)사회 → 국가사회 단계로 설명한다. 분명한 것은 우리 민족이 최초로 국가사회단계에 진입한 것은 조선(고대조선)시대부터이다. 배달국은 신석기시대로 국가 이전의 사회 단계이다. 그러나 이때 이미 종족의 결합이 이루어지고 있었다. 천손종족임을 자처하는 환웅이 백두산 신시(천평 지역)에 내려와 상이한 문화를 지닌 웅족과 연합하여 요동문명권을 형성하였다. 그리고 이후 예족도 통합하여 요서 지역까지 지배 지역을 확장하면서 배달문명권을 형성하였다. 이것이 1980년대 이후 밝혀지고 있는 요하문명이다. 따라서 요하문명은 한민족의 기원 문명인 것이다.

윤내현은 "한민족은 고대조선시대에 출현했다고 말할 수 있다."고 하였다. 그러나 요하문명이 한민족의 기원 문명이라는 차원에서 한민족의 출현은 그 이전으로 보아야 한다. 한민족은 한·맥·예 등 세 종족의 통합으로 신석기시대에 형성되었고 청동기시대에 접어들어 고대조선을 세웠기 때문에 민족의 형성은 고대국가 건국 이전으로 보아야

---

47 신용하, 앞의 책 ; 김상태, 앞의 책, 112~113쪽 참조.
48 성경희, 앞의 책, 570~571쪽 참조.

한다. 바꿔 말하면 한민족이 고대조선을 세운 것이지 고대조선이 세워짐으로써 한민족이 형성된 것은 아니라는 말이다. 그러나 민족이라는 단어는 근대에 생긴 것으로, 여기서 말하는 민족은 '함께하는 문화'에 초점을 맞춘 개념을 강조함이라는 차원에서 이해할 필요가 있다.

정리하면 우리 민족을 한민족으로 칭할 경우 신석기시대(배달국시대, 마을연맹체사회단계)에 요하문명을 발전시킨 한민족(우리 민족)은 청동기시대(국가사회단계)에 접어들어 고대국가(고대조선)를 세웠고 반만년의 역사를 이어오면서 현재에 이른다고 할 수 있다.

3장

일본 군국주의화 과정의 해방론과 정한론

과거사에 대한 일본의 행태

독일과 다른 전범국 일본 ──

　일본은 지리적으로 한국과 매우 가까운 나라이다. 더욱이 안보와 경제면에서 불가분의 협력관계에 있다. 그럼에도 정서적으로는 결코 가까운 이웃이 아니다. 그것은 근대사회로 진입하는 과정에서 일방적으로 침략하여 우리에게 엄청난 피해를 입힌 가해자이면서도 그에 대한 반성은커녕 선의를 베푼 것처럼 호도하는 역사논리를 펴서 한국인의 심리적 앙금을 더욱 굳어지게 하고 있기 때문이다.

　독일과 일본은 20세기 전반 인접 국가들에게 인류 역사상 가장 참혹한 피해를 입힌 나라들이다. 두 나라는 제2차 세계대전을 일으킨 전범 국가들이다. 그런데 제2차 세계대전에서 패망한 두 나라의 과거 역사에 대한 인식과 반성하는 자세는 전혀 다른 모습을 보이고 있다. 지난날의 잘못을 뉘우치고 진지한 자세로 사죄함으로써 피해를 입은 이웃 나라들의 앙금을 풀려고 노력한 독일은 현재 유럽연합(EU)의 일원으로 매우 우호적인 관계로 바뀌어 발전을 거듭하고 있다. 유엔에 의해 강제로 분단되었던 동서독이 통일되어 20세기 후반의 역사를 차분

폴란드 바르샤바의 게토 희생자 추모비 앞에 무릎을 꿇고 사죄하는 독일 총리 빌리 브란트.

히 정리한 독일은 공산주의체제하에서 낙후할 수밖에 없었던 동독을 통일 후 거의 서독 수준에 가깝게 끌어올림으로써 이웃 국가들의 격려를 받고 있다.

그러나 일본은 독일과 전혀 다른 모습을 보이고 있다. 특히 한국에 대한 자세는 납득할 수 없는 수준이다. 냉전이 시작되자 태평양전쟁에서 승리한 미국이 일본에 대해 죄를 묻기보다는 오히려 재건하는 쪽으로 점령정책을 유지하였다. 이에 따라 일왕을 포함한 침략전쟁을 주도했던 인물들이 단죄되지 않고 오히려 주도적인 위치에서 일본 정부를 계속 이끌었다. 그런 가운데 6·25전쟁이 일어나자 후방지원기지 역할을 하게 됨으로써 패전의 상처를 극복하고 20세기 말에는 세계 2위의 경제 대국으로 성장하였다. 그럼에도 그들은 가해 책임보다

제2차 세계대전 전범들의 위패를 보관한 야스쿠니 신사. 일본의 총리 및 정치인들은 전쟁에 대한 반성 없이 야스쿠니 신사 참배를 하며 주변국들과 분란을 일으키고 있다.

는 원폭에 의한 민간 희생을 부각시켜 피해의식을 강조함으로써 책임을 회피하면서 국수주의적 논리를 펴나가고 있다.

한·일관계가 호전되어 가까운 이웃이 되기 위해서는 문제의 본질을 정확히 이해하고 이를 극복하기 위한 두 나라의 적극적인 노력이 필요하다. 따라서 일본은 과거에 대한 인식을 바꿔 한·일관계 전개 과정 속에 담긴 역사의 진실을 바로 볼 수 있어야 한다. 일본은 식민사학의 체계화로 한국고대사를 왜곡시킨 사실을 포함하여 임진왜란에서부터 35년간의 식민통치 기간까지 한국인에게 가한 비인도적 만행에 대해 뉘우치고 사죄해야 한다.

한국도 남을 탓하기에 앞서 스스로 한국사 왜곡현상을 정확히 이해하여야 그 원형을 바르게 복원할 수 있으며 한·일관계를 발전적으로 설정할 수 있다. 필자가 일본의 한국고대사 왜곡에 주목하는 것은 바로 한·일 두 나라의 역사 발전에 걸림돌이 되고 있는 한국고대사 왜곡현상의 본질과 과정을 정확히 이해하고 이를 시정해 나가는 방향을 찾기 위해서이지 결코 한국인의 배일감정을 자극하려는 의도가 아니다. 그럼 지금부터 일본의 한국고대사 왜곡 과정을 체계적으로 살펴보자.

가장 경계해야 할 식민사학 ——

일본의 한국고대사 왜곡에 들어가기 전에 먼저 근대 한·일관계를 살펴볼 필요가 있다. 그것은 근대 한·일관계에서 형성된 역사인식의 행태가 역사왜곡의 틀로 발전하였기 때문이다. 일본은 1910년 8월 29일부터 1945년 8월 15일까지 14일 모자라는 35년 동안 조선을 식민지로 지배하였다. 이는 분명한 역사적 사실이다. 그럼에도 역사적 사실을 보는 시각에 따라 판이한 해석을 하며 그에 대한 인식과 태도를 달리함을 볼 수 있다.

일본은 분명 가해자이며 남북한은 피해자이다. 그럼에도 일본은 식민지 지배의 주체로서 가해자임을 인정하려 하지 않고 역으로 시혜를 베푼 듯이 군다. 일본의 이러한 태도는 일본 지식인들의 잘못된 역사인식에서 비롯한 것으로 볼 수 있다. 소위 식민사학으로 불리는 일본의 한국사 인식은 『고사기』와 『일본서기』에 기초한 고전 해석이 국수주의적 국학으로 다져지고 서세동점시기에 일본의 생존전략과 영합하여 해방론과 정한론 등으로 발전한 배타적 침략사상과 정책 등에 그 뿌리를 두고 있다. 따라서 일본의 식민사학은 중국의 사대사학과 함께 한민족의 생존을 위협하는 가장 경계해야 할 사상이자 역사인식이라는 차원에서 그 본질을 정확히 꿰뚫어볼 수 있어야 한다. 식민사학과 사대사학의 극복 없이 21세기 남북한의 통합과 민족의 부흥을 말하는 것은 사상누각(沙上樓閣)과 다를 바 없는 허상이다. 그러므로 우리 사회에 아직도 식민사학과 사대사학이 존재하며 학계에서 젊은이들의 의식세계에 부정적 영향을 미치고 있음에 주목하면서 그 본질에 대해 알아보자.

불합리하게 체결된 한일병합조약 ——

1945년 8월 15일, 일본이 제2차 세계대전에서 연합국에게 항복하면서 조선은 식민지 상태에서 해방되었다. 온 국민은 광복의 기쁨과 함께 하나의 자주독립 국가를 건설할 수 있을 것이라는 기대에 부풀어 있었다. 그러나 그 기대는 강대국들의 이해가 엇갈린 국제정세 속에서 물거품이 되고 말았다. 일본은 가해자였음에도 불구하고 미국의 호의적인 지배정책에 힘입어 매우 빠른 기간 내에 패배의 상처를 극복하고 다시 하나의 독립국가로 재기할 수 있었다. 그러나 우리는 35년간의 식민지 지배를 받은 피해자였음에도 미국과 소련이 일본군 무장해제를 위하여 남북한을 분할 점령함으로써 남북한이 나뉜 채 지금까지도 분단상태가 지속되고 있다. 1950년 소련의 사주를 받은 북한의 남침으로 6·25전쟁이 발발하자 일본을 점령하고 있던 미군은 즉

시 출동하여 이에 맞섰다. 이때 일본은 미군을 따라서 자동으로 남한 편에서 전쟁에 협력하였다. 그리고 전쟁이 한창 치열하였던 1951년 샌프란시스코 강화조약을 통해 일본은 독립하였고 한국과 국교 수립을 위한 교섭도 시작되었다.

그러나 여기서 35년간의 식민지배가 조약에 근거한 것이었다는 일본 측 주장과 일본이 강제한 한일병합조약은 처음부터 무효였다는 한국 측의 상이한 입장이 좁혀지지 않고 첨예하게 대립하면서 결론을 맺지 못했다. 1965년 한일조약 체결 때에도 이 문제(대립)는 해결되지 않아서 지금도 한·일 양국은 이를 자의적으로 해석하고 있다. 여기서 잠시 한·일간 갈등의 원인이 되고 있는 식민지 지배에 대한 상이한 인식현상과 양국의 논리를 정확히 이해하고 평가하기 위해서 양국 정부가 영문으로 된 한일조약의 기본조약 제2조를 자국민에게 어떻게 설명하고 있는지 살펴보자.

기본조약 제2조는 "It is confirmed that all treaties or agreements concluded between the Empire of Japan and the Empire of Korea on or before August 22, 1910 are already null and void"라고 되어 있다. 이것을 일본어로는 "1910년 8월 22일에, 혹은 그 이전에 대일본제국과 대한제국 사이에 체결된 모든 조약 및 협정은 '이제 무효(もはや無效である)'라는 것이 확인된다."고 번역하였다. 계속 유효하였던 것이 지금(1965년 조약 당시)은 무효가 되었다고 해석한 것이다. 이에 반해 한국은 "이미 무효임을 확인한다."고 번역하였다. 당초(1910년 병합조약 체결 당시)부터 무효였다고 해석한 것이다.[49]

일본이 주장하는 논리의 전제는 병합이 한국인(당시 조선인)의 동의를 받아 양국의 합의하에 이루어졌다는 것이다. 그러나 이는 성립할 수 없는 논리이다. 왜냐하면 현재 남아 있는 조약은 1910년 8월 22일 데라우치 마사타케와 이완용이 서명한 것으로 대한제국의 의사에 반하는 조약이 분명하기 때문이다. 그것은 조약 이전과 이후에 있었던 각종 저항과 의병투쟁이 말해준다. 이토 히로부미 통감은 병합에 방해가 되는 고종을 강제로 퇴위, 순종에게 양위하도록 하였다. 이에 한성에서 민중이 격분하여 들고 일어났으며 이완용의 집에 불을 지르기도 하였고 1907년 조선군 강제해산령이 공포되자 전국에서 분노가 폭발하여 의병이 봉기하였다. 고종은 일본의 만행을 세계에 알리기 위해 러시아 황제가 주도한 헤이그 평화회의에 3명의 특사를 파견하기도 하였다. 조약 체결 이후에도 3·1독립만세투쟁을 비롯한 각종 독립투쟁과 임시정부의 존재는 병합조약이 분명 한국의 의사에 반하는 것임을 말하고 있다.

---

49 와다 하루키 지, 남상구·조윤수 역, 『한국병합 110년만의 진실』, 지식산업사, 2020, 16~17쪽 참조.

군국주의 합리화를 위한 자위논리 해방론

일본 국학자들의 조선 비하의식 ——

식민사학이 일본인들의 한국고대사에 대한 왜곡된 인식논리라면 해방론과 정한론은 그 연장선상에서 형성된 근대적 실천논리에 해당한다고 볼 수 있다. 복잡한 국제환경 속에서 일본의 생존과 번영을 위해 이웃 국가의 생존을 담보로 한다는 것은 절대 용납될 수 없는 극히 악의적인 것이다. 특히 우리가 그 대상이라는 차원에서 그에 대한 인식과 대응이 절실하다.

임진왜란 이후 성립된 막부는 조선과의 우호관계 유지에 힘썼고 유학자들을 위시한 당시 지식층은 봉건적 질서에 이바지한 주자학의 학습이라는 측면에서 조선의 학문과 학자들에 대한 존경심을 보이기도 하였다. 그러나 그것은 조선의 문화나 조선인에 대한 존경으로 이어진 것이 아니었다.『일본서기』라는 왜곡된 고대사를 불가피하게 접할 수밖에 없었던 지식인들의 의식 속에는 임진왜란 이후 형성된 우월감이 복합적으로 자리하면서 은연중에 조선을 멸시하는 분위기가 형성되어 있었다. 그렇지만 일본 유학자들의 이러한 우월의식은 일본의 건국신화나 전설에 근거한 낡은 전통적 의식이었을 뿐 침략 의도까지 갖고 있었던 것은 아니었다. 그런데 단순히 유학에 머물지 않고 일본 고전 연구에 천착한 국학자들에게 조선 비하의식이 점차 심화되었고 서구 세력의 동진에 따른 위기의식 속에서 일본의 생존을 위한 침략 사상이 형성되면서 해방론(海防論)으로 발전하였다. 해방론이란 일본의 방위를 위해서는 열강의 침략에 앞서서 일본을 둘러싸고 있는 조선을 포함한 여러 나라를 차지해야 한다는 논리로 다음과 같은 일본 국학자들의 조선 비하의식에서 비롯하고 있다.

하야시 가호(林鵞峰, 1618~1680)는 조선은 스사노오노미코토(素盞嗚尊)가 경략한 곳이며 그는 삼한의 시조라고 하였다. 이것은 후일 제기되는 일선동조론(日鮮同祖論)과 같은 주장으로, 태고에 있어서 일본의 조선 지배를 상정하여 조선에 대한 일본의 우월한 지위를 주장한 것이다. 이러한 의식은 『고사기』와 『일본서기』가 편찬된 시대부터 고대와 중세를 통하여 존속했으며 막부시대에도 이어져 왔다.[50] 이처럼 국학자들은 일본 고전을 끌어내어 그것을 연구하고 일본을 신국(神國)으로 그리면서 조선에 대한 일본의 우월한 지위를 강력히 주장하였다. 고전 연구에서 국학자들이 조선에 대해 생각한 것은 태고에 일본의 신이나 일왕이 조선을 지배했으며 때로는 일본의 신이 조선의 신이나 왕이 되었고 조선의 왕이나 귀족이 일본에 복속했다는 것이다. 그들은 건국 기원까지 소급하여 일본의 한국 지배를 주장하였다.[51]

50 旗田巍 著, 李基東 譯, 『日本人의 韓國觀』, 一潮閣, 1981, 11~14쪽 참조.
51 이만열, 『韓國 近代歷史學의 理解』, 문학과지성사, 1981, 263~264쪽 ; 旗田巍, 위의 책, 15쪽 ; 이도상, 앞의 책, 30쪽 참소.

구마자와 반잔(熊澤蕃山, 1619~1691)은 『일본서기』를 기준으로 하는 역사의식에 기초하여 중국 이외의 나라 중에서 일본이 가장 빼어나서 중국과 비교될 수 있다는 의식을 바탕에 깔고 조선은 일본보다 열등하다는 논리를 폈다. 그리고 그의 중국에 대한 비판적 해석은 일본의 고대정신과 복고주의에 근거해서 중국과 일본의 근원적 차이를 강조하는 논리로 발전한다. 즉, 일본의 역사는 지고지선(至高至善)의 역사이고 이와 대비되는 중국의 역사는 무질서와 비정통의 표본으로 규정하는 데까지 이르렀다. 이처럼 17 · 18세기 일본의 국학자 지식인들이 동아시아의 역사를 일본 중심으로 다시 정의하면서 조선이란 한마디로 가여운 존재로 비하되었다.[52]

　야마가 소코(山鹿素行, 1622~1685)는 일본의 역사에서 단절 없는 일본 왕가(王家)의 대통은 일본이 중국보다 오히려 진정한 문명의 중심, 곧 중화라는 사실을 증명하는 것이라고 했다. 따라서 일본 · 중국 · 조선 가운데 일본이 가장 우월하며 외조(外朝)인 중국은 조선보다는 나으므로 수호 · 선린의 상대가 될 수 있으나 조선은 자격 미달이라는 주장을 폈다. 그는 『일본서기』를 근거로 다음과 같이 일본의 조선 침략을 찬미하였으며 조선은 원래 일본의 속국이었기 때문에 일본에 대한 조선의 내조는 인호(隣好)가 아니라면서 중국과 차별화하고 멸시함으로써 교린관계마저 부정하였다.[53]

52　『蕃山全集』第3冊, 岩波書店, 1971, 269쪽 참조.
53　山鹿素行, 『日本思想大系』 32, 岩波書店, 1970, 333쪽 ; 朴英宰, 「近代日本의 韓國認識」, 『日帝의 對韓侵略政策史硏究』, 玄音社, 1996, 4쪽 ; 李起勇, 「征韓論批判」, 『韓日關係史硏究』 8, 한일관계사학회, 1998, 109~110쪽 참조.

무릇 무용(武勇)함을 가지고 삼한을 평정하고 본조(本朝, 일본)에 공물을 바치게 하고 고려를 쳐서 그 왕성을 함락시키고 일본부를 이조(異朝, 조선)에 설치하여 그 무위를 사해에 빛나게 한 것은 상대에서 근대까지 일관해온 것이다.

야마가 소코에 의하면 고대조선·신라·백제는 모두 일본의 번신이었다. 고려는 속국으로 규정되고 있으며 조선은 문무(文武)의 어느 모로 보나 중국에 뒤떨어져 있으니 일본과는 비교조차 될 수 없는 상대였다. 따라서 조선은 선린의 상대가 아닌 지배·복속의 대상이었다. 그러므로 진구황후의 조선 정벌이라는 억지 주장과 도요토미 히데요시의 조선 정벌도 쉽게 합리화될 수 있었던 것이다.

이러한 일본 국학자들이 활동한 시기는 17세기 후반 이후로 이 시대는 막부 권력이 확립됨과 동시에 화폐경제의 발전이 무사(武士)들 생활의 궁핍으로 이어져 봉건체제의 내부 모순이 서서히 표면화되고 있던 시기였다. 따라서 이러한 내부 모순을 감지한 국학자들이 상황 극복을 위한 논리와 열정으로 『일본서기』에 기초하여 조선에 대한 멸시를 하나의 지적 담론으로 대두시켰음에 주목할 필요가 있다. 왜냐하면 이러한 일본 국학자들의 국수주의적 사상이 일본인들의 조선에 대한 인식을 그르쳐서 더욱 극단적이고 공격적인 조선 멸시관이 배태되었고 이는 메이지(明治)시대 이후 일본의 대한제국 병탄과 대륙 침략 과정에서 이를 합리화하는 논리의 유력한 관념적 지주가 되었던 일선동조론(日鮮同祖論)으로 이어졌기 때문이다.

제국주의적 자위논리 해방론 ——

18세기 말, 구미 열강의 함선들이 출현하는 등 외압에 대한 위기감이 높아지자 일본 국학자들의 조선 멸시관이 침략사상으로 발전한다. 그것이 소위 해방론(海防論)이다.

하야시 시헤이(林子平, 1738~1793)는 해방론을 처음 주창한 인물이다. 그는 1785년에 『삼국통람도설(三國通覽圖說)』을 저술하여 조선을 에조(蝦夷)[54]·오키나와(琉球)와 더불어 열강의 침략으로부터 일본을 지킬 방패막으로 삼아야 하고 국방상의 견지에서 조선을 연구할 것을 주창하였다.[55] 그리고 이러한 논의는 19세기에 접어들자 구체적인 방책으로 발전되었다. 해방(海防)이나 양이(攘夷)를 주창하는 사람들이 같은 관점에서 일본의 방위를 위해서는 열강의 침략에 앞서서 조선과 기타 여러 나라를 차지해야 한다는 의식을 갖게 된 것이다.

사토 노부히로(佐藤信淵, 1769~1850)는 저서 『우내혼동비책(宇內混同秘策)』에서 "세계 만국 중에서 황국이 공략하기 쉬운 토지는 중국의 만주보다 쉬운 것은 없다. …… 이미 달단(韃靼, 몽골)을 취득한다면 조선도 중국도 다음에 도모할 수 있다."고 하였다. 그리고 이어서 조선에 대해 마쓰에부(松江府)와 하기부(萩府)로부터 동해에 이르러 함경·강원·경상 3도를 공략하고 하카다부(博多府)로부터 남해로 진출하여 충청도를 공략하라는 구체안을 제시하였다.[56]

---

54 에조는 홋카이도·사할린 등지에 사는 아이누족을 가리키는 옛 칭호이다.
55 朴英宰, 앞의 논문, 20쪽 ; 矢澤康祐, 「江戶時代における日本人の朝鮮観」, 『朝鮮史研究會論文集』 6, 1969, 28 쪽 ; 旗田巍, 앞의 책, 15~16쪽 참조.

가쓰 가이슈(勝海舟, 1823~1899)는 유럽인에게 대항하기 위해서는 아시아 여러 나라의 연합이 필요하며 그에 앞서 조선과 연합해야 하지만 조선이 일본의 요망을 받아들이지 않을 때는 정벌해야 할 것이라고 주장하였다.

히라노 구니오미(平野國臣, 1828~1864)는 자신의 『회천관견책(回天管見策)』에서 "우선 삼한을 치고 다시 부(府)를 임나(任那)에 세워 이로써 다시금 선규(先規)를 회복하여……"라고 하였다.

요시다 쇼인(吉田松陰, 1830~1859)은 사토 노부히로와 같은 시대에 수많은 메이지유신 지사를 길러냈으며 그때까지의 조선 멸시론과 침략론을 집대성한 인물이다. 그는 『유수록(幽囚錄)』에서 "조선을 책망하여 인질을 보내고 조공을 바치게 하여 옛날의 성시(盛時)와 같이 해야 한다. …… 히데요시(豊臣秀吉)가 조선을 벌(伐)함을 되풀이하여 …… 북으로는 만주 땅을 끊고 남으로는 대만·여송(呂宋, 필리핀)을 거두며, 더 나아가 진취의 기상을 보여야 한다."고 하여 조선 정복을 시작으로 하는 전 방위 침략론을 역설하였다.[57]

---

56 사토 노부히로는 "우리 大皇國은 대지에 최초로 이루어진 나라로서 세계 만국의 근본이다. 따라서 그 근본의 경영에는 곧 세계를 郡縣으로 …… 만국의 君長은 모두 臣僕으로 삼아야 할 것"이라며 아시아에 대한 침략 구상을 펼쳤다. 또 조선 공략에 대해서는 "다섯 번째는 松江府, 萩府 등 이 두 부는 많은 군선에 화기·車筒을 실어서 조선국의 동해에 이르러 함경·강원·경상 3도의 諸州를 공략할 것. 일곱 번째는 博多府의 병력은 많은 군선을 내어 조선국 남해에 이르러 충청도의 諸州를 칠 것. 조선은 이미 우리 松江府, 萩府의 강병에게 공격받아 동방 일대가 노략질에 시달림을 받는 이상 남방 여러 고을은 어쩌면 허술한 곳이 될 것임. 곧바로 진격하여 이를 치고 大銃·火筒의 妙法을 다한다면 모든 성은 바람을 바라보고 허물어질 것임"이라고 구체적인 방안을 제시하고 있다(旗田巍, 앞의 책, 16쪽 ; 安藤昌益·佐藤信淵, 「宇內混同秘策」,『日本思想大系』45, 岩波書店, 1977 ; 朴英宰, 앞의 논문, 6쪽).

57 李炫熙, 『征韓論의 背景과 影響』, 大旺社, 1986, 38~39쪽 ; 旗田巍, 앞의 책, 16쪽 참조. 요시다 쇼인의 이러한 전방위 침략론은 후일 그의 제자이며 메이지유신(明治維新)의 핵심 인물인 사이고 다카모리(西鄕隆盛)·기도 다카요시(木戶孝允)·이토 히로부미(伊藤博文) 등에게 그대로 전승되어 정한론으로 실현된다. 하종문, 『왜 일본은 한국을 성복하고 싶어 하는가』, 메디치미디어, 2020, 17~40쪽 참조.

중요한 사실은 막부시대 일본 국학자 지식인들의 이념과 논리가 막부 말, 메이지 초의 변혁 과정에서 하나의 행동논리로 실천에 옮겨진다는 점이다. '존왕양이론(尊王攘夷論)' 또는 '관료적 합리주의' 등으로 불리는 이들 변혁 지향적 이념들은 실제로 메이지유신의 이념적 지렛대로 기능하였다. 그런데 이들의 이념 속에는 조선이 본래 일본의 속국이었다는 『일본서기』적 역사상과 일본 국방상의 위기 극복을 위한 정치적 목적의 침략사상이 강하게 자리잡고 있다는 점에 주목해야 한다.

메이지유신과 새로운 침략논리 정한론

조선을 정벌하자 ──

19세기 후반의 한·일관계는 일본의 제국주의적 침략의 시발이라고도 할 수 있는 정한론(征朝論·征韓論)이 상징한다 해도 무리가 아니다. 정한론이란 막부 말기부터 메이지 초기 일본의 해방론자들과 정부의 수뇌들[사이고 다카모리(西鄕隆盛), 이타가키 다이스케(板垣退助), 에토 신페이(江藤新平), 고토 쇼지로(後藤象二郎), 소에지마 다네오미(副島種臣) 등]에 의해 제기된, 무력을 동원해 조선을 정벌하자는 일련의 주장들이다.[58] 정한론을 이해하기 위해서는 막부 말기 좌막(佐幕, 막부를 옹호)파의 공무합체운동(公武合體運動)과 토막(討幕, 막부를 공격)파의 존왕양이운동(尊王攘夷運動) 간의 갈등과 대립이 토막전쟁으로 확대되고 이것이 결국 메이지유신을 통해 막부 정권의 붕괴로 이어진 상황에 대한 이해가 필요하다.[59] 왜냐하면 메이지유신 과정에서 새로운 강자로 부상한 하급 무사들이 기존의 누적된 국내 문제를 밖에서 해결

하려는 방책으로 구상한 것이 바로 정한론이기 때문이다. 따라서 19세기 후반 일본 내각에서까지 강력히 제기되었던 정한론을 포함하여 한·일관계가 악화되어 가는 과정을 이해하기 위해서는 당시 일본의 국내 정세를 살펴보아야 한다.[60]

서구의 개항 요구와 수호통상조약 ——

1820년대에 영국의 포경선(捕鯨船, 고래잡이 배)들이 일본 근해에 출현하기 시작했고 1830년대부터 1860년대까지는 미국의 포경선이 압도적으로 많이 나타났다. 그래서 일본의 난파선(難破船)들이 미국의 선박에 구조되는 경우와 미국 선원이 일본에 표착(漂着)하여 나가사키(長崎)에 수용되는 일들이 매년 늘어났다. 특히 미국은 포경선에 대한 신수(薪水, 땔나무와 물)와 저탄(貯炭)시설이 절실했을 뿐 아니라 대(對) 중국 무역을 위해서도 태평양 횡단 항로의 중개지점으로써 일본의 개항이 필요하였다. 당시의 증기선은 샌프란시스코와 상해를 단번에 항해하기 어려웠기 때문이었다.

---

59 1861~1864년 일본 정국은 공무합체운동과 존왕양이운동의 치열한 상극의 역사였다. 공무합체운동이란 公은 朝廷, 武는 幕府를 지칭하는데 公과 武 그리고 그 사이에 이끌리고 있던 諸侯와의 合體라는 정도의 의미이다. 본래 에도시대 공무합체사상은 조정은 비정치적인 조직이며 일왕의 권위는 오로지 막부의 전국 지배를 정당화하기 위하여 동원되었다. 즉, 조정이 막부에 대정을 위임하고 막부가 그것을 행사한다는 소위 所任의 논리였다. 그러나 1861~1864년의 공무합체론은 막번체제의 질서유지 기능을 맡아 오던 그때까지의 전통적인 공무합체 개념과는 성격이 다르다. 우선 일왕의 가치가 상승했고 조정이 정치를 조직화하였다. 막부는 제후를 통제하는 능력이 저하되었으며 武는 막부를 대표하지 못하게 되었다. 이와 같은 상황하에서 公의 관념은 반드시 일왕의 의지나 조정의 의미만이 아니라 전국적인 의지라는 公論으로서의 의미를 갖기 시작한 것이다. 그리고 막부 그 자체는 一家의 私事를 경영할 뿐인 私라는 생각이 널리 퍼졌다 (민두기, 앞의 책, 197쪽).

60 이때 일본과의 관계는 '조·일관계'가 정확한 표현이나 그 이후까지를 고려하여 '한·일관계'로 표기한다.

이에 미국의 동인도함대사령관 페리가 1853년 6월(음력)에 4척의 군함을 이끌고 미우라반도의 우라가에 도착하여 미국의 국서를 수리하라고 요구하자 막부는 국서를 수리한 후 회답은 다음 해에 주기로 약속하고 일단 돌려보냈다. 미국의 국서에는 자유무역, 포경선문제, 저탄문제 등의 내용이 담겨 있었다. 강력한 미국의 개국 요구를 교토의 일왕 궁정에 보고하고 모든 다이묘들의 의견을 구하였다. 이는 막부의 절대적인 전제체제가 외부의 압력에 의해서 무너지기 시작하는 계기가 되었다. 아울러 지금까지 막부에 대정(大政)을 위임하고 비정치적인 조직에 머물러 있던 일왕 정부인 조정이 부활하는 계기가 되었다. 그리고 막부 정권으로부터 소외되었던 유력한 번(藩)들이 중앙 정치에 간여하게 되었을 뿐만 아니라 교토 궁정 귀족의 정치 간여와 일반 무사들의 전국 정치에 대한 관심이 유발되었다. 이로부터 봉건적 전제지배체제와 문벌제도에 대한 비판이 싹트기 시작하였다.

막부는 1854년 3월 31일 미국과 가나가와 화친조약을 맺은 다음 영국(5월), 러시아(12월)와 화친조약을 맺고 사할린(樺太)의 러·일 공동 영유도 협약하였다.[61] 1856년, 초대 미국영사로 부임한 해리스가 일본의 외국 사무담당 홋타 마사요시(堀田正睦)를 위협하여 수호통상조약 14조와 무역장정 7칙을 타협하였다. 이 조약을 조인하는 과정에서 막부는 다이묘들의 의견을 묻고 일왕 정부의 승인을 얻으려 하였으나 결론을 얻지 못하였다. 결국 대로(大老) 이이 나오스케(井伊直弼)는 영국(英), 프랑스(佛)군의 침공을 구실로 협박하는 해리스의 재촉을 견딜 수 없어 일왕

---

61 막부 징권 말기의 존왕양이운동과 기항 괴정에 대한 내용은 민두기, 앞의 책, 189~211쪽 참조.

의 승인을 기다리지 않고 1858년에 독단으로 조인을 하고 말았다. 곧이어 네덜란드, 러시아, 영국, 프랑스와도 거의 같은 내용의 안세이조약을 맺었다. 이 조약은 서양 열강이 중국에 강요한 것과 같은 불평등조약으로 가나가와(神奈川), 나가사키(長崎), 니가타(新潟), 하코다데(箱館), 효고(兵庫) 등 5개 항(港)의 개방, 개항장에서의 외국인 거류지 설정과 이들에 대한 치외법권 인정 등 최혜국 대우를 하는 내용이었다.

독단적으로 안세이조약에 조인한 이이 나오스케는 여세를 몰아 반대파와 비판세력을 근절하기 위하여 1858~1859년에 개혁파 관리들을 처벌하고 고노에 다다히로(近衛忠熙)와 산조 사네쓰무(三條實萬) 등 교토 궁정의 반막부파를 퇴관(退官)시켰다. 이때 요시다 쇼인과 라이미키 사부로(賴三樹三郎) 등 양이파가 사형에 처해지고 우메다 운핀(梅田雲浜)은 옥사하였다.

하급 무사들의 막부타도운동 ——

존왕양이파는 서양 이적(夷狄)과의 교통을 반대하고 일왕의 권위를 중심으로 정치가 이루어져야 한다는 입장이었는데 이들에 대한 막부의 가혹한 탄압은 지사(志士)들의 분노를 샀다. 그래서 1860년 3월 이이 나오스케가 사쓰마 탈번낭인(脫藩浪人)들에게 암살되고 말았다. 이이 나오스케의 암살은 존왕양이파가 중앙 정국에 전면으로 나선 상징적인 사건이었다.

이처럼 페리의 개항 요구에 따른 막부의 독단적인 개항 결정은 일본 정국을 좌막과 토막으로 갈라놓았다. 개국론은 필연적으로 좌막

편이 되고 양이파는 반막 편에 서게 되었다. 더욱이 막부가 일왕 승인 없이 조약에 조인하였으므로 존왕론은 자연스럽게 양이파와 결합하게 되었다. 따라서 막부 반대 세력을 결집시키기 위해서라도 양이파는 존왕론을 내걸어야 했다. 이이 나오스케가 암살된 뒤 노중 안도 노부마사(安藤信正)는 존왕양이운동의 격화에 대비하고자 공(公, 교토 궁정)과 무(武, 막부)와 제후 등 3자가 융화·연합하는 체제를 이루어 막부의 입장을 보강하려 하였다. 이러한 움직임을 공무합체운동(公武合體運動)이라 한다. 공무합체운동은 급격한 변혁을 원치 않는 다이묘와 구게(公家)들로부터 환영을 받았다.

교토 궁정과 손을 잡고 공무합체를 추진하던 사쓰마의 시마즈 히사미쓰(島津久光)가 에도에 들어가 성공적으로 막부 개혁을 추진하고 있을 때 과격한 하급 무사들이 교토 조정의 논의를 좌지우지하면서 막부의 관리와 좌막파 공경(公卿)의 가신에게 테러를 가하였다.[62] 이를 전후하여 모든 번이 속속 교토에 사람을 보내어 교토 궁정으로부터 국사(國事) 주선의 명을 받으려 하였다. 이로써 교토가 막부(도쿄)와 맞먹는 정치의 중심이 되었다.

교토 정국에서는 사쓰마(薩摩), 조슈(長州), 도사(土佐) 등 세 번(藩)이 발언권을 장악하였다.[63] 특히 이들 번의 하급 무사들은 보수적인 상층 무사들을 몰아내고 번의 실권을 장악하여 재정개혁과 군사개혁을

---

[62] 공무합체운동의 상징으로 孝明(고메이)의 누이동생 和宮(가즈노미야)를 將軍 家茂(이에모치)의 아내로 맞아들이는 정략결혼을 추진하였다. 이에 존왕양이파는 일왕의 누이동생을 막부가 인질로 삼는 것이라고 격분하였다. 혼사 거행 직전에 노중 安藤(안도)를 습격하여 부상을 입히는 일이 발생하기도 하였다.

[63] 薩摩, 長州, 土佐 등 세 번은 양식 총포와 함선으로 무장된 강한 군사력과 이를 감당할 수 있는 경제력을 갖추고 있있다.

단행함으로써 대외적으로 적극적인 정치활동을 전개할 수 있었다. 그들은 번주(藩主)를 일선에서 후퇴시키고 막부타도에 앞장섰다. 이 같은 하급 무사들과 손을 잡은 것이 교토 조정의 소장 하급 공경들이었다.

토막전쟁과 막부 정권의 붕괴 ──

　1868년 1월 3일 교토 남방 도바(鳥羽)·후시미(伏見)에서 벌어진 대규모 전투에서 막부군이 무참히 패퇴함으로써 265년간 일본을 실질적으로 지배하였던 막부 정권이 막을 내리게 되었다. 그리고 그때까지 유지되어 왔던 조선과의 우호관계는 끝이 났다. 이후 일본 정국의 분위기는 한결같이 조선에 대한 침략 논의가 제기되는 등 한·일관계가 지극히 나쁜 방향으로 전개된다. 이러한 토막전쟁 전개 과정에서 형성된 한·일관계를 알아보려면 당시 일본 정국의 변화에 대한 이해가 필요하다.

　토막전쟁 이전에는 각지에서 반막(反幕) 분위기를 타고 과격파들이 봉기를 일으켰으나 모두 막부에 의해 진압되었다. 조슈번의 과격파들도 1864년에 교토로 나아가 사이고 다카모리(西鄕隆盛)가 지휘하는 아이즈(會津)·구와나(桑名)·사쓰마(薩摩) 연합군과 싸웠으나 패퇴하여 존왕론의 권위를 공무합체파에게 빼앗겨 버렸다. 여기서 반막만으로는 목표를 달성할 수 없음을 인식한 그들은 토막이라는 새로운 목표를 찾게 되었다. 존왕양이파의 지도자 다카스기 신사쿠(高杉晉作, 1839~1867)는 이노우에 가오루(井上馨)와 이토 히로부미(伊藤博文)의 도움을 얻어 시모노세키에서 거병하였다. 그리고 2개월간의 내란을 거쳐 1865년에 번의 권력을 장악하였다. 권력을 잡은 양이파는 정치 목표를 토막으로 설정하고 폐쇄적인 양이정책 대신 개명정책을 추구함으로써 조슈의 부와 군사력을 강화하였다.[64]

사쓰마에서도 시마즈 히사미쓰(島津久光)의 공무합체정책이 실패함에 따라 양이파였던 사이고 다카모리와 오쿠보 도시미치(大久保利通, 1830~1878)가 번권을 장악하고 번론을 토막으로 이끌어 나아갔다. 이후 조슈와 사쓰마, 도사에서 토막파가 성장하여 영국의 후원하에 막부타도운동이 본격적으로 전개되고 결국 토막전쟁과 막부 정권의 붕괴로 이어졌다.[65]

막부는 실추된 권위를 만회하고자 조슈번에 대해 제2차 정벌을 감행하였다. 그러나 조슈번은 사쓰마번과 밀약을 맺고 있었고 영국이 후원하는 상황이었다. 또 번정(藩政)은 잘 정비되고 지사들이 이끄는 군대는 새로 구입한 무기로 장비하고 있었다. 이에 비해 막부 측은 빈약한 재정 상태 속에서 모든 번들의 참여와 지원을 받지 못했다. 구식 장비를 갖춘 군대는 약간의 수적 우세에도 불구하고 전의와 화력 면에서 조슈군과 비교할 수 없을 정도로 열세였다.

막부군은 도처에서 조슈군에게 격파되었다. 더구나 쌀값의 폭등으로 여러 곳에서 백성들이 폭동을 일으켜 더 이상 전쟁을 계속할 수 없는 상태가 되었다. 이때 마침 쇼군 이에모치(家茂)가 오사카에서 병사

---

64 高杉(다카스기)은 일찍이 상해를 가본 적이 있었고, 井上(이노우에)과 伊藤(이토)은 영국 유학을 통하여 이미 攘夷가 불가함을 깨닫고 있었다. 또 교토의 정세 변화를 알지 못하고 攘夷決行 일자에 맞춰 4국 함대에 포격을 가한 시모노세키 전쟁에서의 패배(1864)는 양이파가 개명 정책으로 전환하는 결정적 계기가 되었다.

65 영국은 1865년 파크스(H. Parkes)가 공사로 부임한 후 대일정책을 기존의 막부 지지에서 교토 궁정지지 쪽으로 바꿔 막부타도운동을 적극 지원하였다. 이는 막부가 통상에 성의가 없고 양이파를 통제할 힘도 없다고 보았기 때문이었다.

하자 이를 핑계 삼아 정벌을 중단하였고 결국 막부의 권위는 크게 떨어졌다.

이에모치의 뒤를 이어 장군이 된 히토쓰바시 요시노부(一橋慶喜)는 교토에 가서 효고(兵庫)의 개항 승인을 얻어내는 등 실추된 막부의 권위를 재건하기 위한 노력을 하며 정치적 영도력을 보이기 시작하였다. 때마침 토막에 반대해오던 고메이(孝明)가 사망하여 14세의 소년 무쓰히토(睦仁)가 즉위하였다. 쇼군 요시노부의 활동과 일왕 무쓰히토의 즉위는 사쓰마번과 조슈번의 토막파들에게 토막 계획을 서둘러 구체화하게 하는 자극과 여건을 제공하였다.

사이고와 오쿠보 등은 한때 막부 지지파였던 공경 이와쿠라 도모미(岩倉具視, 1825~1883)와 손을 잡고 토막을 추진하였다. 여기에는 도사번 출신의 이타가키 다이스케(板垣退助), 다니 다테키(谷干城) 등도 참여하였으며 뒤이어 사쓰마와 조슈는 함께 군사를 일으키기로 결정하였다.

요시노부는 쇼군의 우월한 지위를 유지하고 막부 지배체제의 분열 위기를 피하면서 토막파의 기선을 제압할 수 있다는 계산에서 도사번의 대정봉환(大政奉還, 모든 정치적 권한을 일왕에게 바친다는 의미) 건의를 받아들여 1867년 10월 14일 정권과 관위(官位)의 봉환을 주청하였다. 교토 궁정은 10월 15일 대정봉환을 받아들였다. 그러나 대정봉환을 뒤처리할 제후회의가 구성되지 못했다.[66] 제후들의 모호한 태도는 토막파로 하여금 무력에 의한 토막만이 안정된 신정권을 세울 수 있

---

66 교토 정부의 제후 소집령에 대하여 어떤 형태로든 반응을 보인 218개 번 가운데 겨우 12개 번의 번주가 입경하였다. 다른 번들은 參議가 결정될 때까지 만사를 막부에 맡긴 채 관망하려는 애매한 태도를 보였다.

는 유일한 방법이라는 신념을 갖게 하였다. 이미 대정봉환 주청이 있던 바로 전날 사쓰마의 오쿠보와 히로자와 사네오미(廣澤眞臣)는 이와쿠라를 통해 토막에 대한 일왕의 밀칙(密勅)을 얻어냈다. 그리고 다음 날에는 사쓰마와 조슈번이 좌막파의 근거인 아이즈, 구와나번을 토벌하라는 칙허(勅許)를 받아냈다. 사쓰마 번주 시마즈 다다요시(島津忠義)는 스스로 3천의 병력을 이끌고 올라와 모두 1만의 병력으로 교토를 완전히 제압하였다. 1868년 1월 3일(慶應 3년 12월 9일), 토막파는 궁정 공경과 짜고 왕정복고의 쿠데타를 결행하였다. 사쓰마의 압도적인 병력에 장악된 궁중에서 이와쿠라는 자파의 왕족·공경·번주들을 불러들여 교토 정부의 직제 개편과 수뇌부의 새 인사를 발표하고 왕정복고를 선언하였다.[67]

이에 앞서 1868년(明治元年, 메이지유신) 1월 1일 막부의 도쿠가와 요시노부(德川慶喜)는 교토 조정에 토살표(討薩表)를 올려 선전(宣戰)을 알림과 동시에 제후들에게 거병(擧兵)에 참여할 것을 호소하였다. 이에 대해 토막파도 신정부 내의 타협론을 물리치고 결전에 나섰다. 토막전쟁이 본격적으로 시작된 것이다. 1868년 1월 3일 토막군(薩摩·長州·土佐藩 연합)과 막부군(幕府·會津·桑名藩 연합)이 교토 남방 도바·후시미에서 대규모 전투를 벌였다. 이 전투에서 토막군의 5천 병력보다 3배나 많은 1만 5천의 막부군이 무참히 패퇴했다. 그것은 토막

---

[67] 이것이 明治維新의 시작이다. 왕정복고에는 薩摩·長州 외에도 土佐·尾張·越前·安藝 등 여러 번이 참여하였다. 그들은 薩摩의 병력에 압도되어 있었을 뿐만 아니라 薩摩에 거역하면 朝敵이 될 우려가 있었다. 그사이 14세의 소년 일왕 睦仁은 岩倉의 명령을 받은 公卿과 女官들에게 보호되고 있었다. 행정부는 總裁·議定·參與 등 세 직책으로 구성되었는데 실권은 西鄕 등 參與가 장악하였다. 三職會議는 將軍의 領地 몰수를 명하였다. 민두기, 앞의 책, 208~209쪽.

군에 대한 민중의 절대적인 지지가 있었고 제후들도 관망적 태도를 취하면서 전투 기간 중 막부 측에 거의 협조를 하지 않았기 때문이었다.

요시노부는 가쓰 가이슈의 건의에 따라 에도성(江戶城, 東京)을 평화리에 내놓았다. 그 뒤에 제 번의 저항이 격파되고 막부의 해군이 다음 해 5월에 항복함으로써 막부 세력은 완전히 궤멸되어 265년간 일본을 실질적으로 지배하였던 막부 정권은 막을 내렸다. 그리고 그때까지 유지되어 왔던 조선과의 우호관계는 끝이 났다.

정한론 대두와 전개 과정 ──

막부시대에 누적된 사회적 모순을 극복하기 위해 메이지 정부가 추진한 판적봉환(版籍奉還), 폐번치현(廢藩置顯), 번병해소(藩兵解消) 등이 정한론 대두의 배경이 되고 있다는 점에 주목할 필요가 있다.

막부가 붕괴된 원인은 막번(幕藩)체제에 내재하였던 모순으로 인한 봉건제도의 몰락과 해체였다. 막부시대의 쌀 생산고는 18세기에 최고에 달했다가 이후 점차 줄어드는 추세였는데도 연공미(年貢米, 세금으로 내는 쌀) 총량은 증가함으로써 농민생활은 피폐해졌고, 상품경제의 대두에 따라 부(富)가 조닌(町人, 도시거주 상인)에게로 유입되면서 지배계급인 무사들이 생산·유통으로부터 유리되었다.[68] 따라서 무사들이 조카마치(城下町, 영주 도읍의 주변 도시)에 모여 사는 소비 집단이 되어 쌀을 지배기구의 재원으로 하는 봉건체제는 근본적인 모순을 드러냈으며 결국 농민 폭동을 유발했다.

세습신분제와 봉건할거체제는 문물의 발전을 정체시키는 모순을 안고 있었다. 세습신분제는 신분 차별을 통해 인간의 능력을 억압하고 유능한 인재등용을 저해하는 불합리한 것으로 막부를 정체시키는 한 요인이 되고 있었다. 봉건할거체제는 인접 번과의 교류를 외면하여 문물의 전파와 발달에 장애가 되었다. 메이지 정부는 이러한 막부 체제의 모순을 제거하기 위하여 새로운 조처들을 취하였다. 처음 신정부가 성립되었을 때 각 번은 여전히 번주의 지배하에 있었으며 번주들은 번의 세력을 배경으로 중앙정치에 강력한 발언권을 갖고 있었다. 공경과 번사(藩士)들의 연합체인 메이지 정부는 번의 존재 때문에 내부적 통일이 깨질 것을 우려하였다.

이러한 상황을 타개하기 위해서 조슈의 기도 다카요시, 사쓰마의 오쿠보 도시미치, 도사의 이타가키 다이스케 등이 획책하여 1869년 2월에 사쓰마·조슈·도사·히젠 등 네 번의 판[版圖, 영토]과 적[戶籍, 영민]을 정부에 바치겠다고 상표를 하였다. 이를 판적봉환이라 한다. 이어서 다른 많은 번들도 네 번을 따르게 되었고, 정부는 상표를 받아들여 번을 없애고 번주를 현지사로 임명하여 메이지 정부의 지방관으로

---

68 무사계급들은 城下町(城市, 영주의 도읍을 중심으로 해서 발달한 도시)에 모여 살면서 그들에게 지불되는 봉급은 각자의 영지에서 物納된 연공미로 충당되었다. 그런데 기름, 초, 종이, 목면, 생사, 물감 등 돈으로 바꿀 수 있는 작물이나 농민의 부업에서 생기는 상품은 막번 체제 본래의 과세 대상이 아니었기 때문에 그 처분은 원칙적으로 町人에게 맡겨졌다. 따라서 町人들은 그 매매를 통해서 富를 축적해갈 수 있었다. 그러나 무사들은 그런 종류의 상품에 대한 수요를 채우는 데 비용을 지출하기 위해서 현물(봉급)로 지급된 쌀을 미리 돈으로 바꾸어야 했다. 그리고 그 환금 처분도 町人에게 맡기지 않을 수 없었다. 따라서 町人에게는 거래 차익이 쌓이는 반면 무사들에게는 적지 않은 借入(빚)이 되었다. 무사들은 그것을 처리하기 위해서 농민에게 연공미 징수와 부역을 가중시키는 결과를 초래하였다. 그리고 지배적 무사들은 비공식적인 방법으로 대상인들과 결탁하여 정치적 부패가 나타나기도 하였다. 농민들은 벼농사만 짓는 것이 어리석음을 알고 가능한 換金(돈으로 바꿀 수 있는) 작물 경작에 더 정성을 들였다. 그 결과는 상품경제를 더욱 촉진하게 되었다(市井三郎 저, 김흥식 역, 『明治維新의 哲學』, 태학사, 1992, 43~44쪽 참조).

삼았다. 이를 일러 폐번치현이라 한다. 판적봉환의 상표를 하지 않은 번에는 봉환 명령을 내려 그것을 실현시켰다. 이로써 번 연합정체가 무너졌다.

사쓰마·조슈·도사 등 세 번은 1만 명의 병사를 모아 정부의 친병을 구성한 후 만일의 사태에 대비하기 위한 직속 군을 편성해놓고 1871년 7월 재경 번지사 56명을 궁중으로 불러 폐번치현과 새로운 현지사 임명을 통고함으로써 일본은 완전한 중앙집권체제를 갖추게 되었고 번주의 정치적 발언권은 소멸되었다. 번지사들은 조정에 나아가 조서를 받았다. 폐번과 동시에 번지사를 사임하고 도쿄부(東京府)의 관속이 된 것이다. 이로써 번지사와 주민(사족)과의 봉건적 주종관계는 해소된 셈이었다. 따라서 중앙정부는 현지사와 현령을 직접 임명할 수 있게 되었고 봉건적인 모든 요소들은 타격을 입게 되었다. 관리는 모두 도쿄에서 직접 임명되었다. 지방적 편견을 타파하기 위하여 많은 관리들이 다른 현으로 전입되기도 하였다. 번의 군대 양성소는 폐쇄되었고 화약과 총기 제작소는 이전되었다. 폐번치현의 조칙은 무사의 봉록을 감액하고 쓸모없는 직책을 없앴다. 한직에 지불되었던 봉급은 국고에 수납되었다.

폐번치현은 무사계급에게는 매우 큰 타격이었다. 봉건제도 폐지 과정에서 정치적 지도권을 상실한 40~50만 명에 이르는 무사계급의 처리가 심각한 정치·사회적 문제로 제기되었다. 1871년 이후 무사계급의 경제적 궁핍이 이들의 지위 보장문제와 겹쳐서 이를 해결해주지 않으면 언제 폭발할지 모르는 위험요소가 되고 있었다.[69] 새로 출범하여 그 기초가 대단히 미약했던 메이지 정부는 국내에서 이를 해소할 수 있는 대안을 찾지 못하고 밖에서 문제를 해결하려고 하였다. 그 대상으로 주목한 것이 바로 임진왜란 이후 군사적으로 얕보고 있던 조선이었다. 특히 지금까지 애국의 대상이었던 자기 나라 정부를 상대로 에너지를 발산하는 것보다는 대외에서 칼을 휘두르는 것이 보람과 승산이 있다고 판단하고 이를 절실히 바라는 무사계급이 앞장서서 조선을 침략하고자 했고 그 정신적 지주로 무사도정신(武士道精神)을 표방한 것은 우연이 아니었다. 더욱이 황국사관(皇國史觀)에 기초한 배타적 민족주의로 무장되어 있던 무사들에게 있어서 조선은 멸시의 대상에서 이제는 당면 문제를 해결해야 할 침략의 대상으로 바뀌어 조선 침략은 불가피한 것으로 굳어지고 있었다.[70]

메이지 정부의 대한(對韓) 외교정책은 이러한 일련의 배경하에서 추진되었으며 그 과정에서 서계거척(書契拒斥)과 국교회복 거부는 침략 명분을 찾지 못하고 있던 일본에 침략의 구실이 되어 정한론으로까지 치달았던 것이다. 따라서 일본의 조선에 대한 침략사상은 일본의 국내 문제 해결의 연장선상에서 배태되고 있었음에 주목하여야 한다.

---

69 사족계급은 메이지 정부가 단행한 일련의 조치들에 의해서 봉건적 병역의 특권을 몰수당함으로써 실업 상태를 면치 못하였다. 메이지유신이 봉건제도의 부정이었다는 점에서 봉건 제번과 밀접히 연결되어 있는 사족의 경우도 부정되어야 했다. 판적봉환은 번주의 봉토와 백성을 조정에 바치는 것이고 폐번치현은 번주와 번사 간의 봉건적 주종관계를 단절시킴으로써 봉건제도를 끊어버리는 것이었다. 그리고 번병해소에 따른 징병제의 실시는 병역이 자신들의 고유 영역이라고 생각하고 있던 사족에게 상실감을 안겨주었다. 따라서 중앙정부의 기반이 확고하게 다져질수록 사족계급은 더욱 정권으로부터 소외되었다. 이러한 시기에 사족계급의 반정부운동의 일환으로 정한론이 제기되고 있음에 주목할 필요가 있다.

70 朴英宰,「近代日本의 韓國認識」,『日本의 對韓侵略政策史硏究』, 玄音社, 1996, 81~95쪽 참조.

조·일의 갈등과 일본의 침략 명분 쌓기 ——

일본 정부는 1868년 조선에 왕정복고를 통지함과 동시에 양국의 국교를 청하는 사신을 보내왔다. 그런데 사신이 갖고 온 외교문서[書契]의 격식과 인장(印章)이 종전과 같지 않았다. 조선 조정은 이의 수정을 요구하면서 사신의 접견을 거부하였다. 이것이 소위 일본인들이 주장하는 서계거척사건이다.[71] 이에 메이지 정부는 종래 대조선 외교의 책임을 지고 있던 대마도 번주 소 요시아키라(宗義達)로부터 차제에 그 직책을 회수하여 정부가 직접 외교적 절충을 할 것을 결정하였다. 이와 때를 같이하여 일본 조야에서는 호전적인 봉건 군벌의 잔당과 신흥 자본주의 세력을 앞장세우고 대륙 진출의 침략정책을 주장하는 이른바 정한론이 유력하게 대두되었다.

정한론은 일찍이 요시다 쇼인이 제창하였지만 메이지유신 이후 이를 적극적으로 주창한 것은 기도 다카요시이다. 그는 1868년 12월 14일자 일기에 "사절을 조선에 파견하여 그들의 무례함을 문책하고 그들이 만약 불복할 때에는 죄를 따지기 위해서 그 나라를 공격하여 크게 신주(神州, 일본)의 위엄을 신장시킬 것을 바란다."고 쓰고 있다. 이러한 생각에서 그는 조선에 사절을 파견할 것을 건의하였고 일본 정

---

71 조선이 일본의 국교회복 제안을 거부한 데는 두 가지 이유가 있었다. 하나는 서계에 담긴 내용상의 용어 문제로 메이지유신 과정과 이른바 대정일신(大政一新)에 대해 진술하면서 지금까지의 관례를 무시하고 조선의 입장에서 본다면 청국 이외에는 사용해서는 안 되는 아방황조(我邦皇朝)·황(皇)·짐(朕)·칙(勅) 등의 문자가 들어 있었다. 洋夷의 문물을 받아들인 일본이 倭夷가 되어 조선 침략 의도를 갖고 있다는 의혹을 갖고 경계 중이었던 조선의 입장에서는 서계상의 문자로 보아 이제 침략이 임박했다고 판단하게 된 것이다. 또 다른 이유는 옛 규약에 따라 대마도를 경유하지 않은 외교는 허락하지 않는다는 원칙 때문에 정면으로 거절하였던 것이다(국사편찬위원회 편, 『高宗時代史』, 고종 4년 3월 7일, 332쪽 참조).

부는 그에 따라 1870년 10월 조선에 사절을 보내 국교회복을 꾀했다. 그에 앞서 사다 하쿠보(佐田白茅)는 1870년 2월 부산의 왜관에 들러 서계를 받아들이지 않는 이유를 따지면서 국면을 타개하고자 서두르다가 실패하고 본국으로 돌아가 강경하고도 구체적인 건백서(建白書)를 제출하면서 조선 정벌을 건의한 일이 있었다.[72]

침략 명분을 찾지 못하고 있던 일본은 국교회복 거절을 트집 잡아 그때까지 있었던 개인 차원의 조선 정벌 논의를 내각 차원의 공공연한 정한론으로 펼쳐나갔다. 그리고 정한 시기를 놓고 벌어진 논쟁은 메이지 정부를 분열시켜 1873년 정변으로 이어졌다. 그런데 메이지 정부 수뇌부의 분열은 정한론 그 자체보다는 메이지유신 이후의 번벌정치(藩閥政治)에서 오는 필연적인 결과였다고 할 수 있다. 사이고 등이 정한론을 주장한 것은 1871년이며 그 구실은 일본이 유신을 알리려고 보낸 일본의 국서에 대해 조선이 회답을 하지 않고 모욕을 주었다는 것과 이듬해 외무대신 하나부사 요시모토(花房義質)가 조선의 표류민을 군함으로 송환하였을 때 조선이 일본에 모욕을 주었다는 것이었다. 그러나 이런 사건이 있기 전부터 일본의 국수주의적 사상가들 간에 대외침략을 주장하는 경우가 많았음은 잘 알려진 사실로, 앞에서 살펴본 바와 같다.[73]

사이고가 정한론을 주장하기 이전에 이미 기도(木戸孝允)가 이와쿠

---

[72] 사다 하쿠보는 국학의 주류와 밀접히 연결된 존왕양이파 인물로, 조슈와의 연계하에 조선 침략을 구상해왔던 것으로 보인다. 그는 건백서에서 "조선이 문자에 불손함이 있다는 이유로 황국에 치욕을 주었으니 실로 불구대천의 도적이다. 반드시 정벌하지 않으면 일왕의 위엄이 서지 않을 것이다. …… 30개 대대로 50일이면 조선 국왕을 포로로 잡을 수 있다."고 구체적인 작전계획까지 덧붙였다. 그리고 신정부의 핵심 인물인 木戸(기도)가 이에 적극 공감하였다(朴英宰, 앞의 논문, 7쪽 ; 李炫熙, 앞의 책, 160쪽).

라(岩倉具視)·오무라(大村益次郎) 등과 더불어 1868년의 내란이 끝난 직후 조선 원정의 구체적인 계획을 강구한 것도 그러한 대외 침략적 흐름의 일부였던 것이다.[74] 즉, 내란이 끝나 큰 사회적 불안요소로 작용할 우려가 있는 번병(藩兵)을 외정(外征)에 투입하여 그 힘을 약화시키면서 메이지 정부의 권위를 강화하려는 것이었다. 이러한 정한(征韓) 계획은 1869~1870년에도 기도에 의해서 계속 구상, 주장되고 있었다.

폐번치현 뒤 이와쿠라 등 외국시찰단이 구미에 나가 있는 사이에 번병을 해산시키는 등 사족을 소외시키는 개혁이 진행되자 번병해소에 따른 사족들의 불만이 높아져서 근위병의 반란이 언제 일어날지 모를 상황이 되었다. 이에 사이고나 이타가키는 "내란을 바라는 마음을 밖으로 돌려 나라를 흥하게 할 원략(遠略)으로 조선이나 대만을 공격하자."고 하였다. 다음은 일본에서 가장 강경하게 정한론을 주장한 사이고의 주장 내용이다.

지금 홀연히 군대를 조선에 보내서 거류민을 보호한다고 하면 조선은 우리 쪽의 행동을 침략으로 오해할 것이다. 용병의 정책은 중지하고 책임 있는 전권대사를 파견하여 조선과 담판하여야 한다. …… 만약에 대사를 살해하기라도 하게 되면 그때야말로 정정당당하게 토벌할 시기이

---

73 메이지 정부를 수립한 사람들의 사상적 선구자라 할 수 있는 橋本左內는 "近傍의 小邦을 겸병하고 무역을 활발히 하면 유럽 제국을 능가할 수 있다."고 주장하였고, 長州 출신 메이지유신 지도자들의 스승 吉田松陰도 開國進取論을 주장하면서 "연해ър 유구 외에 조선, 대만, 여송(필리핀)까지를 점령하고 그런 연후에 愛民養士의 政을 펴자."고 주장한 바 있다(민두기, 앞의 책, 22쪽).
74 木戶(기도) 등의 조선 원정 계획은 조선이 냉대하고 모욕했다는 그 국서가 조선에 도착하기 전이었다.

다. …… 전권대사는 정모와 정복을 착용하고 예절을 후하게 하여 가야 한다.[75]

사이고는 자신을 전권대사로 임명해줄 것을 제안하였고 대부분의 참의가 그의 뜻에 찬성하였다. 그러나 태정대신 산조 사네토미(三條實美)는 일이 중대한 것이어서 결정짓지 못하고 뒤로 미루었다. 그러자 사이고는 "조선이 무례하게 대하는데도 방관하고 있다면 천하의 웃음거리가 된다."는 독선적이고 극단적인 논리로 사절 임명을 촉구하였다. 마침내 산조는 사이고를 조선 파견 사절로 정하여 일왕에게 건의하였다. 그러나 일왕은 조선 사절 파견문제는 중대사이기 때문에 구미를 순방 중이던 이와쿠라의 귀국을 기다려 숙의한 후 다시 상주할 것을 명령하여 보류되었다.

1873년 이와쿠라 일행이 귀국한 후 정한론은 일본 조정의 정치적 주도권을 놓고 강경론과 신중론으로 갈려 날카로운 대립 양상을 보였다. 강경론이란 정한파라 불리는 사이고, 이타가키, 에토 신페이(江藤新平), 소에지마 다네오미(副島種臣) 등의 주장으로, 정한론을 즉시 실천에 옮기자는 주장이었다. 이러한 상황 속에서 1873년 부산에서 '전령서사건(傳令書事件)'이 발생하였다.[76] 보고를 받은 일본 정부는 크게 흥분하여 정한론이 더욱 고조되면서 그 실행을 강조하기에 이르렀

---

75 煙山專太郎, 『征韓論實相』, 早稻田大學出版部, 1907, 149쪽에서 재인용.
76 부산 일대에서는 일본의 거상 미쓰이(三井) 계통의 상인들에 의한 밀무역과 암거래가 성행하였으며 동래부 관헌들은 이들을 단속하기에 여념이 없었다. 1875년 5월 조선조정에서는 왜관 출입을 감시하는 수문장과 小通事들에게 傳令書를 내려 보내 밀무역의 엄중한 단속을 지시하였다. 그런데 이 전령서가 守門將 宿舍의 뒷벽에 나붙었다. 소위 의문의 '전령서사건'이 터지자 부산 체류 일본인들은 몹시 격분하였다. 부산 주재 일본 관헌 히로쓰 히로노부(廣津弘信)는 이 사실을 본국 정부에 상세히 보고하였다(李炫熙, 앞의 책, 158쪽).

다. 사이고와 이타가키 등은 대병력을 동원할 것을 주장하였고, 특히 사이고는 자기 스스로 대사의 책임을 맡아 일신을 희생해서라도 화전 (和戰)간에 중대 결판을 짓겠다고 나섰다. 이를 일컬어 소위 폭살론(爆殺論)이라고 한다.[77]

메이지 수뇌부의 분열과 정한론정변 ——

구미에서 돌아온 오쿠보, 기도, 이와쿠라 등은 내치개혁이 더 급함을 들어 신중론을 내세우며 정한론에 맹렬히 반대하여 마침내 정한파들을 공직에서 물러나도록 몰아세웠다.[78] 그래서 무력침공계획의 좌절로 인해 사이고, 이타가키, 소에지마, 고토 쇼지로(後藤象二郎) 등이 사표를 제출하자 정한파들은 모두 공직에서 면직되었다. 그러나 같이 사표를 제출하였던 기도, 오쿠보 등 신중론자들의 사표는 수리되지 않았다. 이로써 메이지유신 시기에 있어서 최대의 쟁점이었던 조선 정벌을 위한 사절 파견에 관한 논의는 일단 보류되었다. 이것이 소위 정한론정변(征韓論政變)이다.[79]

정한론정변 과정을 보면 신중론자들이 마치 조선 침략을 반대한 것처럼 보일 수도 있으나 사실은 그렇지 않다. 다만 정한론 실행시기와 방법을 놓고 정적을 공박하기 위한 정치적 논쟁이었을 뿐 그들이 조

---

77 諸洪一, 「서향융성과 정한론정변」, 『일제의 대한침략정책사연구』, 玄音社, 1996, 39쪽. 사이고 자신이 조선에 가서 강경하게 대처하면 조선은 그를 폭살할 것이고, 그렇게 되면 일본은 이를 빌미로 조선을 침공할 수 있는 정당한 명분을 얻게 된다는 주장이었다.

78 대신 岩倉具視(이와쿠라)를 특파전권대사로 하고 木戸孝允(기도), 大久保利通(오쿠보), 伊藤博文(이토) 등 參議를 부사로 하여 구미 제국에 파견되었던 사절단은 세계일주 2년 만인 1873년에 귀국하였다.

79 河原宏, 『西郷傳說』, 講談社, 1971, 140~148쪽 참조.

선 정벌 자체를 반대한 것은 결코 아니었다. 실제로 외정보다 내치의 충실이 앞선다고 주장했던 오쿠보 정권이 스스로 주도하여 1874년에 대만을 침략하고 곧 이어서 운양호사건(雲揚號事件)을 시작으로 본격적인 조선 침략 정책을 추진하고 있음이 이를 말해준다. 당시 메이지 정부의 정책 결정을 주도했던 인물들은 1868년 왕정복고 대호령(大號令)에 의해 실권을 잡은 이와쿠라(岩倉具視), 고토(後藤象二郎), 후쿠오카(福岡孝第), 오쿠보(大久保利通) 등의 참여(參與)들이었다. 그런데 참여에 임명된 정부 실력자들은 당시 43세였던 이와쿠라를 제외하면 모두 30대의 젊고 혈기왕성한 하급 무사 출신들이었다. 메이지 정부의 국수주의적 성향, 정책 결정과 추진 과정에서의 과격성을 거기에서 엿볼 수 있다.[80]

---

80 민두기, 앞의 책, 213쪽 참조.

4장

일본의 식민사학 체계화 과정과 논리체계

조선사연구에 본격적으로 나선 일본

청·일 양국의 대립과 일본의 조선연구 ──

일본은 메이지유신 이후 조선과의 국교회복 시도와 이의 실패에 따른 정한론의 대두, 정한시기를 놓고 벌인 정파간의 정쟁(정한론정변), 운양호사건과 강화도조약 체결 등 일련의 사건들을 거치면서 서구 열강보다 먼저 조선을 개국시키고 진출하였다. 일본의 조선 진출은 청국의 반발을 초래하여 조선을 둘러싸고 청일 양국이 대립하는 양상으로 발전하였다. 특히 임오군란과 갑신정변 과정에서 직간접적으로 연계된 두 나라의 관계는 한층 더 파국으로 치닫게 되었다. 따라서 메이지유신 이후 조선은 일본에 가장 중요한 현실적 정치·외교문제로 부각되고 있었다.

이러한 상황에서 일본 조야의 시선이 조선에 집중되자 신문과 잡지 등에서 조선 문제가 활발히 논의되었다. 당연히 조선에 대한 정확한 인식을 위하여 조선 연구가 요구되는 시점이었다. 그런데도 메이지 정부 초기에는 단편적인 조선 사정을 소개하는 정도로 조선을 포함한 아시아에 대한 연구가 거의 없는 상태였다. 에도 막부시대에 중국이나 조선에 대한 한학자들의 연구가 있었지만 유교적인 제약 때문에 근대 역사학으로 발전할 수 없었다. 다만 국학의 전통을 이어받은 조선사연구가 진행되었고 그 결과가 국사 편찬 과정에 반영됨으로써 조선에 대한 하나의 역사상으로 자리를 잡아 후일 양국 관계에 지대한 영향을 미치게 된다.[81]

특히 『국사안(國史眼)』은 국학의 전통을 이어받은 일선동조론(日鮮同祖論)의 입장에서 조선이 신대로부터 일본의 지배하에 있었다고 하는 역사상을 형성하는 데 큰 역할을 하였다. 그리고 이 역사상은 역사교과서를 통해 광범위하게 일본 국민들의 의식 속에 확산되어 조선인에 대한 우월감을 형성하였다.[82]

청일전쟁을 전후하여 조선에 대한 주도권을 놓고 일본은 청국과 첨예하게 대립하였다. 그것은 조선을 장악하지 못하면 아시아대륙의 패권을 장악할 수 없다고 판단한 일본이 의도한 것이었다. 그리고 정치·사상가들에 의해 고양된 이러한 분위기는 서구세력의 동진에 위기의식을 느끼고 있던 일본의 조야에 공감대가 형성되고 있었다. 따라서 일본 학계의 시선이 모두 조선에 집중된 것은 자연스러운 현상이었다. 역사학뿐만 아니라 언어, 지리, 법제 등 여러 부문에서 조선에 대한 연구가 활기를 띠게 되었다. 조선사연구가 본격적으로 시작된 것도 바로 이 시기였다. 당시 『사학잡지(史學雜誌)』에 실린 동양관계

---

81 1869년에 설치된 國史校正局, 그것을 계승한 國史編輯局·修史局·修史館·編年史編纂掛(도쿄대학 사료편찬소 전신)에서는 국사편수의 입장에서 일본사에 관계된 한국 역사가 연구되고 있었다. 거기에서 출판된 『日本史略』 (1877년 초간)과 그것을 개정한 『國史眼』에는 神代부터 近代에 이르기까지 한국과 일본의 관계가 상당히 자세히 기록되어 있다(旗田巍, 앞의 논문, 76쪽).

82 이 역사상은 일본의 역사학이 덜 발달한 시기에 국사를 편집하는 과정에서 고대 조·일관계에 대한 엄밀한 학문적 검토를 거치지 않고 국학적 전통을 계승하여 형성된 것이었다.

논문 중에는 조선사연구가 차지하는 비중이 압도적이었다. 이는 일본의 동양사연구가 조선사연구에서 시작되었음을 시사한다.[83]

일본의 조선사연구 경향과 특징 ——

19세기 말 근대사학의 도입과 함께 일본의 조선사연구는 크게 두 가지 방면에서 시도되었다. 하나는 일본사연구를 위해서 조선사를 탐구하려는 것이었다. 이는 일본의 국가기원과 그 이후 일본 역사의 발전에 대해 알기 위하여 조선사와의 관계를 파악하려는 것이었으나 학문이 일본의 조선 침략이라는 정치적 목적에 봉사함으로써 본래의 목적에서 이탈하고 말았다. 다른 하나는 동양사의 일부로 조선사를 파악하려는 것이었다. 이는 역사학자들이 학문적 지조를 유지할 수 없는 사회적 분위기 속에서 객관성을 상실함으로써 조선고대사의 올바른 인식에 실패하였다. 그럼 현재 일본의 조선사연구의 일반적인 경향과 특징은 어떨까?

첫째, 일본의 조선사연구는 고대 한·일관계사 연구에 편중되어 있다. 근대는 물론 고려시대 연구도 거의 찾아볼 수 없고 삼한과 삼국연구에 집중되어 있다. 그것은 이 시기 연구자들의 주된 관심이 국학(國學, 국수주의적 성향의 논리)이 제기한 문제에 집중되어 있었기 때문일

---

83 스가 마사토모(菅政友, 1824~1897)의 「高麗好太王碑銘考」(1891), 나카 미치요(那珂通世, 1851~1908) 의 「高句麗古碑考」(1893)·「朝鮮古史考」(1894~1896), 시라토리 구라키치(白鳥庫吉, 1865~1942)의 「朝 鮮古傳說考」(1894)·「朝鮮古代諸國名稱考」(1895)·「朝鮮古代地名考」(1895~1896)·「朝鮮古代王號考」 (1896)·「朝鮮古代官名考」(1896), 요시다 도고(吉田東伍, 1864~1918)의 「日韓古史斷」(1894), 하야시 다 이스케(林泰輔, 1854~1922)의 「朝鮮史」(1892) 등은 당시의 대표적인 조선사 관련 연구물이었다(이만열, 앞의 책, 1981, 295쪽 참조).

것이다.

둘째, 문헌 고증에 기초하여 기존의 고대사 해석을 비판하고 재해석을 시도하려던 초기 역사학자들의 실증적·합리주의적 연구는 정치논리에 묻혀 버리고 말았다. 이는 한·일관계뿐만 아니라 일본의 역사학 발전이라는 측면에서 매우 불행한 일이다.

셋째, 일본 민족의 독자성을 주장하려는 연구가 있다. 시라토리 구라키치(白鳥庫吉)의 경우 민족의 성격과 특색을 나타내는 비교언어학적 연구를 통해서 민족의 기원·형성·교류의 역사를 검토하였다. 그에 따르면 일본 민족이 세계에 유례가 없는 독자적인 존재이며 일본에서 독자적으로 형성·발전해왔다는 주장으로, 이것은 식민사학자들이 끈질기게 주장했던 일선동조론과 완전히 배치되는 이론이다.

넷째, 일본인들의 조선사연구는 일본 국학의 전통에서 벗어나지 못하였다. 처음 근대사학이 도입됐을 때만 해도 일선동조론이나 임나일본부설 등에 기초한 조선 고대사상이나 일본 고대사상의 문제들을 비판하는 등 기존의 국사연구자들에게 충격을 안겨주기도 하였다. 그러나 정치·사회적 분위기가 전통적 역사상을 타파하는 이러한 학문적 태도를 용납하지 않았기 때문에 곧바로 정치논리에 함몰됨으로써 그 싹이 잘리고 말았다.[84]

---

[84] 일선동조론의 입장에서 쓰인 『국사안』이 1901년 이후 史學會에 의해서 再刊되어 교과서의 底本이 된 사실이 이를 말해준다. 星野恒는 『史學雜誌』 11호(1890. 11)에 실린 「본방의 인종·언어에 붙여 鄙考를 서술하여 세상의 참된 애국자에게 묻노라」라는 논문을 통해 일선동조론을 강하게 주장하였다. 당시의 정치적 상황하에서 침묵을 지키고 있던 국사가들도 내심으로는 일선동조론을 지지하고 있었을 것이라는 것이 일반적인 생각이다. 대한제국 병탄 단계에 이르면 오히려 국사가 쪽에서 맹렬히 일선동조론을 주장한다(旗田巍, 앞의 논문, 80쪽 ; 旗田巍, 앞의 책, 143쪽 참조).

만선지리역사조사실과 만선사관 ──

일본에서 외국사를 동양사와 서양사로 나눠서 가르치기 시작한 것은 1894년부터이지만 도쿄대학에서 국사학, 서양사학, 동양사학 학과로 제도화시킨 것은 1910년이다. 이 시기에 동양사가 중요시된 것은 일본의 대륙 진출과 밀접한 관련이 있다. 메이지 20년대는 조선 진출이 한창 진행되던 시점으로 조선사연구에 관심이 높았다. 이후 청일전쟁과 러일전쟁에서 승리하고 대한제국을 보호국화한 이후에는 일본의 관심이 대륙으로 전환됨에 따라 메이지 30년대가 되면 역사 연구도 영역이 확대된다.

여기서 주목되는 인물이 시라토리 구라키치이다. 그는 서양사를 전공한 사학과 출신으로 졸업 후 조선사를 연구하여 많은 실적을 쌓았고 메이지 30년대 이후 만주, 몽골, 서역, 중국의 역사로 연구 중점을 옮겼다. 도쿄대학의 동양사학과는 그의 이러한 연구 영역 확대를 배경으로 창설된 것이다. 그런데 여기서 간과할 수 없는 것이 시라토리의 사상과 행적이다. 왜냐하면 그는 후일 만선사관을 만들었는데, 만선사관은 식민주의사학의 가장 핵심 논리 중 하나인 소위 타율성론의 한 축을 구성하는 논리이기 때문이다.

동양사학이 확립되던 때에 그는 남만주철도주식회사(만철로 약칭)의 총재 고토 신페이를 설득하여 만철 도쿄지사에 만선지리역사조사실을 설치하고 1908년부터 연구를 시작하였다.[85] 이 조사실의 개설은 이후 인재의 양성뿐만 아니라 동양사학의 학문 연구 경향에도 심대한 영향을 끼쳤다.[86] 여기서 『만주역사지리』(2책, 1913), 『조선역사지리』

(2책, 1913), 『문록·경장의 역(文祿·慶長의 役)』(1책, 1913) 등이 간행되고 이를 계승하여 『만선지리역사연구보고서』(16책, 1915~1941)가 나왔다.[87]

시라토리는 중국 성인(聖人)의 존재를 부정하고 중국 고대사상의 개변을 촉구하는 이른바 '요순우말살론(堯舜禹抹殺論)'을 주장하여 중국의 옛 전설은 엉터리이며 그러한 전설을 만들어낸 중국인의 사유양식은 불합리하고 중국 문명은 보잘것없다는 의식을 낳게 하였다.[88] 이와 같은 그의 행적과 사상은 후일 '만선사(滿鮮史)' 또는 '만한사(滿韓史)'로 불리는 역사관으로 발전하는데 이는 일선동조론과는 다른 각도에서 타율성론이라는 부정적 논리를 만듦으로써 조선사의 주체성을 부정하는 무서운 사상으로 발전하였음에 주목하여야 한다.

---

85 滿鐵은 러일전쟁 뒤 滿韓 경영을 위해서 설립된 국책회사이다. 만철은 1908년 도쿄지사에 만선지리역사조사실을 설치하여 1914년 폐쇄될 때까지 많은 연구자금을 지원하였고, 조사실이 폐쇄된 후에는 도쿄대학 문학부에 자금을 지원하여 연구 활동을 계속하게 하였다(旗田巍, 앞의 논문, 82쪽).

86 시라토리 주재하에 야나이 와타리(箭內亘, 1875~1926), 마쓰이 히토시(松井等, 1877~1937), 이나바 이와키치(稻葉岩吉, 1876~1940), 이케우치 히로시(池內宏, 1878~1952), 쓰다 소키치(津田左右吉, 1873~1961) 등이 참가하였는데 이들은 뒤에 동양사학계에서 활약하였다.

87 이것들은 제2차 세계대전 이전까지 일본 동양사학의 대표적인 성과로 간주되어 동양사연구의 본보기로 일컬어졌다. 이 보고의 주요 경향을 보면 지명고증, 연대기에 의한 전쟁사와 징치사 연구로서 문헌비판이나 사실 고증 측면에서는 극히 정밀하였지만 사회·경제적 측면을 무시한 民衆不在의 역사학이라는 평가를 받고 있다(旗田巍, 앞의 논문, 82~83쪽).

88 시라토리의 사상은 아편전쟁 이후 서구 열강의 경쟁적인 침탈 대상이 되었고 청일전쟁에서 힘없이 무너지는 중국에 대하여 그때까지 가지고 있던 문화의 중심 또는 대국이라는 관념을 불식시키고 중국과 중국인에 대해 경멸하는 생각을 갖게 하는 데 큰 역할을 하였다.

침략 합리화 논리로 발전한 일본의 고전 해석

황국사관 정립의 기초가 된 『일본서기』——

일본의 제국주의화 과정에서 조선 침략과 지배논리를 정치논리에 접목시켜 합리화한 최초의 역사논리가 황국사관이라 할 수 있다. 그 개념은 일본 민족은 천손(天孫)민족이며 만세일계(萬世 一系)의 일왕(日王)만이 일본의 통치자가 되고 일왕과 국민의 관계는 군신(君臣)관계인 동시에 부자(父子)관계라고 보는 일본의 역사사상으로 요약된다.[89] 황국사관은 『일본서기』에 기초한 역사상이라는 점과 그로 인해 한국사(이하 조선사는 한국사로 표기)를 심하게 폄하, 왜곡함으로써 한국(조선은 한국으로 표기) 침략과 지배를 합리화하는 데 동원되고 있다는 점에서 한·일 역사학계의 관심이 집중되어 왔다.[90] 『일본서기』는

---

[89] 황국사관에 대해서는 최재석이 『日本古代史研究批判』에서 함축적으로 정리하고 있다. 그에 의하면 皇國史觀의 개념은 첫째, 『日本書紀』의 진실 부분은 외면한 채 조작된 부분만 움직일 수 없는 聖經으로 간주하고 둘째, 일본 민족은 하늘에서 내려온 天孫民族이며 셋째, 오랜 옛날부터 萬世一系의 일왕만이 일본의 통치자가 된다. 넷째, 일왕과 국민의 관계는 君臣관계인 동시에 부자관계에 있으며 다섯째, 한국은 옛날부터 일본의 식민지였고 여섯째, 그러므로 적지 않은 한국인이 일본을 흠모하여 일본으로 귀화하였다는 역사관이다. 흔히 둘째·셋째·넷째 항만이 황국사관의 골자인 줄로 알고 있으나 첫째와 다섯째·여섯째 항도 황국사관의 개념에 포함된다는 것이다(최재석, 『日本古代史研究批判』, 志社, 1990, 14쪽 참조).

일본의 고전 가운데 고대 한·일관계사 해석의 기준이 되는 정사로 일본인들의 한국인식의 출발점이자 모든 침략논리의 근원이 되고 있다. 따라서 일본인들의 고대 한·일관계사 해석의 진의와 본질을 이해하기 위해서는 『일본서기』에 대한 기본적인 이해가 선행되어야 한다.

『일본서기』는 720년에 완성된 일본에서 가장 오래된 관찬 사서이다. 그보다 8년 앞선 712년에 『고사기(古事記)』가 쓰였으나 사서로서는 『일본서기』에 미치지 못한다. 그런데 『일본서기』는 정사로 보기에는 많은 문제를 안고 있는 역사서로 위서(僞書)라는 비판을 받고 있다. 왜냐면 『일본서기』가 『삼국사기』나 『삼국지』와 같은 다른 사서들이 갖추고 있는 서문이나 발문이 없으며 편수 책임자가 누구인지도 모른다. 뿐만 아니라 지(志)나 열전(列傳)도 없다. 편년체로 쓰인 이 책은 전(傳)을 가미한 것이 섞여 있어서 다른 사서에 비해 손색이 많다.

『일본서기』는 일본의 『6국사(六國史)』 중 최초의 기록으로 일명 『일본기(日本紀)』라고도 하며 신대(神代)부터 696년까지 다루고 있다.[91] 그런데 이러한 사서들이 쓰인 배경을 보면 대보율령(大寶律令, 701)과 양로율령(養老律令, 718)이 반포되어 일왕의 법적 지위와 통치권을 율령(律令, 법)으로 보장하려던 시기와 무관하지 않다. 즉 8세기 일본의 율령제국가란 일왕을 정점으로 한 중앙집권적 통치 국가를 말하며 일왕은 초법적 권위의 인격체로서 유일한 주권자였다.

---

90 시대를 넓혀 보는 차원에서 '조선사'는 '한국사', '조선'은 '한국'으로 호칭한다.

91 일본의 고전 중 대표적인 것은 『日本書紀』를 포함한 『六國史』, 『古事記』, 『新撰姓氏錄』, 『萬葉集』, 『懷風藻』 등이 있다. 그리고 六國史가 다루고 있는 시기는 ① 『日本書紀』: 초기(神代)부터 696년까지 ② 『續日本記』: 697년부터 791년까지 ③ 『日本後紀』: 792년부터 833년까지 ④ 『續日本後紀』: 834년부터 850년까지 ⑤ 『文德實錄』: 850년부터 858년까지 ⑥ 『三代實錄』: 858년부터 887년까지이다(田溶新 譯, 『完譯 日本書紀』, 一志社, 1989 참조).

『일본서기』의 편찬 이념은 일왕 중심적 이념에 기초한 사서라는 측면에서 주목할 필요가 있다. 즉, 대내적으로는 일왕과 신료 관계로 일왕 중심의 율령국가에 조직, 편성되어 있는 제 씨족이 일왕에 대해 봉사하는 연원의 계보를 정립하고, 대외적으로는 일왕과 번신(藩臣)관계로 한국과 일본열도 안의 이적을 번국(藩國) 또는 조공(朝貢)국가로 취급하여 이를 역사적으로 위치시키는 것이었다. 따라서 『일본서기』는 일왕 중심적 이념에 의해 채색되어 있는 부분을 제거하지 못하면 사실관계를 바로 볼 수 없다는 한계가 있다.

『일본서기』는 크게 나누어 백제 본위의 기사와 일본 본위의 기사로 구분된다. 그런데 쓰다 소키치(津田左右吉)가 "『일본서기』에 있는 백제 중심의 기사를 개정하지 못했던 것을 한탄한다."고 하였고, 스에마쓰 야스카즈(末松保和)가 『일본서기』에 대하여 "구진적(求眞的) 태도를 가지면 뿔을 바로잡으려다 소를 죽이게 된다."고 한 실토에서 일본 역사학계가 일본고대사의 진실이 밝혀지는 것을 얼마나 기피하고 있는지 알 수 있다.[92] 한국은 일본에는 최초의 외국이었다. 따라서 일본 역사학자들은 일본고대사를 연구한다면서 예외 없이 한국고대사를 언급하고 있다. 문제는 일본 학자들이 고대 한·일관계사의 진실에서 이탈하여 왜곡된 역사해석을 한다는 사실이다. 두 나라가 정서적으로 가까워지기 위해서는 역사학자들의 학문적 정의가 반드시 제자리를 잡아야 한다.

---

92 치재석, 앞의 책, 10쪽 참조.

황국사관이 침략 합리화 논리로 ——

황국사관의 초석을 다지고 이를 침략논리로 발전시킨 장본인은 구로이타 가쓰미(黑板勝美)이다. 그는 쓰다 소키치와 함께 일본 고대사의 기초를 확립한 인물로 메이지시대부터 1945년까지 일본 고대사학계와 일본 정부의 주장을 대변하였다고 할 수 있다. 그는 정창원(正倉院) 고문서를 6책으로 정리·발간하고 1897년에는 『신정증보국사대계(新訂增補國史大系)』 전 64권을 편찬·간행하였다. 또 한국의 전국 명족구가(名族舊家)를 찾아가 비장의 사료를 강탈하여 이마니시 료(今西龍)와 함께 일본어판 조선사 간행을 기획·지도하기도 하였다. 이때 그는 고대조선과 단군 관련 기록들을 대거 없애 버렸다. 그것은 한국에 대한 국권 침탈을 합리화할 목적으로 황국사관에 입각한 역사를 쓰기 위해서였던 것이다. 여기서 잠시 일본의 국가기원에 관한 구로이타의 설명을 살펴보자.[93]

• 천조대신(天照大神)시대에 황실의 기초가 정해지고 일본은 그의 신덕(神德)에 의하여 시작되었다(『갱정 국사의 연구』, 1932).

• 천조대신부터 국사를 시작해야 한다. 천조대신 이래 황통이 대대로 이어져 오늘날까지 이르고 있는 것은 사실이다(『갱정 국사의 연구 총설』, 1931).

• 신대의 천조황태신이 말씀하신 천양무궁(天壤無窮)의 신칙(神勅)은

---

93 최재석, 앞의 책, 16~17쪽 참조.

『고사기』에는 실리지 않고 『일본서기』의 본문에도 전해지지 않고 실로 이설·별전(別傳) 속의 일서(一書)에 보전되어 있는데, 우리 일본 국민은 사인친왕(舍人親王)에 영원히 대단한 감사를 바치지 않으면 아니 된다 (『秘籍大觀의 일본서기 해설』, 1927).

• 천조대신에 관한 기사는 전혀 신화라 하더라도 그러한 신화에는 일본 국사의 서광이 바로 떠오르고 있다(『갱정 국사의 연구』, 1932).

•『일본서기』는 역대의 천황을 중심으로 한 국사의 명칭으로, 실로 「일본국체(日本國體)」의 존엄성을 뚜렷이 한다(『훈독 일본서기의 서언』, 1928).

특히 그는 『일본서기』에 나오는 포악무도한 일왕에 관한 기사는 사실이 아니고 백제왕의 무도한 행적이 일왕의 무도로 잘못 기록된 것이라며 다음과 같이 주장하였다.[94]

• 황실과 국민이 군신의 의(義)가 있고 부자의 친(親)이 있으며 국민은 서로 형제라는 점에 국민심리가 성립되고 있다(『갱정 국사의 연구 총설』, 1931).

•『일본서기』에는 무열(武烈)천황의 행적을 포악무도라고 평하고 있는데…… 일본의 역대 천황은 국민을 사랑하고 아직도 포학한 천황은 없다. …… 『일본서기』의 기재는 어떤 오류이다. …… 같은 시대의 백제 말태왕(末太王)의 사적이 잘못되어 『일본서기』의 본문에 들어왔다(『갱정 국사의 연구』, 1932).

---

94 최재석, 앞의 책, 18쪽.

구로이타는 또 일본에 적지 않은 귀화(歸化)인이 도래하였다고 하지만 그 전부가 조선인이 아니라 조선에 있는 지나 계통이라고 다음과 같이 주장하였다.

• 조선에서 일본을 흠모하여 자기 나라를 버리고 일본으로 도래하고 귀화하였으며 그 가운데는 조선에 있는 중국계통의 사람들이 일본으로 귀화하는 자가 많았다. 특히 왕인(王仁)은 본래 중국에서 조선에 이주하여 처음에는 낙랑(樂浪)군에 잘 살다가 일본으로 귀화하였다(『갱정 국사의 연구』, 1932, 59~61쪽 참조).[95]

구로이타는 "『일본서기』의 문장은 주로 한문으로 되어 있으며 신화나 전설 등 여러 기사가 상세하고 중국 사서와 동일한 기사도 있다. 그렇다고 하여 결코 『일본서기』의 사실성을 의심하여서는 아니 된다. 『일본서기』는 고의로 조작된 것이 아니고 자료의 사실을 모두 기술한 것이며 일본 황실의 본원(本源)과 건국의 유래와 역대 천황의 굉모(宏謀)를 서술한 역사서이기 때문에 고래로 일본 국민은 이 책을 가장 귀한 고전으로 중요시하여 왔다. …… 언어와 전설이 조선 계통이라고 하여 일본 민족의 원류를 조선 도래의 민족이라고 속단하여서는 아니 된다."고도 하였다.[96] 이에 대해 최재석은 "나라시대까지는 대화(大和, 야마토) 왜인(倭人)은 거의 모두 한국어와 한국식 한문을 사용했고 의

---

95 일본 고대사학자들은 대부분 이 주장을 그대로 따르고 있으며 1960년대 일본 최고의 고대사학자들이 펴낸 『日本書紀』(上·下)에서도 이 주장을 따르고 있다.
96 黑板勝美, 『更訂 國史の硏究』, 1932, 21쪽 ; 黑板勝美 『更訂 國史の硏究』總說, 1931, 475쪽.

복도 한복을 착용했으며 음식도 김치 등 한국 음식을 먹었다."고 분석하고 있다.[97]

구로이타의 가장 악의적이고 심각한 역사왜곡은 한국고대사의 부정이다. 그는 백제, 고구려, 신라, 가야 등 열국시대 이전의 고대조선시대를 인정하지 않고 있다. 한국은 서기전 750~서기전 250년경에 중국의 식민지로부터 출발하였으며 중국 세력의 쇠퇴로 인하여 처음으로 이들 국가들이 탄생했다고 주장하였다.[98]

그는 한국의 국가 형성에 대해서 "춘추전국시대에 조선에 지나인(支那人)이 와서 식민지를 만들었다. 고구려, 백제, 신라의 삼국이 일어난 것은 지나의 세력이 쇠퇴하여 비로소 조선민족 속의 문화가 앞선 자가 세력을 얻음으로 가능했다."고 하였다. 그는 또 일본과 백제의 관계에 대해서 "일본과 지나의 교통은 백제를 중계로 하여 행해졌다. …… 백제가 일본에 복속한 것은 응신(應神)시대이다. 백제는 고구려와 신라의 압박에서 피하려고 일본국에 의지하였고 일본국은 백제에 의하여 고구려의 남하를 막으려고 가능한 한 백제를 보호하였다. 백제왕은 그 딸을 일본 황실에 시집보내고 왕자를 인질로 하여 일본국에 체류시킬 정도로 공순하였다."고 하였다.[99]

---

[97] 최재석, 앞의 책, 20~23쪽 ; 金人培·金文培, 『日本書紀 古代語는 韓國語』, 빛남, 1991 참조.

[98] 최재석은 그의 이와 같은 주장이 다음과 같은 다목적 底意에서 비롯된 것이라고 지적한다(앞의 책, 29~30쪽).
첫째, 한국은 처음부터 외국의 식민지로 출발하였다는 것을 인식시킴으로써 한국인이 민족과 국가에 대한 주체사상을 가지지 못하게 하여 1910년의 일본에 의한 한국의 국권침탈을 '한일합병'으로 받아들이게 하려는 것이다. 둘째, 한국 고대사가 허위의 일본 고대사 서술에 방해가 되는 것을 근원적으로 제거하려는 것이다. 셋째, '한국인'이 아니라 '한국에 있는 중국계 사람'이 일본으로 귀화하였다는 주장의 발판을 만들려는 것이다. 넷째, 한국 땅에서 일본과 중국이 직접 교통하였다는 주장의 근거를 마련하기 위한 것이다.

[99] 黑板勝美, 『朝鮮의 歷史的 考察』, 1921 ; 黑板勝美, 앞의 책, 1932, 58~59·74쪽.

구로이타는 "수인(垂仁)이 임나(任那)라는 국호를 하사하였다. …… 일본은 임나에 일본부를 두어 국사(國司)를 임명하고 일이 있으면 장군을 파견하였다. …… 오늘날의 진해만은 일본군 후방연락지이며 낙동강은 전방방어 요지였고 김해와 함안은 일본부의 소재지였다. …… 임나는 수인(垂仁)시대부터 웅략(雄略)시대를 지나 흠명(欽名)시대까지 존속하다가 망하였다. 천지(天智, 662~671)는 드디어 한국을 포기하였다."고 하여 임나의 존재를 강조하였다.[100]

구로이타는 임나일본부가 일본의 통감부(統監府)와 같다고 하여 경상남도, 진해만, 낙동강, 김해, 함안 등 오늘날의 한국 지명을 자주 거론하고 있다. 그것은 이 지역이 일본의 보호국인 임나의 영토인 동시에 일본군의 전략적 요지였다고 강조함으로써 일제 식민지하에 있는 한국과 임나를 은연중에 관련지어 기술하였다. 이는 일제의 한국 강점을 실지회복(失地回復)이라는 논리로 합리화하기 위한 것으로 볼 수 있다.

구로이타의 『일본서기』에 대한 해석은 이후 황국사관으로 확립되어 일본 역사학계의 성경으로 정착하였다. 그리고 이것은 일제가 한국을 침략하고 지배하는 과정에서 그들의 행위가 마치 역사의 회복인 것처럼 정당화하는 지배이데올로기로 악용되었다.

---

100 黑板勝美, 앞의 책, 1932, 50·57·75~76쪽 ; 黑板勝美, 앞의 책, 1931, 444쪽.

한국고대사 기년을 황국사관에 맞추다 ——

한국고대사의 기년(紀年)을 황국사관에 맞추려고 끌어내림으로써 역사를 왜곡한 것은 오타 아키라(太田亮)이다. 그는 『삼국사기』의 백제사는 180년 연장되었고 신라사는 240년 연장되었으며 연대와 기재는 조작이고 허구여서 도저히 믿을 수 없다고 하여 한국 고전의 사료적 가치를 일체 부정하였다. 그는 『일본서기』에 나오는 진구(神功)황후는 역사적 존재이지만 『일본서기』 편자가 진구황후를 단지 중국 사서에 나오는 히미코(卑彌呼)에 맞추기 위하여 사실보다 120년 소급시킨 착오를 저질렀다고 하였다. 그의 주장을 살펴보면 다음과 같다.[101]

- 한국의 고사를 논하지 않으면 일본 고대의 연구가 완전할 수 없다.
- 『삼국사기』의 왜와 가야는 모두 일본을 뜻한다. 따라서 신라와 왜의 교섭과 마찬가지로 신라와 가야의 교섭도 신라와 일본의 교섭을 뜻한다.
- 신라의 역사가가 자국의 건국을 수위에 놓으려고 신라는 파사 이사금(波沙尼師今)까지 간지 4운(運) 240년을, 백제는 초고왕(肖古王)까지 간지 3운 180년을 연장하였다.
- 박혁거세(朴赫居世)의 60년은 허수이고 4대 탈해(脫解)가 신라의 시조이다.

---

[101] "한국의 역사를 논하지 않으면 일본고대사 연구는 완전할 수 없다."는 오타의 주장은 『삼국사기』 초기 기록을 조작으로 보지 않으면 허위의 일본고대사는 조작할 수 없다는 것을 의미한다. 특히 그는 『삼국사기』에 대해서는 허구·조작이라는 용어를 쓰면서도 『일본서기』는 주로 "紀年·年代가 연장되었다." 또는 "소급·올려잡았다· 과장이다·바꾸었다" 등의 용어로 평하고 있다. 그가 『삼국사기』의 百濟本紀와 新羅本紀가 각각 180년, 240년 연장되었다고 주장하는 것은 『일본서기』의 간지가 120년 소급·조작되어 있는 사실을 변형하여 『삼국사기』에 전가하려는 의도로 볼 수 있다(최재석, 앞의 책, 101~104쪽).

• 『일본서기』의 신공기(神功紀), 응신기(應神紀)의 백제 관계 기사는 모두 120년 소급되어 있다.

• 『일본서기』의 작자는 여왕 히미코의 시대가 진구황후보다 간지 2운, 즉 120년 전임을 알고 진구황후를 히미코에 맞추기 위해 응신의 태세인 기미년(己未年)을 사실보다 120년 소급시켰다.

대부분의 일본인 역사학자들이 『일본서기』를 위서(僞書)로 생각하고 있는 것과는 달리 오타 아키라는 기년과 연대가 연장되거나 소급된 것을 제외하면 그 속에 역사적 진실이 내포되어 있다고 강하게 주장하였다. 반면에 『삼국사기』의 기록은 조작과 허구여서 도저히 신용할 수 없다고 못박고 있다. 문제는 이와 같은 역사상을 담고 있는 그의 저술들이 조선사편수회가 한국에 대한 식민지 지배논리를 역사학적 측면에서 체계화하기 위한 『조선사』 편찬사업을 한창 추진하던 시기에 나왔다는 점에 있다.

여기서 잠시 『일본서기』에 대한 사료로서의 비판 내용을 짚고 넘어가보자. 근대사학이 도입된 이후 일본의 역사학계에도 학문적 입장에서 일본 고전을 객관적으로 비판하려는 움직임이 있었다. 쓰다 소키치가 대표적인 학자이다. 그는 근대사학 이론을 도입하여 과학적·실증적으로 『일본서기』에 대한 문헌비판을 가하였다. 이러한 업적 때문에 그의 사학연구는 '쓰다사학(津田史學)' 또는 '쓰다사상사학(津田思想史學)'으로까지 불릴 정도로 메이지시대부터 오늘에 이르기까지 일본 고대사연구 분야에서 높은 평가를 받아왔다. 그러나 이러한 그의 시도는 당시의 정치적 분위기에 함몰되고 말았다. 그는 『일본서기』가 조작되었다고 하면서도 일본 고대사학자 가운데서 일본고대사의 진실을 누구보다도 은폐하고 지능적으로 조작하여 한국사 왜곡의 기틀을 마련한 사람으로 볼 수 있다는 지적이 있다.[102]

한국고대사는 일본고대사와 무관하게 독자적으로 발전해 왔지만 일본고대사는 한국고대사와 분리하면 성립되지 않는다는 데 일본 역사학자들의 고민이 있는 것이다. 한국의 역사를 논하지 않고는 일본 역사를 설명할 수 없을 만큼 일본 쪽에서 보는 한국사는 중요한 비중을 차지한다. 따라서 일본인에 의한 한국고대사 연구는 바로 일본고대사 연구의 일부가 되는 것이다. 그런데 일본고대사는 한국고대사와 밀접하게 서로 맞물려 있으면서도 상호 모순된 내용을 담고 있기 때문에 둘 중에서 어느 한쪽이 진실이 아닌 경우가 많다. 그중 일본고대사 쪽이 편찬 동기나 연대, 사실 기록, 정치적 이데올로기와 접합된 연구 성향 면에서 조작 개연성이 훨씬 많은 것이 사실이다. 그럼에도 쓰다는 이를 외면하였다.

그는 한때 『일본서기』는 일왕과 일본 국가의 권위를 확립하려는 의도를 가진 일종의 문학작품이라고 하였다. 그리고 장기간에 걸쳐 여러 사람에 의해서 여러 차례 변개(變改), 윤색(潤色), 첨삭(添削), 수식(修飾)이 가해졌으며 어떤 방침에 의해 정리(整理), 안배(按配)되었고, 『고사기』에도 후세의 적지 않은 윤색이 가해졌다고 하였다.[103] 또 『일

---

102 津田左右吉뿐만 아니라 일본 고대사학자는 대부분 한국고대사에 대해 손을 대는데 그것은 한국 역사의 발전을 연구하기 위해서가 아니다. 바로 일본고대사의 진실을 은폐하고 허위의 일본고대사를 조작하기 위해서는 한국고대사에 관한 기록을 대부분 虛僞·造作·傳說로 몰아붙이지 않으면 아니 되는 데에서 기인한다는 것이 최재석의 지적이다(최재석, 앞의 책, 39쪽).

103 「日本·支那思想의 硏究」, 『津田左右吉全集』 28卷, 岩波書店, 1966, 50~51쪽 ; 『津田左右吉全集』 別卷 1, 1966 ; 津田左右吉, 『日本古典의 硏究』 上·下, 1972 참조.

본서기』의 본문에 모순과 부조리가 있는 것은 여러 번 첨삭, 수식되고 시대를 달리하는 재료가 그대로 베껴지고 편자의 붓으로 조작된 부분과 혼합되었기 때문이라고 강하게 지적하였다. 이러한 그의 지적은 그가 일본의 고전을 학문적으로 연구하고 객관적으로 해석하려고 시도했음을 말해주며 일본이 낳은 가장 위대한 학자로 평가받는 기반이 되었을 것이다. 그러나 일본에 근대사학이 도입되었던 초기의 이러한 분위기는 그 후 정치적 분위기에 의해 더 이상 유지될 수 없게 되었다. 쓰다는 『일본서기』 조작의 하한 연대에 대하여 일체 언급하지 않고 침묵하였다. 이에 대해 최재석은 『일본서기』에 헤이안(平安)시대의 훈독(訓讀)이 있는 것으로 보아 『일본서기』가 헤이안시대에 조작된 것은 확실하고 또 오늘날의 『일본서기』가 16세기의 필사본을 모본으로 하여 편찬되었다면 16세기까지 조작되었을 가능성을 배제할 수 없을 것이라고 지적한다.[104]

뒤에 쓰다가 일본의 고전을 해석하면서 일본의 민족정신을 고취시키는 차원을 넘어 고대 한·일관계를 침략주의 시각으로 설명하고 있다는 측면에서 그의 학문적 태도가 완전히 바뀌었음을 알 수 있다. 다음은 한국사를 부정하려는 그의 태도를 알 수 있는 몇 가지 내용이다.

- 『삼국사기』의 상대(上代)에 관한 기재는 역사적 사실로 믿을 수 없는 것은 물론이며 특히 신라본기가 후대까지 허구의 기사로 차 있는 것은 아무도 이의를 제기치 않을 것이다(「만선역사지리연구」, 『쓰다전집』 11

---

104 최재석, 앞의 책, 44~45·68~76쪽 참조.

권, 1964, 127쪽).

- 『일본서기』에 보이는 백제왕의 이름이나 그 계보와 즉위, 훙거(薨去)의 기년 등은 모두 『삼국사기』보다 옳다(『일본고전의 연구』하, 1972, 591쪽).
- 귀화인이 다수의 민중을 거느리고 일본으로 왔다는 것은 백제의 형태로 보나 일본의 그 후의 상태로 보나 있을 수 없다(「역사학과 역사교육」, 『쓰다전집』 20권, 1965, 559쪽).
- 진구황후의 신라정벌은 상대에 있어서의 저명한 사실로 일본의 대한 정책은 이로부터 활동의 시작이 전개되며 임나일본부의 기초도 이것에 의하여 굳건해진다(「만선역사지리연구」, 『쓰다전집』 11권, 127쪽).
- 일본은 백제로 하여금 일본국의 신을 백제왕도인 웅진(熊津)에서 제사하도록 했다(「고사기·일본서기의 연구」, 『쓰다전집』 별권 1, 271쪽).
- 백제의 멸망은 일본의 한지(韓地) 경략의 실패를 뜻한다(「역사학과 역사교육」, 『쓰다전집』 20권, 1965, 579쪽).
- 『일본서기』의 기재 가운데 역사적 사실의 기록으로 인정되는 것은 전부 백제의 사적에서 나왔다(『일본고전의 연구』하, 1972, 176~177쪽).

이처럼 그는 스스로 조작, 변개되었다고 비판한 『일본서기』의 허위 부분이 역사적 사실이라는 모순된 논리를 폈다. 그가 결국 황국사관의 틀을 벗어나지 못하고 한국 침략 및 지배논리 옹호자로 변신한 것은 당시의 정치·사회적 분위기와 무관하지 않으며 이것이 바로 일본 역사학계의 한계이자 한·일 양국이 극복해나가야 할 과제이다. 따라서 쓰다사학 또는 쓰다사상사학이라 불리는 그의 역사연구는 황국사관의 연장선상에서 파악되어야 한다.

조선총독부의 식민사학 체계화 과정

초대 총독 데라우치의 『조선반도사』 편찬사업 ——

1910년 8월 29일 공식적으로 대한제국을 병탄(倂呑)하여 식민지 지배에 들어간 일제는 안정적인 식민통치를 위하여 병탄 직후부터 지배논리를 체계화하는 작업에 착수하였다. 초대총독 데라우치 마사타케(寺內正毅)는 부임하자마자 한국 사회에 대한 연구조사사업을 벌였다. 먼저 구관제도조사(舊慣制度調査)와[105] 사료(史料)조사에[106] 착수하였는데 그것은 한국인의 정신생활, 민족심리, 역사 등을 파악하여 한국인을 일본인화하려는 동화정책 수립이 목적이었다. 그리고 이는 병탄의 정당성과 식민통치의 필연성을 강조하는 역사왜곡과 전파활동으로

---

[105] 舊慣制度調查事業은 일제의 한국 지배를 위한 준비 작업의 일환으로 1906년부터 시작되어 倂呑 후에는 取調局, 參事官室, 中樞院으로 그 업무를 이관하면서 계속되었다. 조사 내용은 식민지용 입법 자료를 제공하기 위하여 주로 民事·商事의 慣習 조사에 치중하였다. 1921년부터는 민사·상사의 관습, 제도, 풍속 조사 등으로 조사 항목을 확대하였다(김성민, 「朝鮮史編修會의 組織과 運用」, 국민대학교 석사학위논문, 1987, 6쪽 ; 朴賢洙, 「朝鮮總督府中樞院의 社會·文化調査活動」, 『韓國文化人類學』 第12輯, 1980, 77~86쪽).

[106] 鳥居龍臧(도리이 류조)가 1911년 실시한 史料조사는 총독부 편찬의 교과서에 고고학의 연구 성과를 반영한다는 명목이었지만 실제로는 새로 식민지로 편입된 한국에 대한 민정조사의 역할을 겸한 것이었다(김성민, 앞의 논문, 1987, 6쪽 ; 西川宏, 「日本帝國主義下における朝鮮考古學の形成」, 『朝鮮史研究會論文集』 第7輯, 1970, 102~103쪽).

이어졌다. 역사왜곡은 고적조사사업(古蹟調査事業)과[107] 식민주의사서 편찬사업으로 구체화되었고, 식민지교육을 통해 전파, 확산되었다.

데라우치는 총독부 취조국(取調局)이 관장하던 관습·제도 조사 업무를 1915년 중추원(中樞院)으로 이관하고 편찬과를 설치하여 『조선반도사』편찬을 담당시켰다. 다음은 『조선반도사』편찬 요지이다.

이 백성들의 지능 덕성을 계발함으로써 이들을 선량한 제국 신민으로서 부끄럽지 않은 지위로 유도함에 그 목적이 있는 것이다. …… 그러므로 이번 중추원에 명하여 『조선반도사』를 편찬하게 하는 목적도 역시 민심 훈육의 하나에 있는 것이다. 조선인은 다른 식민지에서 보는 바와 같이 야만 미개의 민족과 달라 독서 속문(屬文)에 있어서 결코 문명인에 뒤떨어지지 않으며 고래로부터 사서가 많고 또한 새로이 저작한 것도 적지 않다. 그런데 전자의 것은 독립시대의 저술로 현대와의 관계를 결(缺)하고 함부로 독립의 구몽(舊夢)을 추상케 하는 폐가 있으며 후자의 것은 근대 조선에 있어서의 일·청, 일·노(러)의 세력경쟁을 서술하여 조선이 취할 향배를 오도하고 혹은 『한국통사』라고 칭하는 재외 조선인의 저서와 같이 사실의 진상을 구명하지 않고 막연히 망설을 멋대로 늘어놓고 있다. 이와 같은 사적들이 인심을 고혹케 하는 해독은 참으로 말로 다할 수 없다. 그렇다고 하여 이와 같은 사적들의 절멸(絶滅)을 강구한다는 것도 도로(徒勞)일 뿐 아무런 효과가 없을 뿐만 아니라 오히려 그 같은 사적의

---

[107] 朝鮮古蹟調査사업은 1916년부터 5개년 계획으로 추진되었는데 처음부터 발굴 대상지역을 漢四郡과 任那日本府가 위치했었다는 지역에 집중적으로 설정하여 日鮮同祖論과 한국사의 타율성론 조작에 부심하였다(김성민, 앞의 논문, 1987, 7쪽).

전파를 격려하는 결과를 가져올지도 모르는 일이다. 차라리 구사(舊史)를 금압(禁壓)하는 대신에 공명적확(公明的確)한 사서를 만드는 것이 첩경이며 또한 그 효과가 새롭게 현저할 것이다.

만약 이와 같은 새로운 사서를 편찬하지 않는다면 조선인은 함부로 합병과 관련이 없는 사서, 또는 합병을 저주하는 서적을 읽을 뿐이며 이리하여 풀이 무성하여지듯이 몇 해를 지나면 언제나 눈앞에 보던 습성에 젖어 오늘날의 밝은 세상이 합병의 은혜에서 기인한다는 것을 망각하고 함부로 구태를 회상하고 도리어 개진의 기력을 상실할 우려가 없다고 할 수 없다. 이와 같이 된다면 어떻게 동화의 목적을 달성할 수 있을 것인가.[108]

이러한 편찬 요지를 보면 식민지배하에 있는 한국인이 함부로 독립국의 꿈을 갖지 못하게 하여 말 잘 듣는 일본 신민으로 변화시키고자 『조선반도사』를 편찬하려 한다는 일제의 의도를 분명히 알 수 있다. 조선총독부 취조국은 조선의 관습과 제도조사라는 명목으로 1910년 11월부터 전국의 각 도와 군의 경찰서를 동원하여 그들이 지목한 불온서적 압수에 나섰다. 서울에서는 종로 일대 서점을 샅샅이 뒤졌고, 지방에서는 서섬, 향교, 서원, 양반가(兩班家), 세도가(勢道家)를 뒤졌다.[109]

압수 대상은 단군에 관한 기록을 포함한 조선 고사서, 조선 지리,

---

108 『朝鮮史編修會事業槪要』, 第二章 朝鮮半島史의 編纂, 朝鮮半島史 編纂要旨.
109 다음 해 12월까지 1년 2개월 동안 계속된 1차 전국 서적 색출에서 얼마나 압수하였는지는 정확히 알 수 없다. 다만 조선총독부 관보를 근거로 판매 금지한 서적과 수거된 서적은 총 51종, 20만여 권이라고 文定昌은 광복 후 발간된 『制憲國會史』와 『군국일본 조선강점36년사』에서 밝히고 있다(서희건, 『잃어버린 역사를 찾아서』 1권, 고려원, 1986, 11쪽).

애국충정을 고취하는 위인전기, 열전류 등이었고 『미국의 독립사』, 장지연(張志淵)의 『대한신지지(大韓新地誌)』, 이채병(李埰丙)의 『애국정신』, 신채호의 『을지문덕』 등이 집중적으로 수난을 받았다. 총독부 취조국은 자신들의 지배에 필요한 서적만 남기고 모두 불태워 버렸다.[110]

데라우치는 총독부 취조국에 이어 참사관실이 관장하던 관습과 제도조사 업무를 중추원으로 이관하고 편찬과를 새로 설치하여 『반도사』 편찬을 담당하게 했다. 그것은 취조국과 참사관실의 편찬사업이 별다른 진전을 보지 못하고 있는 상태에서 박은식(朴殷植)의 『한국통사(韓國痛史)』가 국내에까지 반입되어 민족혼을 일깨움으로써 항일의식을 크게 고취시킨 것과도 관련이 있다.[111]

『한국통사』와 같은 사서는 일제의 식민통치를 위협하는 것으로써 이에 대항하는 식민주의 사서 편찬의 필요성이 절실함에 따라 거론되어 오던 『조선반도사』 편찬 계획을 서둘러 구체화하게 된 것이다.[112]

---

110 당초 3년을 목표로 이 사업을 추진하였으나 焚書 사실을 알게 된 소장자들이 깊이 감추는 바람에 생각했던 만큼 실적을 올리지 못했다. 그래서 3년을 더 연장하여 강압적인 수색을 강행하였는데 정보를 갖고 찾아가면 또 다른 사서류가 나왔다고 한다(서희건, 앞의 책, 1986, 12쪽).

111 참사관실의 업무가 중추원으로 이관된 것은 1915년 5월이었고, 중추원에서 『반도사』 편찬사업이 시작된 것은 같은 해 7월이었다. 그리고 박은식의 『한국통사』가 상해에서 출판된 것은 1915년 6월이었다. 따라서 『반도사』의 편찬은 중추원에서 그 사업을 계획하던 중 박은식의 『한국통사』 발간에 자극을 받아 서둘러 추진한 것으로 볼 수 있다(『朴殷植全書』上, 檀國大 東洋學硏究所, 1975 참조).

112 박은식은 『한국통사』에서 일제의 침략과정을 적나라하게 폭로하였으므로 일제는 이 책이 미치는 대내외적 영향에 대하여 민감하게 반응하였다. 일제가 이에 대해 얼마나 고심하였는가는 1916년 조선총독부가 간행한 『朝鮮半島史編成의 要旨及順序』에 잘 드러나 있다. 일제는 이 요지에서 『한국통사』를 거명하여 "진상을 규명하지 않고 함부로 망설을 드러내 보이고 있다(3쪽). … 本史 편찬의 목적은 內鮮人이 다른 新舊群書雜書에 狂惑(광혹)되는 바를 防遏(방알, 막다)하고 日鮮關係의 眞相을 了解(요해)시킴으로써 조선통치의 동화방침을 원만, 신속히 수행, 성취하는 방편을 도모하는 데 있다(5쪽)."고 하여 『반도사』의 편찬이 『한국통사』에 대항하기 위한 것임을 분명히 하였다(김선민, 앞의 논문, 8~9쪽).

1916년 중추원 소속 한국인과 도쿄·교토 제국대학 교수들을 중심으로 편찬체제를 정비하고[113] 그해 7월에 「조선반도사 편찬 요지」를 발표하였다.[114] 여기서 일제는 편찬사업이 동화정책의 일환으로 계획된 것임을 분명히 하고 편찬의 주안점은 첫째 일(日)·선(鮮)인이 동족이라는 사실을 증명할 것, 둘째 상고(上古)에서 조선(李朝로 표기)에 이르는 군웅(群雄)의 흥망기복(興亡起伏)과 역대의 역성혁명(易姓革命)에 의하여 중민(衆民)이 점차 피비(疲憊)하게 되고 빈약(貧弱)에 빠지는 실황을 서술해서 금대(今代)에 이르러 성세(聖世)의 혜택에 의해서 비로소 인생의 행복을 얻게 되었다는 사실을 상술할 것 등이었다. 이어 편찬을 맡은 학자들에게 내린 편사지침은 다음과 같다.

1. 『조선반도사』는 편년체로 한다.
2. 전편을 상고 삼한, 삼국, 통일 후의 신라, 고려, 조선, 조선 최근사의 6편으로 한다.
3. 민족국가를 이룩하기까지의 민족의 기원과 그 발달에 관한 조선 고유의 사화, 사설 등은 일체 무시하고 오로지 기록에 있는 사서에만 의존한다.[115]

---

113 李完用, 權重顯 등을 고문으로 앉힌 중추원은 1916년 1월 柳正秀 등 중추원 參議와 부참의 15명에게 편사업무를 맡기고 도쿄제국대학 黑板勝美, 교토제국대학 三浦周行, 今西龍 등 3인에게 지도와 감독을 의뢰하였다.

114 총독부 명령으로 작성된 「조선반도사 편찬 요지」를 보면 조선총독부가 전국 13道와 대마도까지 샅샅이 뒤져서 다량의 사서를 押收, 焚書하였으나 한국의 역사서적을 완전히 없앰으로써 한국인이 자신의 역사서적을 보지 못하게 하려던 그들의 기본 계획이 실패하였음을 알 수 있다. 그러므로 일제는 이러한 실패를 위장하고 오히려 왜곡된 역사서적을 읽도록 하여 일본에 동화시킬 목적으로 『조선반도사』를 편찬함을 분명히 밝히고 있다 (「朝鮮半島史編成の要旨及順序」, 4~5쪽).

115 「朝鮮半島史編成の要旨及順序」, 4~5쪽 ; 「朝鮮史編修會事業概要」, 7·47쪽.

1항은 사서 편찬의 골격과 성격을 규정하는 것이다. 한국사에 대한 지식이 열악한 일본인 학자들로서는 특수 분야에 대한 고도의 전문 지식이 요구되는 기전체(紀傳體) 편찬이 불가능하였을 것이며 사료가 방대한 한국사를 기사본말체(紀事本末體)나 강목체(綱目體)로 힘들게 편찬하는 것보다는 이미 편년체 사서로 편찬되어 있는 『조선왕조실록』이나 『승정원일기』 등 기존의 기본사료로 재구성하는 것이 용이했을 것으로 이해할 수 있다. 그러나 보다 근본적인 이유는 한국사에서 상고사를 부정하기 위해서였다고 할 수 있다. 특히 단군과 관련된 기록들을 철저히 수거(收去), 태워 버린[焚書] 후 이러한 기록들을 요구하는 한국인들의 주문을 회피하는 데는 역사적 사실의 발생 연도가 확실해야 하는 편년체가 가장 적합했기 때문이었다.[116]

2항은 한국사의 발전과정을 한민족의 내재적 발전 역량에서 구한 것이 아니라 각 시기마다 외세에 의한 지배의 역사를 강조함으로써 한민족은 스스로 독립할 능력이 없는 민족인 것처럼 호도하려는 것이었다. 상고 삼한을 설정한 후 여기서 고대조선을 완전히 삭제하고 원시시대로 구분하여 한국사가 마치 한(漢)의 지배로부터 시작된 것으로 왜곡하였다. 삼국시대 속에는 삼국 및 가라(加羅)시대라는 항목을 설정하고 '일본의 보증시대'라는 부제까지 붙여 임나일본부의 존재를 강하게 부각시켰다. 특히 삼국이라는 용어를 부각시켜 삼국 이외의 영역국가들을 부정하였고 통일신라를 강조하여 발해를 우리 역사에

---

116 종래 한국인에 의해 편년체로 쓰인 전통적 사서들도 대부분 단군(왕검)을 건국의 시조로 인정하고 있었으며 또한 고대조선의 건국연대를 분명히 기록하고 있었다(조동걸, 「韓末史書와 그의 啓蒙主義的 虛實」 上, 『한국독립운동사연구』 1집, 1987, 47~77쪽 ; 김성민, 앞의 논문, 62쪽).

서 제외시켰다. 또 조선 최근세사에서는 하한을 '일본보호정치시대'까지로 하여 이 사서의 편찬의도가 병탄을 합리화하기 위한 것임을 노골적으로 드러내었다.

민족국가를 이룩하기까지의 기원과 발달에 관한 조선 고유의 사화(史話)와 사설(史說) 등을 일체 무시하라는 3항의 지침 역시 한국의 역사에서 일본의 국가 기원보다 앞서는 부분을 삭제하겠다는 의도였던 것이다. 조선총독부는 다시 중추원을 앞세워 전국적인 사료수색을 감행하였다. 겉으로는 1차 때와는 달리 대여한다는 형식을 취했으나 각 도청, 군청, 경찰서 등이 위압적인 방법으로 수색하여 크게 달라진 것이 없었다. 2차 수색에서는 수색 범위도 넓혀 전기(傳記), 열전(列傳), 충의록(忠義錄), 무용전(武勇傳)까지도 압수하였다.[117]

수많은 인원과 비용을 들여 수색, 압수, 분서하였지만 사료는 없어지지 않고 새로운 것이 계속 발견되어 1918년까지 오로지 사료수집에만 매달려야 했다. 따라서 일제는 사료수색사업을 연장하고 1919년부터 본격적인 편찬사업에 들어가려는 과정에서 3·1독립만세 투쟁이 발발하여 중단되었다.

3대 총독 사이토의 『조선사』 편찬사업 ──

제3대 조선총독으로 부임한 사이토 마코토(齋藤實)는 내지연장주

---

117 편찬사료로 채택된 자료는 한국 측 기록 164종, 중국 측 기록 560종, 일본 측 기록 100종, 기타 서양 측 기록 60종이었다. 한국사의 주체적 성격을 부정하고 외세에 의해 지배를 받은 역사를 서술하기 위해서는 중국이나 일본 등 외국의 기록에 더 많이 의존해야 했던 것이다(김성민, 앞의 논문, 13쪽 ; 『朝鮮舊慣制度調査事業槪要』, 1938, 144쪽).

의(內地延長主義) 논리에 입각한 문화정치를 표방함으로써 한국인의 협조를 이끌어내는 한편 한국인끼리의 분열을 조장하여 일본의 식민지배를 영속화하려고 획책하였다. 그가 말하는 동화란 한국인이 자신의 일과 역사와 전통을 알지 못하게 하여 민족혼과 민족문화를 상실한 상태, 그래서 반(半) 일본인이 되어 일본의 식민지배에 순응하는 상태로 한국인을 개조하는 일이었다.

이를 위하여 그는 1922년 12월 훈령 제64호로 「조선사편찬위원회 규정」을 제정, 공포하여 새롭게 조선사편찬위원회를 설치하고 아리요시 주이치(有吉忠一) 정무총감을 위원장으로 하는 15인의 위원회를 조직하였다. 여기에는 이완용(李完用), 박영효(朴泳孝), 권중현(權重顯) 등이 고문이 되고 나가노 간(長野幹), 오다 미키지로(小田幹治郎), 이마니시 료(今西龍), 이나바 이와키치(稲葉岩吉), 마쓰이 히토시(松井等), 가시와바라 쇼조(栢原省三) 등의 일본인과 정만조(鄭萬朝), 유맹(劉猛), 어윤적(魚允迪), 이능화(李能和) 등의 한국인을 위원으로 위촉하였다. 구로이타 가쓰미(黑板勝美)와 미우라 히로유키(三浦周行) 등은 지도고문이 되었다. 뒤에 나이토 도라지로(內藤虎次郎)가 지도고문으로 추가되었다.[118] 조선사편찬위원회는 1923년 2월 8일 총독과 정무총감(위원장)이 임석한 가운데 구로이타의 사회로 제1차 위원회를 개최하여 편사강령을 결정하고 다음과 같이 한국사의 시대를 구분하였다.

118 『朝鮮史編修會事業槪要』, 「朝鮮史編纂委員會」, 編纂の區分 참조.

제1편 삼국 이전

제2편 삼국시대

제3편 신라시대

제4편 고려시대

제5편 조선시대 전기

제6편 조선시대 중기

제7편 조선시대 후기

여기서 일제는 1916년 1월 『조선반도사』 편찬사업 착수 당시에 설정하였던 시대 구분 가운데 '상고 삼한'을 단순히 '삼국 이전'이라는 제목으로 묶어 놓았다. 이는 한국 상고사를 부정하려는 의도에서였다. 특히 구로이타 등은 의도적으로 고대조선과 삼한을 포함한 한국 상고사를 없애버리기 위하여 삼국 이전이라는 막연한 이름으로 대치시킨 것이다. 이후에도 총독 사이토는 위원회가 존속하는 기간 중 5차례 개최된 위원회에 빠짐없이 참석하였고 각 도지사에게 사료수집과 보관에 진력할 것을 촉구하는 등 관심을 늦추지 않았다. 그럼에도 조선사편찬사업이 한국인 학자들의 외면으로 순조롭게 진행되지 않자 사이토는 위원회를 확대 개편하였다.

그는 편찬위원회 조직의 근거법령이 총독부 훈령으로 되어 있어서 유능한 한국인 사학자들이 모이지 않는다고 보았다. 그래서 명칭을 조선사편수회로 개칭하는 한편, 1925년 6월 일왕 칙령 제218호로 「조선사편수회 관제」를 제정, 공포하여 근거법령의 격을 일왕 칙령으로 높이고 조선총독이 직할하는 독립관청으로 승격시켰다. 이어서 그해

7월에 진용을 개편하였다.[119] 고문에 이완용, 권중현, 박영효, 이윤용, 핫토리 우노키치(服部宇之吉), 구로이타 가쓰미, 나이토 도라지로, 야마다 사부로(山田三良), 하야미 히로시(速水滉) 등을 위촉하였고 현직 정무총감이 위원장과 회장을 맡아 실무를 총지휘하도록 하였다. 그리고 실무진의 관직을 높여 대우함으로써 실력 있는 학자들을 유혹하였다. 특히 한국인 사학자들을 끌어들이려고 경무국을 동원하여 위협·공갈·매수 등 다양한 방법으로 포섭공작을 전개하였다. 그 결과 확대 개편된 조선사편수회에 한국인은 앞에서 열거한 고문 외에 이진호(李軫鎬), 유맹, 어윤적, 이능화, 이병소(李秉韶), 윤영구(尹甯求), 김동준(金東準), 홍희(洪熹), 현양섭(玄陽燮) 등이 편성되었다.[120]

1925년 8월 1일에 열린 1차 위원회에서 조선사 시대 구분이 다시 조정되었다. 즉, 1923년에 결의한 시대 구분의 제1편은 '삼국 이전'이었는데 이를 '통일신라 이전'으로 끌어내리고 제2편을 통일신라시대, 제3편을 고려시대, 제4편을 조선시대 전기, 제5편을 조선시대 중기, 제6편을 조선시대 후기로 편성함으로써 7편에서 6편으로 줄였다.[121] 군이 편수를 줄여 삼국 이전과 삼국시대를 신라통일 이전으로 묶은 것은 7세기 이전의 한국 고대사 상한연대를 끌어내려 종래 일본 역사학계에서 주장하였던 바와 같이 한국의 고대국가 출발을 3~4세기에 맞추려는 의도에서였다. 그리하여 진구황후의 삼한정벌과 임나일본부의 한국 지배설을 조선사 편찬을 통해 합리화하려고 했던 것이다.

---

119 『朝鮮史編修會事業槪要』, 第4章 1節 참조.
120 『朝鮮史編修會事業槪要』, 第4章 1節 2項 顧問委員及び職員의 選任 참조.
121 『朝鮮史編修會事業槪要』, 第4章 2節 朝鮮史의 編纂, 第一條 朝鮮史의 編修綱領 참조.

일본 역사학계에서는 이미 일본 고전연구와 광개토대왕(호태왕) 비문연구, 칠지도(七支刀) 명문연구 등을 통해서 자신들의 주장을 기정사실화해 놓고 있었지만 한국 측 문헌 기록이 이를 뒷받침해주지 않고 있었다. 그런데 한국 최초의 역사 사료집이 될 것으로 기대되는 『조선사』가 새로 작성되어 이를 입증해준다면 고대 일본의 한국지배는 움직일 수 없는 역사적 사실이 되는 것이다. 또 그것이 사실로 받아들여질 경우 일본의 한국에 대한 식민지 지배는 결코 침략행위가 아니라 역사의 복원이라는 차원에서 동화의 효과를 배가시킬 수 있으리라는 계산이었다. 그렇기 때문에 한국의 영토 지배뿐만 아니라 민족까지도 일본에 동화시키려 했던 일본인들에게는 그들의 역사보다 무려 1700년 이상 앞서 있는 한국의 상고사를 잘라내는 것이 매우 중요한 과제였던 것이다.

당시는 한·일 두 나라 국민들이 모두 자국의 역사를 제대로 알지 못하고 있을 때였다. 이러한 때에 한·일 양국의 역사학자들이 일본의 정치적 이념에 의해 설계된 각본에 따라 공동으로 저작한 새로운 역사를 기준으로 하여 일본은 형님이 되고 조선은 아우가 되는 같은 뿌리를 가진 나라로 만드는 작업, 즉 허구의 역사를 만드는 작업이 바로 『조선사』 편찬사업이었던 것이다.

『조선사』 편찬의 실무를 맡았던 일본인들은 이마니시 료, 스에마쓰 야스카즈, 이나바 이와키치, 쓰루미 다쓰키치(鶴見立吉) 등 20여 명이었고, 한국인 학자는 이병도(李丙燾, 修史官補, 1927년 참여), 신석호(申奭鎬, 修史官, 1928년 참여)를 포함하여 홍희, 구찬서(具瓚書), 조한직(趙漢稷), 이능화 등이 실무에 참여하였다. 최남선(崔南善)은 널리 알려진 인물임을 감안하여 일본 내각에서 결의한 임명장을 받고 1928년 12월 20일 마지막으로 조선사편수회 위원으로 참여하였다.

『조선사』편찬 과정에서 그들은 구 규장각 장서, 이왕직(李王職)과 총독부 도서관 소장 도서, 『조선반도사』편찬 당시 중추원에서 수집한 도서 외에 1922년부터 인원과 예산이 허용하는 범위 내에서 출장·조사하고, 1926년에는 사료 탐방 내규까지 작성하여 한국 전역은 물론 일본과 만주에 이르기까지 출장하여 자료를 수집하였다. 그 결과 편찬사업이 종료된 1938년 3월까지 연 출장일수 2800일, 수집된 사료 4950책, 사진 4511매, 문진(文鎭)·화상(畵像)·편액류 453점 등 막대한 양의 자료가 수집되었다. 그 외에도 구로이타의 주선으로 고문서류 61469매, 고기록류 3576책, 고지도류 34매, 고화류 18권을 포함한 53매 등을 구입하였다.[122]

『조선사』편찬은 1차 편찬위원회에서 10개년계획을 세워 1931년에 완성할 계획이었으나 관동대지진 때문에 2년 연장하여 1933년에 완성하기로 수정하였다. 그러나 조사가 진행됨에 따라 중요한 사료가 더욱 많이 발견되고 편찬이 예정대로 진행되지 않자 부득이 1935년에 완성하는 것으로 미뤘다. 그럼에도 사료가 더욱 늘어나서 예정한 것보다 5책 5권이 증가하였기 때문에 다시 2년을 추가 연장하여 1937년에야 겨우 끝낼 수 있었다.

분량 면에서 최초 계획은 조선사 30권(약 500쪽 × 30권 = 1만 5천 쪽)이었으나 여러 가지 이유로 16년의 세월이 걸려서 『조선사』35권(2

---

122 『朝鮮史編修會事業槪要』, 第4章 2節 2項 史料の蒐集.

만 4천여 쪽)과 『조선사료 총간(朝鮮史料叢刊)』 20종, 『조선사료 집진(朝鮮史料集眞)』 3질을 편찬하여 1938년 3월에 모든 사업을 완료하였다.[123]

『조선사』 간행의 목적은 이 책을 널리 세상에 유포시켜서 '과거 그릇된 관념을 바로잡고(독립의지와 저항의식을 차단하고), 올바른 지식(왜곡된 역사 지식)을 얻게 하는 데' 있으므로 이 책의 반포에는 특별히 신경을 써서 인쇄회사로 하여금 염가로 판매하도록 하였다. 또 도서관, 학교, 한국사 연구자 등에 한하여 편수회로부터 직접 배포하는 등 일반에 널리 보급되도록 하는 방도를 강구하였다.[124]

편찬 과정에서 시간이 촉박하다는 이유로 위원회의 심의는 생략하고 주로 이나바, 홍희, 나카무라(中村榮孝) 등 3인의 수사관과 촉탁 이마니시 등 4인에 의해서 심의가 이루어진 것으로 되어 있으며, 문체는 일본 문으로, 편사체제는 편년체로 쓰였다. 이상과 같은 과정을 거쳐 작성된 『조선사』 35권에 대해 김용섭(金容燮)은 다음과 같이 평하고 있다.

『조선사』는 단순한 통사가 아니고 하나의 사료집이다. 일제시대에는 논문이나 단행본을 저술하는 데 왕왕 이 책을 자료로 이용하였고 기본 사료에 애로를 느끼는 사람은 지금도 이 책을 사료로 이용한다. 많은 사람이 사료를 볼 수 없는 입장에서 이것만이 보급되어 있다면 이것은 유일한 자료가 될 것이다. 식민지 당국자나 조선사편수회 일본인 고문들은

---

123 『朝鮮史編修會事業概要』, 第4章 3節 事業의 計劃及び其의 完成, 1項 期限及び豫算.
124 『朝鮮史編修會事業概要』, 3節 2項 印刷及び配布.

이런 점에 착안하였다. 외관상으로는 모든 사료를 망라하여 서술한 것으로 되어 있지만 실제에 있어서는 많은 취사선택이 행해졌다.

그들에게 유리하고 필요한 것은 되도록 많이 채록하고 한국사의 본질적인 문제, 민족문제, 그들에게 불리한 것은 수록하지 않았다. 『조선사』가 그들의 식민통치에 기여한 바는 실로 크고 원대한 것이었다. 이러한 사료를 통해 한국사를 서술한다면 그것은 한국사의 주체성을 살리는 역사가 될 수 없을 것이다.[125]

『조선사』35권의 문제와 해악 ──

한국의 역사학계와 한국인의 역사의식에 미친 『조선사』 35권의 해악은 실로 심대하다. 따라서 한국사를 바르게 정리하기 위해서는 이에 대한 문제를 정확히 인식해야 한다.

첫째, 『조선사』 35권은 단순한 통사가 아니라 식민주의사관을 조장하는 역사 자료집이다. 조선총독부가 식민지 지배체제를 강화하기 위한 정치적 목적으로 작성한 것이기 때문에 그 안에 일관되게 흐르고 있는 사상은 식민주의사관이다. 식민주의사관은 한국의 역사를 정치와 문화 면에서는 타율성, 사회와 경제 면에서는 정체성에 입각하여 보려는 부정적 역사관이다. 이 역사관은 한국인에게는 자아를 상실하도록 하여 민족 고유의 진취적 기상을 무디게 하고 소아적 이기주의에 안주하도록 한다. 뿐만 아니라 일본 민족에게도 자신의 과거를 바

---

125 金容燮, 「日本·韓國에 있어서의 韓國史敍述」, 『歷史學報』 31, 1966, 135쪽.

르게 되돌아볼 능력을 상실하게 하여 민족우월주의에 빠지게 할 수 있는 위험한 사관이다. 일본인들이 역사를 바르게 인식하지 못하는 것은 결코 우연이 아닐 것이다.

둘째, 『조선사』 35권은 역사적 진실이 심하게 왜곡된 편년체 자료집이다. 본래 『일본서기』가 율령국가체제를 확립하면서 일왕 중심의 지배체제를 굳히기 위하여 역사적 사실을 조작·윤색·개변한 역사서임을 일본의 역사학자들도 인정하는 바이다. 그런데 『조선사』를 『일본서기』에 맞추기 위하여 시대 구분 수정 과정에서 한국사의 상한연대를 고의로 끌어내려 조작하였다. 그 결과 『조선사』 35권은 한민족의 기원을 근본적으로 부정하고 있다. 특히 삼국이라는 용어를 강조하여 한국 고대국가들 중에서 삼국 이외의 영역국가들이 자취를 감추게 되었다. 또 삼국이 3~4세기에 이르러서야 고대국가체제를 갖춘 것으로 설명하고 있다. 한국에는 구석기시대와 중석기시대가 없었던 것처럼 서술하여 한민족이 마치 신석기시대에 외부로부터 이주해온 것으로 되어 있다.

셋째, 『조선사』 35권은 한국의 역사를 수록한 서적임에도 불구하고 한국의 사서로 볼 수 없는 역사서이다. 왜냐하면 『조선사』는 오직 일본의 식민지 지배정책을 뒷받침하도록 작성되었기 때문이다. 조선사편수회에 한국인 학자들이 참여하였지만 그들은 친일 정치인들이거나 일본인들에게 포섭된 학자들이었다. 그리고 그들의 역할은 일본인들에 의해서 철저히 무시되거나 배제되었다. 따라서 이 서적으로는 한국인의 올바른 옛 모습을 비춰볼 수 없다.

넷째, 『조선사』 35권은 한국을 세계적으로 악선전하는 문서이다. 일제는 이 책을 제작하여 자기들이 한국을 지배하는 것이 당연한 것처럼 선전하는 데 사용하였다. 그 결과 세계 각국은 한국이 유구한 반만년의 역사를 가진 문화민족이라는 사실을 인식하지 못한 채 역사가 시작되면서 중국과 일본의 지배를 받아온 민족, 한국의 역대 왕은 중국의 임명을 받던 나라, 일제의 식민지로부터 최근에 독립한 신생독립국 정도로 인식하고 이를 자기 나라 역사교과서에 반영하여 가르치는 경우가 많다. 이러한 현상이 바로 『조선사』 35권이 끼친 해악이다.[126]

---

[126] 이도상, 앞의 책, 2003, 117~119쪽 ; 『잘못 소개된 우리의 역사』, 三星物産株式會社, 1991, 7~9쪽 ; 旗田巍, 앞의 책, 236~237쪽 참조.

식민사학의 논리체계

식민사학의 개념 이해 ——

식민사학의 개념을 이해하기 위해서는 먼저 식민주의사관과 식민주의사상의 개념에 대한 이해가 필요하다. 두 용어는 비슷해 보이나 실제로는 개념상 현격한 차이가 있다. 식민주의사상은 식민지 지배체제를 유지하려는 정책을 지향하는 사상으로 정치논리의 성격이 짙다. 일본의 아시아주의와 그 연장선상에서 발전한 동양평화론 같은 논리들이 이에 해당하는 것으로 볼 수 있다. 일본의 제국주의적 침략사상의 태동은 막부 말로 거슬러 올라간다. 그러나 그것이 하나의 식민주의사상체계로 구체화되기 시작한 것은 1880년대의 후쿠자와 유키치(福澤諭吉)의[127] 탈아론(脫亞論)과 다루이 도키치(樽井藤吉)의[128] 대동합방론(大東合邦論)에서 찾아볼 수 있다.

---

[127] 福澤諭吉(1835~1901)는 근대 일본의 사상 형성에 지대한 역할을 하였다. 특히 일본이 제국주의·군국주의로 치닫는 데 그의 사상이 미친 영향은 크다고 할 수 있다. 그는 "이웃나라의 개명을 기다릴 여유가 없다. …… 서양인이 이들과 접촉하는 방식에 따라 처리할 것이다. …… 惡友와 친하게 되면 악명을 면하기 어렵다. …… 아시아의 후진국과 손을 끊고 나아가는 것이 일본의 살길이다."는 등의 脫亞論을 주장하였다(旗田巍, 앞의 책, 1983, 33~34쪽).

탈아론과 대동합방론은 급변하는 국제정세 속에서 일본 지식인들의 아시아에 대한 인식과 일본에 대한 자아인식으로부터 출발한다. 즉 유교·불교·국학 등에 기초한 전통사상의 권위가 메이지개혁에 의해 붕괴되면서 오직 문명만이 인간 행동과 사상의 새로운 가치 기준이 되고 문명의 원천이 서구였으므로 서구주의적 개혁을 통한 일본의 문명화가 이들의 사상을 주도하였다. 동양적이라는 의미가 동양의 독특한 가치나 진실을 말하는 개념이 아니라 동양은 곧 야만이라는 개념으로 날조됨으로써 동양과 서양의 구분은 문명과 야만을 가르는 기준이자 야만에 대한 문명의 지배, 즉 서구의 동양에 대한 침략과 지배가 정당화되는 논리로 사용되었다. 그리고 동서양에 대한 이러한 인식구도가 19세기 후반 일본의 아시아주의에 그대로 모방되었다. 일본이 선택한 것은 일본의 문명화·서구화를 통한 아시아의 희생과 지배였다. 이후 아시아 여러 민족은 서구인에 의한 아시아 지배보다도 서구 문명화에 탐닉한 아시아인(일본인)에 의한 아시아 지배라는 최악의 상황에 직면하게 된 것이다.

이에 비해 식민주의사관은 식민주의적 역사관의 줄임말로 한·일 관계에서만 쓰이는 용어는 아니다. 그러나 근대 한·일간의 역사적 성격을 특징짓는 용어라는 측면에서 중요한 의미를 갖는다. 이기백(李基白)은 "식민주의사관은 한마디로 말하면 일제의 한국에 대한 식민지

---

128 樽井藤吉(1850~1922)는 西鄕隆盛의 征韓論 계승자이다. 한때 無人島를 점령하여 그곳을 征韓의 거점으로 삼기 위해 한국 근해를 찾아다녔다고 한다. 그는 東洋社會黨 사건으로 1년간 禁錮刑을 받았다. 출옥 후 청국에 건너가 淸佛戰爭을 틈타 福州를 점령할 계획을 세우기도 하고 1884년 말 일본에 망명한 金玉均을 도와 한국 정부를 타도하려고 玄洋社 浪人들을 한국에 보낼 계획과 자금조달에 힘쓰기도 하였다. 1892년 奈良縣에서 衆議院에 당선되어 재임 중이던 1893년에『大東合邦論』을 썼다(旗田巍, 앞의 책, 1983, 52~53쪽).

지배정책을 정당화하기 위한 왜곡된 역사관이었다. 그러므로 그들의 주장은 한국 민족의 자주정신·독립정신을 말살하는 방향으로 짜인 것이었다. 한국 사회의 객관적 진리를 존중하기보다는 현실 정치적 목적을 위하여 역사적 진실을 외면한 것이었다."고 정의하고 있다.[129]

결국 ① 일제의 ② 한국에 대한 식민지 지배정책을 정당화하기 위한 ③ 왜곡된 한국사관이 식민주의사관이라는 것이다. ①은 식민주의사관이 제국주의시대의 일본인들 시각에서 보는 역사관이라는 의미이다. 정확히 말하자면 한국인이나 지금의 일본인이 아니라 일본이 한국에 대한 식민지 지배를 하고 있을 당시의 일본인들을 지칭하는 것으로 이해하여야 한다. ②는 식민주의사관이 왜 나왔느냐 하는 배경을 말한다. 즉, 일본인들이 식민주의사관을 체계화한 목적을 말하는 것으로 한국에 대한 식민지 지배정책을 정당화하기 위한 것이므로 순수한 역사관으로 볼 수 없다는 의미이다. ③은 왜곡된 한국사관이다. 진실이 왜곡되지 않은 것은 식민주의사관이 아니다. 그리고 식민주의사관은 한국사를 보는 관점이다. 일본사를 보는 관점은 여기에 포함되지 않는다. 그것은 황국사관이라는 다른 이름이 있다. 그러므로 일제가 한국에 대한 식민지 지배정책을 정당화하기 위해 한국사를 왜곡하여 해석한 역사학이 식민주의사학이고 그렇게 해석하는 관점이 식민주의사관인 것이다.

식민사학은 식민주의사학의 줄임말로 한국이 일본의 식민지라는 전제하의 역사해석이었다면 이미 오래전 일제의 패망으로 식민지배

---

[129] 李基白, 『韓國史新論』, 一潮閣, 1967, 1쪽.

가 종식되었기 때문에 이제 식민사학은 존재할 수 없다. 그리고 식민사학이란 단어는 더 이상 사용돼서도 안 되는 용어이다. 왜냐하면 식민사학의 개념 속에는 일본이 한국을 지배해야 한다는 논리와 한국은 일본의 지배를 받아야 한다는 개념이 깔려 있기 때문이다. 그럼에도 우리 역사 교과서 속에는 이러한 가당치 않은 개념을 완전히 배제하지 못한 채 직간접적으로 그 연장선상에서 논의되고 있는 학설들이 한국인의 자아를 혼란으로 빠뜨리고 있다. 부끄럽고 안타까운 현상이다.

이제는 식민사학을 과감히 청산하고 역사의 주체로서 스스로의 역사를 바르게 정리해나가야 한다. 이를 위해서 우선 식민사학의 범주에 속하는 하위 논리들의 개념을 정확히 인식할 필요가 있다. 그래야 문제의 본질을 꿰뚫어봄으로써 함정에 빠지지 않고 진실을 정리해나갈 수 있다. 더욱이 한국고대사 인식의 틀을 바르게 형성해나가는 기초라는 차원에서 주목해야 한다.

일선동조론 ——

일선동조론과 임나일본부설을 식민주의사학의 범주에 포함시키는 문제는 다소 논란의 소지가 있다. 왜냐하면 일본이 한국 침략을 위해서 전개한 논리들을 전부 식민사학으로 묶을 경우 황국사관에 기초한 국학자들의 한국 침략논리와 메이지유신시기의 정한론까지 모두 식민주의사학의 범주에 포함시켜야 하는 무리가 따르기 때문이다. 그럼에도 굳이 여기서 다루는 것은 식민사학의 핵심 논리인 타율성론과 정체성론을 역사적으로 이끌어나가는 대전제가 일선동조론과 임나

일본부설이기 때문이다.

일선동조론은 식민사학이 체계화되기 이전에 나타난 일본의 한국에 대한 역사상이다. 시게노 야스쓰구(重野安繹), 구메 구니타케(久米邦武), 호시노 히사시(星野恒) 등 세 사람이 『국사안(國史眼)』을 저술하여 신대로부터 근대에 이르기까지의 한·일관계를 다루었다. 여기서 그들은 막부시대의 국학의 전통을 계승하여 일선동조론의 입장에서 한·일관계를 연구하였다.

일선동조론은 일선동종론(日鮮同種論)·일선동원론(日鮮同源論)·일한일역론(日韓一域論)으로도 불린다. 단순한 의미로는 한국과 일본이 같은 선조로부터 피를 나눈 근친관계에 있다는 주장이다. 따라서 일본의 한국병탄은 결코 이민족을 새로이 결합시키는 것이 아니라 한때 떨어져 있던 것을 본래대로 복귀시키는 것이라는 논리이다. 이러한 일선동조론은 일제에게는 자기합리화의 철학으로, 그리고 한국인에게는 계속적인 굴종을 강요하는 논리로 작용해왔다는 사실에 주목해야 한다.[130]

일선동조론은 처음부터 그들의 침략논리를 합리화시키려는 것이었다. 따라서 학문적으로 체계화된 이론이 아니기 때문에 학술적 가치가 없다. 더욱이 일본 민족이 한국 민족보다 먼저 문명을 일으켰다는 논리는 굳이 문화의 동류현상을 들지 않더라도 전혀 설득력이 없다.[131] 그럼에도 본래 한 핏줄이었기 때문에 일본은 한국을 만(滿)·몽(蒙)과

---

130 일선동조론은 일제 침략기에 힘의 우위를 배경으로 하여 일본인 학자들에 의해 주장되었다. 그것은 太古 이래 한국이 일본의 지배하에 있었다는 것을 강조하려고 조작된 것이다. 따라서 일본의 彌生·古墳文化의 담당자가 한국에서 건너간 사람들이었다는 우리의 인식과는 전혀 다른 것이다(이만열, 앞의 책, 305쪽).

지나족(支那族)의 침략으로부터 보호하고 같은 민족끼리 융화를 꾀한다는 논리로 비약시키고 있는 것이다. 더욱 가관인 것은 이러한 일본의 은혜를 저버리고 융화정책에 저항하는 한국인의 3·1만세운동 같은 것은 비난받아 마땅하다는 논리를 펴기도 하였다.

이후 일제는 문화정치하에서 일선동조론을 내선일체(內鮮一體)라는 이름으로 정책적으로 구현하려 하였다. 그리고 이는 만주사변(滿洲事變) 이후 황민화정책(皇民化政策)의 일환으로 추진된 창씨개명(創氏改名) 등 민족말살정책(民族抹殺政策)으로 이어졌다.

임나일본부설 ──

임나일본부설은 쇼와(昭和, 1926~1989)시대에 들어와 스에마쓰 야스카즈가 체계화시킨 이론이다.[132] 그러나 그 개념은 일찍부터 있었고 일본의 한국 식민지 지배의 전 기간에 걸쳐 역사학자들의 한국 사상 형성에 심대한 영향을 미쳤다. 대략적인 개념은 진구황후가 가야제국[任那]과 신라를 정벌하였고, 임나일본부를 통해 이를 지배하였으며, 진구황후 정벌 이전부터 백제와 신라는 야마토조정(大和朝廷)에 조공하는 등 진구황후 정벌 이후 한국 남부의 상당 부분이 그들의 지배하

---

131 일본에는 彌生文化(서기전 300~서기 300)·古墳文化(서기 300년 이후)의 성립 이전에 이미 구석기문명과 신석기문명 담당자들이 있었다. 이들 대부분은 한국인이 일본으로 건너간 것으로 보며 그 외에 서기전 3000년경 시베리아와 동북 아시아지역을 중심으로 활약했던 고아시아족 중에서 아이누족이 북해도 지역을 통하여 일본에 도래하였고, 남방계 倭人도 현저하게 많이 이주한 것으로 학계에서는 보고 있다.

132 임나일본부설과 일선동조론은 서로 상반되는 이론으로 논리적인 모순이 있는 듯 보인다. 그러나 두 이론은 表裏 관계를 가지고 일본의 한국 침략과 지배라는 한 가지 목적에 봉사하고 있다는 점에서 동일하다(이만열, 앞의 책, 295쪽).

에 있었다는 것으로 요약된다.[133]

임나일본부설은 전적으로 『일본서기』에 기초한 역사왜곡 논리이다. 일본인들 스스로 『일본서기』가 심한 윤색과 조작이 가해졌다는 것을 공공연히 비판하면서도 임나(任那)문제에 관해서만은 집착에서 벗어나지 못하고 있다. 임나일본부설을 부정하는 순간 일본인들이 주장하는 고대 한·일관계가 전부 뒤집히기 때문이다.

4~6세기 일본이 한국에 진출할 수 있는 능력이 없었다는 것은 학계의 상식이다. 야마토정권이 고대 통일국가의 기틀을 이룩한 것은 다이카개신(大化改新, 645) 이후이며 8세기 초에 이르러서야 율령(律令)을 제정하고 나라(奈良)로 천도하였다. 일본(日本)이라는 나라 이름도 7세기 말(670)에 정해졌다. 진구황후가 신라를 정벌했다는 4세기 말에 한국에서는 대규모 기마전투(騎馬戰鬪)가 벌어지고 있었고 동원되는 병력이 무려 3~5만 명 규모였기 때문에 진구황후 신라 정벌 주장은 현실적으로 있을 수 없는 일이다. 더구나 일본에서는 삼한·삼국계통의 유물이 쏟아져 나오지만 한국에서는 일본 유적을 찾아볼 수 없는 것도 이를 뒷받침한다. 이에 대해 김석형(金錫亨)은 '삼한삼국 일본

---

133 임나일본부설의 주요 내용과 개념은 다음과 같다(이만열, 앞의 책, 298~300쪽 참조).
  * 진구황후가 49년(369)에 任那를 치고 이어서 신라를 공격하였다. 62년(382)에 또 신라를 격파하였다. 이후 463년에 일본은 임나지역에 日本府(또는 國司)를 두어 지배가 가능하였다. 이때 신라와 백제는 大和조정에 조공을 바치는 관계였다.
  * 562년 신라가 가야를 멸망시키자 일본의 파견기관인 임나일본부도 함께 소멸되었다. 그 뒤 임나를 병합한 신라가 임나를 대신하여 租稅(任那租)를 바쳤다.
  * 369년에 충청남도에서부터 전라남도에 이르는 4개 읍이 일본에 항복하였고, 397년과 405년에 같은 지역의 6개 읍을 백제로부터 빼앗아 돌려주기도 하였다.
  * 512년에 충청남도 동남부에서 전라북도 동북지대와 그 후 전라남도 섬진강 중·하류 유역에서 경상남도 해안지대를 포함한 남조선 지역까지 그들의 경략의 대상이 되었거나 지배를 받았다.

열도 내 분국(分國)설'을 발표하여 일본 학계에 큰 충격을 안겨주기도 하였다.[134]

임나일본부 문제는 일제강점기 일본인 학자들이 야마토정권의 해외 진출과 고대 한국 지배를 상징하는 역사적 사실로 상정함으로써 근대 일본의 한국 지배를 역사의 복원이라는 차원에서 합리화하려는 대표적인 논리이다. 이러한 논리의 토대가 된 것은 이케우치 히로시(池內宏)의 강의와 그가 쓴『일본상대사의 한 연구(日本上代史の一硏究)』였고[135] 스에마쓰 야스카즈의『임나흥망사(任那興亡史)』에서 구체적으로 체계화되었다. 이케우치 히로시는 한국고대사의 시작을 중국과 일본의 식민지로부터 출발한 것으로 체계화하여 한국사의 내재적 발전론을 부정하는 논리를 주장하였다. 그는 고대 한·일관계사는 한국고대사인 동시에 일본고대사라고 전제하고 한국고대사를 다음과 같이 3기로 나누어 제3기인 통일신라시대에 이르러서야 한족(韓族) 통치시대가 되었다고 주장하였다.

- 제1기는 중국 이주민(箕子·衛滿·漢의 郡縣)에 의하여 조직된 시대
- 제2기는 한족(漢族)인 예맥(濊貊)·맥(貊)과 한족(韓族)인 백제·신

---

134 金錫亨은「三韓三國 日本列島 內 分國에 대하여」(1963)에서 "서기전 2~3세기경 …… 남조선 제 국민은 일본에 도래하여 본국과의 밀접한 관계를 맺으며 일본열도 내에 분국을 설치하였던 것이다. 따라서 5세기 중엽 이후 남조선 경영의 근거지라고 하는 임나일본부는 조선에 있었던 것이 아니고 일본열도 내에 있던 조선의 제 분국을 통합하기 위해 일본열도 내에 설치하였던 기관이었다."고 하였다(김석형,「삼한삼국의 일본열도 내 분국에 대하여」,『력사과학』 1, 1963 ; 金錫亨,『초기 조일관계연구』, 사회과학원출판사, 1966 참조).

135 池內宏(1878~1952)은 1918년 도쿄대학 강의용으로 집필한 강의초안『日鮮交涉史』를 1919년에 실제 강의에 사용했으며 그 후 여러 차례 수정, 보완하여 1947년에『日本上代史の 一硏究』라는 단행본으로 출간하였다.

라가 대항·항전하는 시대인데 이 시기에 일본의 야마토(大和)조정의 정치적 세력이 제4의 세력으로 한반도에서 활동했던 시대[136]

• 제3기는 신라에 의한 한반도 통일시대, 즉 한족(韓族) 통치시대가 전개되었다.[137]

일본의 고대국가 성립시기가 6세기 말 이후임이 밝혀진 현재 임나일본부의 실재성과 야마토정권의 임나 지배를 공공연히 거론하는 사람은 거의 보이지 않는다. 그러나 일본이 교과서에서 이를 삭제하거나 그 실재성을 부정하는 것은 결코 아니다. 문제는 임나일본부의 고대 남한경영설이 일제의 한국 지배이데올로기로 악용됨으로써 고대 한·일관계의 역사적 진실이 왜곡되었고 현재에도 한·일 간에 쟁점으로 남아 있으며 한국사 복원에 장애가 되고 있다는 점이다.

스에마쓰가 1949년 저술한 『임나흥망사』에서 체계화된 임나일본부 문제는 한·일 양국의 학자들에 의해서 반론과 재반론이 끊임없이 이어져 왔다.[138] 스에마쓰는 『신라사의 제 문제(新羅史の諸問題)』에서 23

---

136 맥(貊)족과 예(濊)족은 중국인을 의미하는 한족(漢族)이 아니라 우리 민족의 기원인 한족(韓族)으로 고쳐 써야 한다. 이에 대해서는 정경희, 『백두산문명과 한민족의 형성』, 만권당, 2020에서 구체적으로 설명하고 있다.

137 池內宏, 『日本上代史の 一研究』, 中央公論美術出版社, 1970, 3쪽·13쪽 ; 최재석, 『韓國古代社會史方法論』, 一志社, 1987, 46~47쪽.

138 임나일본부설은 末松保和의 『任那興亡史』(1949)에 의해 체계화되었다고 할 수 있다. 그 후 金錫亨이 반론을 제기하였고 이어서 많은 학자들의 연구가 있었다. 이 글에서 참조한 연구는 다음과 같다.
金錫亨, 「삼한·삼국 일본열도 내 분국에 대하여」, 『력사과학』 1, 1963(1966년에 『초기 조일관계연구』로 집대성) ; 村山正雄, 「古代の日朝關係について: 金錫亨敎授の論文を批判する」, 『朝鮮史硏究論文集』 1, 1964 ; 井上秀雄, 『任那日本府と倭』, 東出版, 1973 ; 鬼頭淸明, 「任那日本府の檢討」, 『日本古代國家の形成と東アジア』, 校倉書房, 1976 ; 請田正幸, 「6世紀前期の日朝關係: 任那日本府を中心として」, 『古代朝鮮と日本』, 龍溪書舍, 1974 ; 千寬宇, 「任那日本府의 虛構」, 『韓國史의 再照明』, 讀書新聞社出版局, 1975 ; 金鉉球, 『大和政權の對外關係硏究』, 吉川弘文館, 1985 ; 延敏洙, 『고대한·일관계사』, 혜안, 1998.

대 법흥왕까지의『삼국사기』기록을 '전설 반 조작 반'이라고 주장한 바 있다. 그는『임나흥망사』에서 이른바 임나가 경상남도·전라남도·전라북도 전역에 걸쳐 존재하는 일본의 식민지였다는 것을 주장하려는 의도로 한국고대사를 중국의 식민지시대였던 낙랑기(樂浪期)와 일본의 식민지시대였던 임나기(任那期)로 대별하고 백제와 신라사를 거의 무시하였다. 그는 한국에 존재한 임나의 역사는 상대 일본 대외관계사의 일부분이며 따라서 임나가 한국의 일부분이었기 때문에 한국의 역사도 당연히 이 문제를 받아들여야 한다고 주장하였다.[139]

스에마쓰는『임나흥망사』에서 "고구려가 일본에 조공을 바쳤다는『일본서기』의 응신(應神) 28년 조 기록은 작문이지만 신라와 백제가 일본에 복속한 것은 사실이다. …… 백제 시조로부터 371년(근초고왕 26년)에 이르는 400년 가까운 시간의 경과와 그 사이의『삼국사기』기사는 모두 전설의 범위를 넘지 않으며…… 백제국의 성립은 4세기 전반이었다."고 하였다. 그의 학문적 자세를 읽을 수 있는 내용들이다. 그는 한국 남단에 위치한 가야가『일본서기』에 나오는 임나라는 것을 주장하기 위하여『일본서기』에 나오는 수많은 지명을 한반도 지명으로 비정하고자 애썼다. 하지만 객관적 증거는 하나도 제시한 것이 없다. 오히려 한국 측 사료가 조작·전설이라며 사료로 채택하는 것을 완강히 거부하던 그가 지명 비정에 있어서는『삼국사기』에 나오는 6가야의 지명(鎭州, 咸安, 高靈, 固城, 金海, 星州)을 간접적으로 시인하고

---

139 末松保和가 주장하는『任那興亡史』의 주안점은 첫째 임나를 주축으로 하여 일본의 대외관계 혹은 대륙관계가 전개되어 온 실상을 파악하며, 둘째 문헌의 비판 위에 세워져야 할 긍정적 비판을 더욱 일보 진전시키며, 셋째 일본 사료와 한국 사료를 대비시켜 종합적으로 파악하고 입체적 구성을 세우는 것이라는 것이다(末松保和,『任那興亡史』, 吉川弘文館, 1956, 1·11·16쪽).

있다.[140]

　한·일관계사는 일본사의 일부분인 동시에 한국사의 일부분이라는 전제하에 스에마쓰는 "일본 민족이 주체적으로 고대국가를 건설하였으며, 고대 한·일관계는 일본 발전의 외적 경로였다. …… 한·일관계는 일본에 의한 한국의 영토적 복속과 중국문화의 일본 수입을 위한 발판을 제공하는 두 가지 흐름의 역사이다. …… 일본의 한반도 영유(임나)는 그 자체만으로도 일본의 자랑이며 구한말의 일본에 의한 한국병합은 고대의 복현(復現)이다. 이는 앞으로 영원히 일본이 한국에 대한 예속을 주장할 수 있는 정신을 인도해 준다. …… 4세기 말 한반도 정세를 보면 백제와 신라의 국력은 미약하여 한반도 북방의 고구려와 한반도 남부의 강국인 왜국의 대립 항쟁 상태였다. …… 백제는 일본에 예속되었으며 천황이 백제왕에게 왕도 웅진(熊津)을 하사하였다. …… 일본과 발해의 두 나라는 주종관계에 있었고, 함께 신라정벌계획에 관여하였다."는 기상천외한 발상으로 역사를 왜곡하였다.[141]

　이와 같은 스에마쓰의 임나일본부 고대 남한경영설이 일제의 한국에 대한 지배이데올로기 역할을 하였을 뿐 아니라 전후에도 일본의 역사 교과서에 반영되어 한국에 대한 일본인들의 사상 형성에 크게 영향을

140　加羅라는 國名·地名이나 伽倻라는 국명·지명은 일본 열도 거의 전 지역에 존재하며 對馬島에도 있다.

141　末松保和는 광복 이전에 활약한 일본의 고대 사학자들 중에서 가장 신진에 해당된다. 그는 도쿄대학 사학과를 졸업(1927)하고 조선총독부 修史官補와 修史官, 京城大學(현 서울대학) 조교수(1930)와 교수(1940), 그리고 일본 학습원대학 교수(1948)를 역임하였다. 경력이 말해주듯 그는 조선사편수회가 추진한 조선사 편찬사업이나 광복 전후 한·일 양국의 역사교육에 매우 중요한 영향을 미쳤다. 그렇기 때문에 그가 쓴 『任那興亡史』(1949)와 『日本上代史管見』(1963)은 그의 사관과 한·일 양국의 역사상을 이해하는 데 중요하며, 특히 조선사편수회가 왜 서둘러 『조선사』 편찬사업을 추진했는지를 이해하는 데 필요하다. 그는 1965년과 1967년에 간행된 『日本書紀』上·下의 조선 관계 해설도 담당하였다(末松保和, 『任那興亡史』, 吉川弘文館, 1956, 著者略歷 참조).

주고 있다. 더욱이 이 논리는 한국사를 연구하는 한국인들에게도 고대사 부분에서 역사적 진실을 찾아 정리하는 데 심한 혼란을 주고 있다는 점에 문제의 심각성이 있다.

타율성론 ——

식민사학에서 강조되는 논리의 핵심은 타율성론(他律性論)과 정체성론(停滯性論)이다. 타율성론은 한마디로 한국사의 전개 과정이 한국 민족의 자주적인 역량에 의해 자율적으로 이루어진 것이 아니라 외세의 간섭과 영향에 의해 타율적으로 이루어졌다고 하는 관점이다. 즉 한국의 수천 년 역사는 북쪽의 중국·몽골·만주와 남쪽의 일본 등 이웃한 외세의 침략과 영향 속에서 비주체적으로 전개되어 왔다는 것이다. 일제는 이를 설득력 있는 역사이론으로 정당화하기 위하여 한국사에 보이는 타율적인 요소들을 뽑아내어 그것을 한국사의 주류로 서술하려고 온갖 노력을 다하였다. 반면 한국사의 자주적인 모습은 애써 지우거나 축소시켰다.[142]

한국고대사는 태고로부터 북쪽은 중국의 식민지로, 남쪽은 일본의 영향 아래서 시작된 모습으로 정리되었다. 즉 북쪽은 기자(箕子)·위만(衛滿)·한사군(漢四郡) 등 중국 세력이 지배하였고, 남쪽은 진구황후의 삼한정벌을 전후하여 수세기 간 일본의 지배하에 있었

---

142 예를 들면 고구려의 對隋·對唐 전쟁, 고려의 대거란 전쟁처럼 자주적이고 문화적 역량 없이는 그 승리가 불가능한 한국의 역대 전쟁기록들을 거의 외면하거나 애써 과소평가하려 했을 뿐 아니라 그 승리를 가능케 해준 사회·경제·문화적 능력에 대해서는 일체 언급하지 않고 있다(小田省吾,『朝鮮史大系』, 上世史, 1924, 32쪽 ; 이만열, 앞의 책, 276쪽).

다고 하는 소위 임나일본부설을 안출해냈던 것이다.[143] 이러한 논리는 비단 고대사뿐 아니라 그 이후까지도 확대 적용하여 한국사에 있어서 외세의 역할을 강조하고 그 외세에 의하여 타율적인 역사가 강요되었다는 논리로 정리되었는데 그것이 바로 만선사관과 반도적 성격론이다.

만선사관은 20세기에 들어와 일제의 대한제국 병탄이 본격화되면서 그들의 침략행위를 정당화하기 위하여 전개한 논리의 하나로 타율성을 강조하는 한국사연구 중 일선동조론과 함께 주목되는 침략·지배논리이다. 즉 만선사관은 한국사를 대륙의 역사에 딸린 것이라 하여 주체적 발전을 부정하고 타율성을 강조하는 역사관이다.[144] 만선사는 중국사연구에 종사했던 학자들이 주장하였고, 그중에서도 시라토리 구라키치(白鳥庫吉)와 이나바 이와키치(稻葉岩吉)가 중추적인 역할을 하였다.[145] 시라토리는 만철(滿鐵) 총재 고토 신페이(後藤新平)를 설득하여 1908년 만철 도쿄지사 안에 '만선지리역사조사실'을 설치하였는데 여기서 한국과 만주 경영에 필요한 많은 학문적 연구가 쏟아져 나왔다.[146]

---

[143] 1936년 조선총독부에서 간행한 『조선사의 길잡이』와 1923~1924년에 조선사학회에서 발간한 『朝鮮史大系』, 上世史에서도 조선 상세사 전기는 북의 支那, 남의 일본이 한국을 양분하여 통치하고 있었던 것처럼 주장하고 있다(이만열, 앞의 책, 275~276쪽).

[144] 滿鮮史는 滿韓史라고도 하는데 이 용어가 언제부터 누구에 의하여 쓰이기 시작했는지는 분명치 않지만 1910년대에 이미 사용된 점으로 보아 그 이전 동양사연구가 본격화되면서 생긴 용어로 추정된다. 이것은 만주와 한국의 역사를 일괄적으로 일컫는 말인데 일본 동양사학의 아시아 인식, 특히 한국 인식의 태도와 자세를 잘 보여주는 것이다(旗田巍, 앞의 책, 139쪽).

[145] 만선사관은 白鳥庫吉과 그를 따르던 津田左右吉·箭內亘·池內宏·松井等·稻葉岩吉 등이 도쿄제대의 전통인 실증사학을 표방하면서 중국의 堯·舜·禹를 부정하고, 아울러 일선동조론도 비판하는 한편, 한국사를 만주의 종속적인 위치에 정치시킨 이론이다(조동걸, 『現代韓國史學史』, 나남출판, 1998, 261~262쪽).

이들의 역사인식은 근대 서양사학의 실증주의적 방법에 기초하고 있었으므로 소위 국학적 전통을 가진 일선동조론자들에게는 비판적이었다. 그러나 정작 한국사의 타율성론은 이들 동양사학자들의 만선사관에서 먼저 시작되었다 해도 과언이 아니다. 만선사관은 만주사를 중국사에서 분리시켜 한국사와 한 체계 속에 묶는 것으로, 이는 중국이 만주에 대하여 영토상의 주권을 주장하지 못하도록 역사적인 논거를 제시하는 데 목적이 있었다. 그러나 한국사의 입장에서 볼 때 이 체계는 한국사의 독자성과 자주성을 부정하는 것이었다.[147]

만선사는 고구려 멸망 이전까지를 기준으로 하여 구성함으로써 고려 이후 한국사의 발전과 일제하의 민족운동으로부터 관심을 고대사 쪽으로 유도하기 위한 의도가 숨겨져 있었다. 즉 일제는 남북국시대를 인정하지 않고 통일신라시대라는 용어를 즐겨 쓰며 특히 발해를 한국 역사에서 제외시키고 있다. 따라서 고구려 멸망 이전까지를 기준으로 만선사를 구성하고 있는 것이다.[148]

조선사학회 회장이었던 오다 쇼고(小田省吾)는 "단군조선이 반도 내 고대사의 한 시기를 지배했다고 하는 것은 올바른 역사 연구방법으로는 인정할 수 없다. …… 정말 확실한 기사는 위만조선으로부터 시작한다고 말하지 않으면 안 된다."고 하여 마치 한국사가 중국에서

---

146 白鳥庫吉의 주재하에 당시 동양사 연구에 종사하고 있던 箭內亘·松井等·稻葉岩吉·池內宏·津田左右吉 등이 여기에 참여하고 있었는데 바로 여기서 『滿鮮地理歷史硏究』(16冊)·『滿洲歷史地理』·『朝鮮歷史地理』·『文祿·慶長의 役』 등이 간행되었다. 따라서 『滿鮮史』는 일본의 동양사학자들이 일본의 대륙정책, 즉 滿韓 경영에 직접적·조직적으로 연결되어 생겨났던 것이다(旗田巍, 앞의 책, 147쪽).

147 李龍範, 「韓國史의 他律性論批判」, 『亞細亞』 3월호, 1969 ; 신용우, 『만주의 영토권』, 글로벌콘텐츠, 2021, 111~121쪽 '만주역사의 개관' 참조.

148 이만열, 앞의 책, 277쪽.

망명한 위만(衛滿)으로부터 시작된 것처럼 주장하였다. 뿐만 아니라 특히 한사군을 강조하면서 진번군(眞番郡) 위치를 충청남북도와 전라북도에 비정하기까지 하였다.[149]

만선사의 가장 강력한 주창자는 이나바 이와키치였다. 그는 시라토리의 지도하에 동양사연구에 종사하면서 「만선사체계의 재인식(滿鮮史體系の再認識)」을 『만주발달사(滿洲發達史)』에 수록하여 만선사를 하나의 한국사 인식체계로 보편화시킨 인물이다. 그는 만선사와 함께 임나일본부설도 주장하였는데 주요 내용은 조선 해안부락에 왜인이 거주하였고, 구야한국(狗耶韓國, 김해)은 왜의 북안(北岸)에 있었으며 낙동강 하류가 독로국(瀆盧國)과 왜(倭)의 접계(接界)였고 임나 수부(首府)의 최초 위치가 구야한국이었던 가라(加羅)라고 주장하였다.[150] 만선사관과 일선동조론은 『일본서기』를 보는 시각과 한·일 양국 민족의 기원에 대한 해석 면에서 상당한 거리가 있다. 그러나 두 이론이 고대조선의 존재를 부인하고 한국인의 민족 독립활동을 무마·억제시키려는 점에서는 일치한다.[151]

이나바는 만주로 이주한 100만이 넘는 한국인의 사회문제를 다룬 「만선불가분의 사적 고찰(滿鮮不可分の史的考察)」, 『지나사회사연구(支那社會史硏究)』에서 한국인의 이주는 조종(祖宗)의 고지(故地)로의 환원이라고 하여 한국과 만주의 일체성을 강조하였다. 그는 또 한국

---

149 小田省吾, 「朝鮮史大系」, 上世史, 190쪽.
150 이만열, 앞의 책, 277~278쪽.
151 일선동조론은 일본사의 입장에서 한국사를 연구한 사람들이 일본의 고문헌을 근거로 하여 국학 이래 전통적인 한국관을 따른 것이다. 그에 반해 滿鮮史는 동양사의 입장에서 한국사를 연구한 사람들이 중국의 고문헌을 중심으로 한국을 조망하여 만들어낸 이론이다. 따라서 이들은 국학과 일선동조론에 비판적이었다(旗田巍, 앞의 책, 145쪽).

과 만주는 태고로부터 민족·영토·경제 면에서 불가분의 관계를 유지해왔다고 주장함으로써 한국사의 독자적인 발전과 한국 지배영역의 독자적인 존재를 부인하였다. 이에 대한 하타다의 다음 설명을 통해 그 의미를 헤아려보자.

> 이나바 박사의 만선불가분론(滿鮮不可分論)은 그 후에 만주사변이 일어나고 만주국이 세워져서 일본의 대륙침략이 급속도로 진전되는 시기에 이르면 일단 큰 의미를 갖게 된다. 그것은 조선과 만주, 그 위에 일본·중국을 포함한 동아시아 전체 역사의 구성을 시도함으로써 일본의 아시아 제압의 합리화를 기도하게 된다. 동아시아의 구성 가운데서 만선불가분론은 중요한 지위를 점했다. 조선사의 자주성의 부인, 조선사의 대륙사로의 환원이 중요한 논거로 되었다.[152]

그 뒤 이나바 이와키치는 『만선사체계의 재인식』(1935)에서 조선에서 발생한 큰 역사적 사건은 모두 대륙 정국의 반영이었다고 주장하였다. 만선사관에 의해 형성된 이러한 역사인식체계는 식민주의사관의 핵심논리 중 하나인 타율성론의 모태가 되었다. 그리고 한국의 정치·경제·문화 등 일체가 외래 세력의 압도적 영향하에 이룩되어 한국의 독자적인 것은 없다는 논리로 발전하였다. 이는 한국인에게는 자주성이 없다는 사고의 논거가 되었던 것이다.

만선사관과는 다른 입장에서 한국사의 타율성을 강력하게 내세운

---

152 旗田巍, 앞의 책, 194쪽.

논리가 반도적성격론이다. 이는 한국인들로 하여금 일제의 식민지 지배 현실을 숙명으로 받아들임으로써 일체의 저항의지를 포기하도록 하려는 목적으로 만들어낸 허구의 논리이다. 즉 현실을 숙명으로 받아들일 경우 모든 것을 체념하고 피동적이 되어 저항능력과 의지를 상실해 결국 노예와 같은 인간으로 전락할 수밖에 없다는 인간 심리와 속성을 교묘하게 한국사에 적용시킨 것이 바로 반도적성격론인 것이다.

반도적성격론을 가장 강력하게 주장한 대표적인 학자는 미시나 쇼에이(三品彰英)이다. 그는 『조선사개설』(홍문당, 1940)의 서설에서 「조선사의 타율성」이라는 제목으로 한국사의 성격을 부수성(附隨性)·주변성(周邊性)·다린성(多隣性)으로 규정하고 다음과 같이 설명하였다. 특히 그는 여기서 반도라는 지리적 조건이 한국사의 최대 형성요인임을 강조하고 있다.

아시아 대륙의 중심부에 가까이 부수된 이 반도는 정치적으로도, 문화적으로도 반드시 대륙에서 일어난 변동의 여파를 입음과 동시에, 또한 주변적 위치 때문에 항상 그 본류(本流)로부터 벗어나 있다. …… 또 이같이 주변적임과 동시에 다린적이었던 조선반도의 역사에 있어서는 이 두 개의 반대작용이 혹은 동시에, 혹은 단독으로 미쳐서 아주 복잡다기한 양상마저 나오게 되고, 동양사의 본류에서 벗어나 있으면서 항상 1개 내지 2개 이상 세력과의 항쟁에 시달리고, 때로는 하나의 압도적 세력에 지배되었거나 했다. …… 발전이라고 하는 사적 관념에 의해서 조선사를 이해하고 논하려 할 때 우리는 여기서 변증법적 역사발전의 족적이 심히

결핍되고 있음을 감득하지 않을 수 없다.[153]

미시나는 반도적 성격을 가진 한국은 예로부터 지나(支那)의 전례주의적(典禮主義的)·주지주의적(主知主義的) 지배를 받아 아시아적 번이(蕃夷)로 칭찬을 받게 되었고, 만몽으로부터는 정복주의적(征服主義的)·주의주의적(主意主義的) 침략을 받았는데 그것은 정치와 문화를 수반하지 않은 힘만의 정복이었다고 하였다. 그는 또 반도적 성격은 대외투쟁 관계뿐만 아니라 외교관계·국내정치·문화 면에서도 나타나 사대주의라는 성격이 형성되었다고도 하였다.[154]

이처럼 외교관계에 있어서 사대주의가 기본 이념이 되어 있었기 때문에 만일 의존하고 있던 인방(隣邦)세력에 변동이 생기면 그것이 곧 국내 정치세력에 영향을 미쳐 정쟁이 나타나고 사적(史的) 전환의 중대 시기가 되는바, 한국사에 나타난 친명파·친일파·친러파 등이 그 예라는 것이다. 이상과 같이 타율적으로 이루어진 한국사에서는 변증법적 역사발전을 기대할 수 없다는 것이 그의 논리이다. 미시나의 반도적성격론에 입각한 타율성론에 대한 이만열의 다음과 같은 비판에 주목해보자.

얼핏 보면 그의 역사 이해가 합리적인 사고방식의 결과인 듯 보이나 사실은 환경적 요인으로 시각을 돌리게 함으로써 한국사의 주인공으로

---

153 三品彰英, 「朝鮮史の他律性」, 『朝鮮史槪說』, 弘文堂, 1940, 2쪽.
154 미시나는 한국사를 소위 事大交隣, 外來文化 수용의 역사로 보고 '事大主義라는 것은 절대적 존재라고 생각되는 국외세력에 복종하고 그 권위 밑에 藩屬하고 依存주의에 의해서 국가를 유지하려는 것'으로 규정하였다(이만열. 앞의 책, 280쪽).

서 한민족의 역할을 무시하려는 것이다. 지정학적 요인을 강조할수록 역사의 주체로서 한민족은 소외되는 것이다. 지리적 조건이 역사발전에 작용하는 하나의 요인이 됨을 우리는 부정하지 않는다. 그러나 그것이 역사발전에 결정적인 역할을 한다는 사실에는 동의할 수 없다. 미시나(三品彰英)의 이러한 주장은 한국의 자주성을 말살함으로써 일제의 침략을 정당화하려는 것이다.[155]

미시나의 주장은 한국고대사를 전면적으로 부정하는 잘못된 논리임이 분명하다. 남북한 지역을 굳이 '반도'라고 하여 '반도'라는 지정학적 이유로 한국사가 변증법적 역사발전이 없었다고 한다면 로마나 그리스와 같은 '반도국가'들의 옛 융성을 어떻게 설명할 것이며 한국의 영토가 반도 안으로 축소되기 이전의 한국고대사는 어떻게 설명할 것인가. 그의 논리대로라면 세계를 향해 도약하는 오늘날의 한국의 발전은 설명이 불가능한 불가사의가 되는 것이다.[156]

타율성을 강조하는 그들의 주장은 여기서 그치지 않고 한국사의 타율적·의타적·숙명론적인 성격들이 한국인의 일상적인 행동과 사고

---

155 이만열, 앞의 책, 280~281쪽.

156 半島라는 용어가 언제부터 사용되었는지는 정확히 알 수 없다. 다만 일본인들이 일본은 本島이고 한국은 半島라는 의미에서 상대적인 개념으로 착안해서 쓰기 시작한 것만은 분명하다는 생각이다. 그러나 半島라는 용어는 논리적으로 성립할 수 없는 단어이다. 반도를 영어로 직역하면 'half island'가 된다. 그런데 우리는 'peninsula'를 반도로 번역하여 쓰고 있다. 섬[島]이나 island는 바다로 둘러싸인 땅을 말하지만 peninsula는 대륙과 陸續되어 있는 땅으로 바다로 둘러싸여 있지 않다. 반도는 반쪽 섬으로 바다에 둘러싸여 있는 땅이어야 맞다. 엄밀한 의미에서 섬의 반이라는 개념은 성립할 수 있어도 반쪽 섬은 존재할 수 없다. 아무리 작은 섬이라도 그것은 하나의 온전한 섬일 뿐, 반섬이 될 수 없기 때문이다. 한국의 땅은 분명히 대륙과 연결되어 있는 땅이지 바다로 둘러싸여 있는 땅이 아니다. 그런데도 우리는 이를 의식하지 않고 'The Korean Peninsula'를 '韓半島'라고 번역하여 자연스럽게 사용하고 있다. 후학들이 가장 적합한 우리말로 바꾸어줄 것을 기대한다(이도상, 앞의 책, 2003, 153~154, 371쪽 참조).

에도 영향을 미쳐 소위 사대주의라고 하는 고질적 성격이 한국인의 생리가 되었다고 주장하였다. 즉 이 병적인 생리가 한국인의 의식구조·행동양식 등 일상의 모든 것을 규제하는 고질화된 하나의 주의(主義)로 굳어짐으로써 이 사대주의는 한국인의 골수에 사무친 민족성으로까지 발전하였다고 주장하고 있는 것이다.[157]

이처럼 만선사관, 반도적성격론, 사대주의론 등 타율성을 강조하는 이론들은 한국 문화의 독자성과 한국인의 자주성을 부인하는 이론으로 발전되어 왔다. 한국사에서 일단 자주성이 부정되면 그러한 비주체적인 역사를 가진 한국 민족은 언제나 외세의 지배를 받는 것이 불가피한 것으로 받아들여지고 그런 가운데서 일제의 한국에 대한 역할이 강조될 수밖에 없었다. 어차피 누군가에 의해서 지배를 받아야 한다면 민족적으로도 가장 가깝고 온정적인 일본의 품에 안기는 것이 한국 본연의 재출발을 가능하게 하여 반도사적인 모순을 극복할 수 있는 길이 되지 않겠느냐는 논리로 그들의 한국 침략과 지배를 합리화하려 했던 것이다.[158]

정체성론 ——

정체성론은 타율성론과 함께 식민사학의 성격을 구성하는 두 핵심 논리라고 할 수 있다. 정체성론은 한국이 왕조의 교체 등 사회적 변혁에도 불구하고 사회·경제적 구조 면에서 아무런 발전을 하지 못했으

---

157 李基白,「事大主義論의 問題點」,『亞細亞』 1969년 3월호 참조.
158 三品彰英, 앞의 책, 6~7쪽.

며 특히 근대사회로의 이행에 필요한 봉건사회를 거치지 못하고 전근대적 사회에 머물러 있다는 논리이다. 이 논리를 처음 편 것은 일찍이 독일에 유학한 후쿠다 도쿠조(福田德三)였다. 그는 러일전쟁 전에 한국을 여행하였고 여행 중의 견문이나 자료를 근거로 하여 「조선의 경제조직과 경제단위」를 발표하였는데 요지는 다음과 같다.

- 근대 사회의 성립을 위해서는 봉건제의 존재가 불가결하다.
- 한국이 근대화에 늦어 혼미하고 있는 근원은 조선에 봉건제가 결여되었기 때문이다.
- 19세기 말, 20세기 초의 한국의 사회 경제적 발전단계는 일본 봉건제가 성립되었던 가마쿠라(鎌倉, 1185~1333)시대보다 오랜 고대 말 10세기경의 후지와라(藤原, 794~1185)시대에 해당한다.[159]

경제학자 후쿠다뿐만 아니라 다른 한국사 연구자들도 한국 사회가 정체되었다는 논리를 다음과 같이 서술하고 있다.

- 가와이 히로타미(河合弘民) – 병탄 후의 한국 문화는 전적으로 일본의 후지와라시대와 동일한 상태이고, 한국사의 현상은 후지와라시대의 단계로 정체해 있다.
- 야마지 아이잔(山路愛山) – 한국인의 모습은 나라조(奈良朝, 710~784) 때 일본인의 모습을 상기하게 한다(1904).

---

[159] 福田德三의 「朝鮮の經濟組織と經濟單位」는 『內外論叢』 처음에 발표되었고, 그 후 1907년과 1915년(수정편)에 『經濟學研究』에 실렸다.

• 기타 사다키치(喜田貞吉) – 1920년대 한국인의 생활과 풍습은 헤이안조(平安朝, 794~1185)의 일본인의 모습과 비슷하다(「庚申鮮滿旅行日誌」).[160]

후쿠다 도쿠조의 뒤를 이어 구로다 이와오(黑田巖)는 「조선경제조직과 봉건제도」(『경제학 논고』, 1923)를, 이나바 이와키치(稻葉岩吉)는 『조선 문화사연구』(1925)를 발표하였다. 특히 만선사(滿鮮史)의 입장에 섰던 이나바는 한국사 연구자 가운데서 정체성론을 가장 강하게 주장했던 사람이다. 그는 이 책에서 한국에 봉건제도가 없었다는 것을 지적함과 동시에 한국 사회의 발전 수준은 일본보다 약 600년 낙후되어 있다고 하였다.[161] 600년 전이라면 가마쿠라시대에 해당한다.

당시 한국사 연구자들 중에서 정체성론에 반대하는 사람이 없었을 뿐 아니라 동양사 연구자들도 한결같이 정체성론을 주장하였다. 동양사 연구자들이 한국은 봉건제를 거치지 않았다는 이유로 정체성론을 주장한 배경 가운데 하나는 동양에서 유일하게 서구 형태의 봉건제적 역사를 갖고 있는 국가를 일본으로 보았기 때문이었다. 따라서 한국사의 주체적 발전을 부정하는 만선사의 입장에서도 이를 부정할 하등의 이유가 없었을 것이다.

그러면 왜 이 정체성론이 일제의 한국 침략을 정당화해주는 식민사학이라 할 수 있을까? 이 의문에 대하여 이만열은 "정체성론은 단순히 한국사의 사회·경제적 낙후성을 지적하는 데 목적이 있는 것이 아니고 한국 사회를 낙후된 사회로 규정한 다음 이렇게 정체된 한국 사

---

160 이만열, 앞의 책, 282~284쪽 ; 旗田巍, 앞의 책, 134~136쪽에서 재인용.
161 旗田巍, 앞의 책, 136쪽.

회를 근대화시키기 위한 일본제국주의의 역할의 불가피성을 강조하려는 데 저의가 있는 엉뚱한 논리의 비약이기 때문이다."라고 설명한다.[162] 이에 대한 구체적인 일본인들의 주장을 몇 가지 더 살펴보자.

후쿠다 도쿠조는 "이렇게 봉건적 교육과 경제단위의 발전을 결여한 한국과 한국인에 대하여 그 부패·쇠망의 극에 이른 민족적 특성을 근저로부터 소멸시키고 일본에 동화시켜야 할 자연적 운명과 의무를 가진 유력 우세한 문화의 사명을 짊어져야 하는 것"이라고 주장하였다.[163] 한국을 정체된 사회로 규정함으로써 한국의 근대화를 명분으로 한 일본의 한국침략 정당화 논리로 비약시키고 있는 것이다.

경성제국대학 교수였던 시카타 히로시(四方博)의 논문(「구래의 조선사회의 역사적 성격에 대하여」, 『조선학보』 1 - 2호, 1951~1952)은 아래와 같은 목차로 구성되어 있다.

민족국가 생성의 과정에 있어서 반도적 성격

국시(國是)로서의 사대주의의 성장

이조(李朝)사회의 정체성의 의의

귀족사회의 존속과 당쟁의 여앙(餘殃)

봉건제의 결여와 민생의 조애(阻礙)

민간단체의 결성

목차만으로도 그가 묘사하는 한국사의 모습이 어떤 것인지 알 수

---

162 이만열, 앞의 책, 284쪽.
163 旗田巍, 『韓國史像의 諸問題』, 一潮閣, 1981, 193쪽.

있을 정도로 한국사를 타율성과 정체성 일변도로 끌어가고 있다. 문제는 이 논문이 한때 경성제국대학 교수였던 사람이 1950년대 초에 썼음에 주목할 필요가 있다.[164] 이처럼 일본의 한국사 연구자들은 한국사의 추악한 면, 어두운 면, 숙명적인 면을 강조하여 식민지 지배하에 있는 한국인들로 하여금 역사적 긍지를 잃게 하고 민족에 대한 열등의식을 갖게 하려고 하였다. 그리고 이를 통해 식민사학 본래의 목표인 침략과 지배를 역사적으로 정당화하려는 데 역점을 두었다. 또 정체성론은 일본 통치가 한국인의 생활과 문화 향상에 공헌한 점을 들어 훗날 일제의 한국통치미화론으로까지 발전하게 되었다.[165]

문제는 타율성론과 정체성론을 양대 관념적 지주로 하는 식민사학이 한일병탄 전 반세기에 걸친 침략논리의 기초 위에서 다시 반세기에 걸쳐 지배논리로 체계화되어 정교하게 정리된 것이라는 점이다. 그 범위가 광범위할 뿐만 아니라 다양한 학설이 중첩되어 있어서 한두 가지 사례나 학설을 가지고는 입체적으로 반박논리를 펴나가기가 매우 어렵다. 그렇기 때문에 광복 후 70년이 넘는 지금까지도 식민사학이 일본 역사교과서에서 그 생명력을 유지하고 있을 뿐만 아니라 우리 사회에도 그 잔영이 완전히 지워지지 않고 남아 있는 것이다.

---

[164] 四方博가 한때 경성제국대학 교수를 지냈고 패전 후 일본 역사학계에서 활동한 사람이며, 이 글이 패전 후 『朝鮮學報』에 실렸다는 점에서 식민사학의 심각성을 알 수 있다. 그는 이 논문에서 근세조선 500년의 사회에서 발전이라고는 거의 찾아볼 수 없었다고 규정하고 한국이 정체되어 있는 전근대적인 상황에 놓여 있으므로 한국을 근대화시키기 위한 일제의 역할과 사명을 강조한 후 이를 일제의 한국 침략과 그 지배를 정당화하는 데까지 논리를 비약시키고 있다.

[165] 1950년 일본 대장성 관리국에서는 『일본인의 해외활동에 관한 역사적 조사』라는 보고서를 작성하였다. 전체 37책 가운데 10책(2~11권)이 한국에 대한 내용이다. 조선시대부터 일제치하까지의 한국의 정치·경제·사회·문화 등 광범위한 분야에 대해 상술하고 있는데 여기서 한국 사회의 정체론과 한국통치의 미화론이 표리일체기 되어 서술되고 있다(旗田巍, 앞의 책, 183~184쪽).

식민지교육과 식민사학의 전파

일제의 한국 식민지 지배의 특징 ——

20세기 전반의 한·일관계는 절대로 하나가 될 수 없는 양국 민족을 하나로 통합하여 지배하겠다는 일본의 침략야욕과 반만년의 유구한 역사를 이어온 문화민족으로서 한국인의 민족의식이 물리적·심정적으로 대립된 관계였다. 그것은 일본의 영원한 한국 지배·대륙 진출·세계 제패를 가능한 것으로 밀어붙이려던 일본 군국주의 지도자들의 환상과 잘못된 한국인식을 바탕으로 추진한 식민지 지배정책의 모순이 빚어낸 것이었다.

일본제국주의 식민지 지배의 궁극적인 목표는 한국을 영구히, 그리고 완전하게 지배하는 것이었다. 이를 위하여 일제가 추진한 정책의 기조는 한국인의 민족성 및 민족의식 제거와 이를 통한 민족문화 말살을 지향하고 있었다. 그리고 교육 침략을 통해 이를 실현하려고 하였다. 이에 대해 한국인들은 의병전쟁과 계몽활동 등 구국투쟁을 전개하였고 그 연장선상에서 무장투쟁론·외교독립론·실력양성론 등 다양한 논리들을 바탕으로 인류의 자유와 평화를 짓밟는 일제를 상대로 주체적 독립투쟁을 반세기가 넘도록 지속하였다.

19세기는 제국주의 국가들이 식민지를 획득하여 이를 착취하려는 경향이 일반적인 추세였다. 그리고 뒤늦게 이에 뛰어든 일본은 유례를 찾아보기 힘든 독특한 식민지 지배정책을 한국에서 시행하고자 했다. 식민지 지배형태는 일반적으로 영국형과 프랑스형 두 가지로 대별된다. 영국형은 전형적인 간접통치 형태이고 프랑스형은 전형적인 직접통치 형태이다. 직접통치 형태는 본국 정부의 한 기구인 총독부와 기타의 관청을 통해 직접 통치하는 형식이고 간접통치 형태는 식민지 재래의 통치기구를 존속시키고 본국은 그 지도성을 확보하는 방식이다.

두 나라의 식민지 지배 목표를 비교해보면 영국은 식민통치의 최종 목표를 식민지에 자치를 부여하는 데 두었다. 그러나 프랑스의 경우는 모든 식민지를 궁극적으로 본국과 정치·문화적으로 동화시키는 데 최종 목표를 두고 있었다.[166] 따라서 프랑스는 피통치국가 원주민의 자립과 독립을 우려한 나머지 여성에게만 고등교육의 문호를 개방하고 남성에게는 문맹정책을 사용하여 결국 영국에 비해 보다 큰 저항에 부닥침으로써 강력한 군사력의 유지와 그에 따른 재정적 부담을 안게 되었던 것이다.

일제의 한국 식민통치는 프랑스형에 가까우면서도 일본 특유의 기혹한 식민지 지배정책으로 20세기 식민지 지배 중에서 가장 최악의 경우에 해당된다. 식민지 교육정책 역시 구미 제국주의 국가들의 교

---

166 孫仁銖, 「日帝 植民地 教育政策의 性格」, 『日帝下의 教育理念과 그 運動』(研究論叢 86-8), 韓國精神文化研究院, 1993, 84쪽.

육정책과는 성격이 근본적으로 달랐다. 즉 일제는 한국에서 동화교육을 시행하여 한국의 문화와 민족을 말살하려 하였다.[167] 그것은 일본이 새로 얻은 한국을 일시적인 착취의 대상으로 생각하지 않고 영구적인 일본의 지배 지역으로 만들려고 한 데서 비롯한 것이었다. 그래서 일제의 모든 정책과 논리들은 한국과 한국인의 존재를 부정하는 데 초점이 맞춰지고 있었다.[168]

무단통치와 제1차 식민지교육 ──

일제는 1910년 대한제국의 국호를 조선으로 개칭하여 국가가 아닌 하나의 지방으로 격하시키고 조선총독부를 설치함으로써 한국을 완전히 식민지화하였다. 식민지 지배를 위한 최고기구로 설치된 조선총독부는 입법·사법·행정의 모든 권력과 한국 주둔 일본군의 통솔권까지 장악하여 엄격한 무단통치를 하였다. 조선총독은 일본 국왕에 직속되어 내각의 통제도 받지 않는 특수한 신분으로 육군 또는 해군의 대장 중에서 임명되었다. 조선총독은 법률이 필요할 경우 그가 발하는 명령을 제령(制令)이라는 이름으로 시행하였다. 따라서 한국인의

---

[167] 일제 식민지 교육정책은 우리의 글과 역사를 잊게 하고 조상을 잊게 하면서 그 대신 일본어와 일본사를 우리의 글과 역사로, 일본의 조상을 우리의 조상으로 만들려고 하였다. 일제가 지향한 한국인 교육정책의 본질과 책략은 첫째, 한국인이 자기 나라의 사정·역사·전통을 알지 못하게 봉쇄하여 민족혼·민족문화를 상실케 한다. 둘째 선조들의 無爲·無能·惡行을 들추어내 과장하여 청소년들이 선조와 나라를 경멸하는 감정을 일으키게 함으로써 自我嫌惡症을 조장한다. 셋째 일본의 史蹟·문화와 인물을 소개·주입하여 이를 憧憬케 함으로써 반(半)일본인으로 만든다는 것 등이었다(文定昌, 『軍國日本 朝鮮强占三十六年史』上, 栢文堂, 1967, 319쪽 ; 孫仁銖, 앞의 논문, 85쪽).

[168] 靑柳南冥, 『朝鮮統治論』, 朝鮮研究會, 1923, 134~135쪽.

생사여탈(生死與奪)이 그의 결정에 달려 있었으며 한국인은 법률의 보호를 받을 수 없었다.

1910년 9월 10일부로 시행된 무단통치 체제는 일본군 헌병이 경찰 행정과 치안을 담당하는 제도로 세계에서 유일한 것이었다. 조선 주둔 일본군 헌병사령관이 경무총감(警務總監)이 되어 모든 경찰을 장악하고 각 도의 헌병대장은 경찰부장을 겸임하였다. 헌병경찰은 범죄 즉결처분권, 민사쟁의 조정권 등의 권한을 가지고 의병 토벌, 첩보 수집을 비롯하여 일본어 보급, 농사 개량, 세금 징수, 산림과 위생 감독 등 각종 행정업무까지 수행하였다.

이러한 상황에서 일제는 1911년 「조선교육령」을 공포하여 무단통치기간 식민지교육의 기본 틀을 마련하였다. 그리고 같은 해에 보통학교·고등보통학교·여자고등보통학교·실업학교 등의 제반 규칙과 학교 관제에 대한 관계 법규를 공포하여 시행함으로써 한국 교육에 대한 식민지교육으로 1차 개편이 이루어졌다.[169] 학교 명칭에서부터 일본인 학교는 소·중·고등학교인 데 비해 한국인 학교는 '보통학교'라고 차별화하여 불렀으며 교육 연한도 2~3년 짧았는데, 1913년 2월 초대총독 데라우치가 각 도 내무부장회의에서 행한 훈시에서 그 저의를 읽을 수 있다.

오늘날 조선은 조선 사람에게 고상한 학문을 급히 시킬 정도에 아직 이르지 아니하였다. 오늘날은 비근한 보통교육을 베풀어 한 사람으로

---

169 高橋濱吉,『朝鮮敎育史考』, 帝國地方行政學會 朝鮮本部, 1927, 152~153쪽.

일할 수 있는 인간을 만드는 데 노력하지 아니하면 아니 된다. 따라서 학교는 이 목적으로 교육을 진행시키고 졸업한 자가 집에 돌아가 선행자(先行者)로서 동포를 지도할 수 있는 지식을 주도록 하여야 한다. 그러므로 보통학교 교육에서도 실업상의 지식을 불어넣을 필요가 있다.[170]

이를 보면 일제는 조선인도 일본인과 똑같은 일왕의 적자라고 공언하면서도 교육에 있어서는 저급한 근로자로 일할 수 있는 능력만을 기르는 데 한정하고 있다. 「조선교육령」 제1조에도 '국민생활에 필요한 보통지식을 얻게 함으로써 충량한 황국민을 양성하는 데 힘써야 한다.'고 강조하고 있다. 이와 같은 일제의 차별화교육정책에 대해 차석기(車錫基)는 "교육의 결과는 욕구의 증가를 초래한다. 교육의 정도가 높아지면 정신적 욕구가 커진다. 그리하여 지적 자유를 찾게 되고 정치적 독립을 갈망하게 된다. …… 일제의 한국 점령은 자국의 제국주의적 야심을 실현하는 데 소요되는 인적·물적 자원을 확보하는 데 있었던 것이다."라고 그 이유를 지적하고 있다.[171]

특히 간과할 수 없는 것은 「조선교육령」에서 한국어의 명칭을 조선어로 바꿈으로써 우리말을 외국어와 같은 위치로 전락시키고 그때까지 외국어였던 일본어를 국어로 편성하여 수업을 강요하였다는 사실이다. 뿐만 아니라 한국의 역사와 지리를 보통학교의 과정에서 완전

170 高橋濱吉, 앞의 책, 365쪽.
171 車錫基, 「韓國民族主義 教育의 研究」, 進明文化社, 1967, 38쪽.

히 제외시켜 버렸다.[172] 식민통치의 일차적인 목표를 한국인의 일본화에 맞춰 충량한 황국민 양성을 유난히 강조하면서 철저한 국가주의적 교육을 지향하는 일제의 교육정책에 대한 한국인의 반응은 근본적으로 부정적이었음을 2·8독립선언과 3·1독립만세운동 등이 말해준다.

문화정치와 제2차 식민지교육 ──

일제가 대한제국을 병탄하고 10년에 걸쳐 위협과 회유, 식민지교육을 통해 한국인의 민족의식 말살을 획책하였지만 이는 오히려 한국인의 민족적 각성과 저항으로 이어졌다. 그리고 1919년 3월 1일 거족적 독립만세시위가 일어났다. 이에 한국 통치에 대한 근본적인 정책 전환이 불가피하다고 판단한 일제는 그때까지의 무단통치에서 소위 문화정치(文化政治)로 전환하고 교육도 재편하였다. 그렇지만 그것은 병탄 당시부터 추구해온 동화교육·노예교육 자체를 철폐하는 근본적인 개혁이 아니라 기본적인 교육이념은 그대로 유지하면서 제도상의 결함과 일부 교육내용을 보완하여 한국인의 민심 동요를 막고 교육의 실리를 찾으려고 한 것일 뿐이었다.

조선총독부는 내무부에 속해 있던 학무국을 독립시키고 그 안에 학무과·편집과·종교과를 두어 교육과 종교에 관한 업무를 관장하게 하였다. 또 「조선교육령」과 「고등보통학교 규칙」을 개정하여 보습과(補

---

172 車錫基, 앞의 책, 53쪽.

輯科) 교과목에서 조선어와 한문을 필수에서 수의 또는 선택과목으로 바꾸었다. 반면 일본의 역사와 지리를 교육하도록 하고 교수방법까지 구체화시켰다.[173] 3·1독립만세시위를 계기로 문화정치로 전환한 조선총독부는 몇 차례의 부분적 개정과정을 거쳐 1922년 2월 4일 칙령(勅令) 제19호로 전면 개정된 전문 32조의 제2차 「조선교육령」을 공포하면서 '가장 시세에 맞고 한국인의 지식을 향상시키기 위한 개정'이 된 것처럼 과대 선전하였다. 그러나 실제로는 일시동인이라는 미명하에 시행된 철저한 동화정책이었으며 한국 민족의식 말살정책이었다고 할 수 있다. 여기서 당시 조선총독부 성명과 그에 대한 『동아일보』 사설을 비교해보자.

조선총독부 성명

신교육제도는 일시동인의 성지에 따라 차별의 철폐를 기하고 일본과 동일한 제도에 의한 것을 주의로 하고 있다. …… 신령에 있어서는 조선에의 교육에 인종적 구별을 두지 않고 이 법령 하나로 통합하게 되었다. 단지 조선의 국민은 현상대로는 그 일상생활에 있어 국어(일본어)를 상용하는 자와 그렇지 않은 자가 있고, …… 국어를 상용하는 자는 소학교·중학교 또는 고등여학교에, 국어를 상용하지 않는 자는 보통학교·고등보통학교 또는 여자고등보통학교에 입학하는 것을 원칙으로 하며 …… 새로이 대학교육 및 사범교육을 가하였다.[174]

---

173 일본어교육을 강조하여 한국 학생에게 일본어로 문장을 작성할 수 있게 철저한 주입식 교육을 하도록 강조하였다. 그리고 한국어를 '理解한다'에서 '了解할 수 있게 한다'로 바꿔 점진적 조선어 말살을 기도하였다. 또 일본 역사와 지리에 대한 교수방법을 지시하였다(車錫基, 앞의 책, 75쪽 ; 『朝鮮總督府 官報』, 1920년 1월 9일字).
174 大野謙一, 『韓國敎育問題管見』, 朝鮮敎育會, 1936, 130~131쪽.

『동아일보』 사설

　고등사범학교의 제도가 없음은 그 이유 여하(如何)요, …… 조선인과 일본인을 구별함에 있어 '조선인', '일본인'이란 명칭을 사용하지 않고 '국어(일본어)를 사용하는 자', '국어(일본어)를 사용하지 않는 자'로 구별함에 대하여는 …… 오인(吾人)의 관찰에 의하면 차(此)는 법령 용어상 명료를 결(缺)하는 폐단이 있고, …… 국민성격의 함양과 국어(일본어) 습득의 2개 조항을 보통교육 목적에 특히 열거한 점에 대하여는 오인은 크게 고려할 바이니, 즉 보통교육기관은 동화기관(同化機關)인가 혹은 순연한 교육기관인가, …… 국어 즉 일본어가 생활상 지식의 필요 이상에 필요한 것이 무엇이며 국민 된 성격이 덕육 개발의 필요 이상에 필요한 것이 무엇인가. …… 단지 조선인의 일상생활에 필요한 까닭이 아니라 조선민족과 일본민족을 융화하여 …… 일본제국의 영원한 기초를 정하고자 함이니 …… 피치(被治) 민족의 언어멸망 혹은 쇠잔케 하고 통치 국가의 소위 국어를 강력히 교수하여 동화의 목적을 달하고자 하는 것이다. …… 오인은 자유주의에 서서 세계를 개조하고자 하는 기운이 천하에 미만(彌滿)한 차제에 총독부 교육 당국자가 의연히 여차한 구태(舊態)를 탈치 못함을 조선민족의 순수한 발달과 동양 전국의 장래 평화를 위하여 장탄식하는 바이다.[175]

　『동아일보』가 지적한 것처럼 개정교육령은 형식적 문화정치를 표방한 일제가 한국 지배를 보다 실질적으로 강화하기 위하여 내놓은

---

175 『동아일보』, 1922년 2월 9~10일.

음성적 융화정책에 불과했던 것이다. 이 체제는 1937년 중일전쟁 발발과 함께 황국신민화교육체제로 전환될 때까지 유지되었다. 그리고 이 기간 중 교육을 통하여 일관되게 한국인에게 주입하려던 사상은 다음과 같이 정리할 수 있다.

첫째, 한국은 자고로 독립국이 아니라 사대주의 나라이다.

둘째, 한국의 역사는 피비린내 나는 피침략의 전쟁기간과 한국인끼리 음모와 간계로써 서로 죽이는 당파싸움의 시대로 점철되어 있다. 민족성이 나빠서 그러한 당쟁을 되풀이하였고 단결심이 없어서 독립할 자격이 없다.

셋째, 대한제국 말 한국은 여지없이 피폐해 있었고 청년들이 하나같이 정체에 빠져 있어서 자신의 힘으로는 근대화를 이룰 수 없었다. 이처럼 한국은 정체의 깊은 심연 속을 헤매고 있었을 것인데 일본이 피폐한 한국을 도와 근대화를 촉진하는 적극적인 역할을 하였다.

넷째, 총독부 치하에서 헐벗었던 산이 푸르게 되고 농업 생산이 늘었으며 공업과 교육이 약진하게 되었으니 이제 한국은 일본의 품에 안김으로써 그 오랜 가난과 슬픔의 반도사적인 것을 지양할 때가 되었다.

이처럼 일제는 한국사를 본질적으로 왜곡하여 내우외환(內憂外患)으로 점철된 역사 속에서 민족적 주체성이 없다, 사대주의가 선천적으로 강하다, 문화적 독창성이 없다, 항상 정체성에 사로잡혀 왔다고 세뇌시킴으로써 결국 한국인은 스스로 희망이 없는 열등민족이라는 인식을 갖도록 교육정책을 추진해왔던 것이다.[176]

황민화정책과 제3·4차 식민지교육 ——

제2차 「조선교육령」이 한국인을 회유할 필요에 따라 개정되었던 것
과는 달리 제3·4차 「조선교육령」은 한국 학생들을 전장에 강제동원
하기 위한 필요에서 개정되었다. 1931년 이후 일제의 식민지 교육정
책은 준전시체제하에서 학생들에게 일본 신민의 사고를 강제로 주
입시키기 위한 새로운 정책으로 전환하였다. 제3차 교육개편이 이루
어진 것은 중일전쟁 직전에 미나미 지로(南次郎)가 제7대 조선총독
(1936. 8~1942. 5)으로 부임하면서부터이다. 일제의 한국에 대한 식민
지 지배정책의 기조는 동화정책이었다. 그런데 그것이 시간의 흐름에
따라 한층 강화되어 중일전쟁 발발 이후에는 내선일체·황민화정책
으로 발전하였다. 황민화정책은 1938년의 지원병제도, 같은 해 3월의
제3차 「조선교육령」 개정, 1940년 창씨개명(創氏改名)의 세 기둥으로
형성되어 있다고 할 수 있다.[177]

관동군사령관을 역임한 미나미는 군국주의 이념 아래 반도인이 진
정한 황국신민으로 내선일체가 되어 동아사태에 대처할 것을 강조하
였다. 중일전쟁을 계기로 내선일체를 제창한 미나미의 정의에 의하면
내선일체의 의미는 한마디로 '반도인을 충량한 황국신민이 되게 하는
것'으로 집약된다. 그리고 황민화정책은 조선인을 황국신민으로 만들

---

176 일제는 한국사를 政治史的 宿命論(他律性論), 經濟史的 靜態論(停滯性論), 文化史的 敗北主義라는 입장에서
　　정리하고 이를 기초교육을 통해 주입시켜 독립사상을 근원적으로 말살하려고 하였다(孫仁銖, 앞의 논문, 88
　　쪽 ; 金龍德, 『한국사의 탐구』, 乙酉文化社, 1971, 87쪽).

177 宮田節子 著, 李榮娘 譯, 『朝鮮民衆과 皇民化政策』, 1994, 103~104쪽.

기 위한 모든 정책을 총칭한 것이라 할 수 있다.[178] 여기서 황국신민의 개념을 확실히 짚고 넘어가보자. 다음은 조선교육회가 그린 황국신민의 인간상이다.

천황폐하를 중심으로 받들고 천황에게 절대 순종하는 길이다. 절대 순종은 자신을 버리고 자신을 떠나 오로지 천황에게 봉사하는 것이다. 이충(忠)의 길을 가는 것이 우리들 국민의 유일한 생존의 길이며 모든 힘의 원천이다. 그렇기 때문에 천황을 위해서 신명을 바치는 것은 이른바 자기희생이 아니라 소아를 버리고 위대한 천황의 위광(威光)에 살며 국민으로서 진정한 생명을 발양(發揚)하는 것이다.[179]

이를 보면 자신을 무(無)로 하고 일왕을 위해서 웃으면서 순국하는 인간이 일본군 병사의 이상적인 상(像)이었으며 일본 국운을 위해 목숨을 바치는 마음이 황군병역(皇軍兵役)의 근본 의(義)라고 한 황군 건군 기초에 충실할 수 있는 황군병사 육성에 초점이 맞춰져 있다. 이러한 시정방침에 따라 황국신민화교육이 한층 강화되고 있을 때 미나미 총독이 취임하여 1937년 10월 2일 다음과 같은 황국신민서사(皇國臣民誓詞)를 제정하였다.

---

178 宮田節子, 앞의 책, 104쪽.
179 宮田節子, 앞의 책, 106쪽에서 재인용(「皇國臣民タルノ自覺ノ徹底」, 『文敎の朝鮮』, 1938년 3월호, 3쪽). 여기서 주목할 것은 조선교육회의 회장을 역임한 바 있던 당시 학무국장 시오바라 도키자부로(鹽原時三郎)이다. 그는 황국신민이라는 용어가 한 시대의 상징어가 되게 한 인물로 뒤에 '반도의 히틀러'로 불렸다. 그는 일찍이 大正 데모크라시 운동에 대항해 '일본 국체에 적합하지 않은 모든 생각을 닥치는 대로 모조리 때려 부수려고' 결성된 興國同志會(1919년에 결성되고 1925년에 일본 파시즘의 총본산이 된 國本社로 개조되었음)를 주도한 인물 중 한 명이다(宮田節子, 앞의 책, 104쪽 ; 岡崎茂樹, 『時代を作る男 鹽原時三郎』, 大澤築地書店, 1945, 163쪽).

초등학교 아동

1. 우리들은 대일본제국의 신민이다.

2. 우리들은 마음을 합하여 천황폐하에게 충의를 다한다.

3. 우리들은 인고단련(忍苦鍛鍊)하여 훌륭하고 강한 국민이 된다.

중등학교 이상 학생과 일반인

1. 우리는 황국 신민이다. 충성으로써 군국에 보답하련다.

2. 우리 황국신민은 서로 신애 협력하여 단결을 굳게 하련다.

3. 우리 황국신민은 인고단련력을 길러 황도(皇道)를 선양하련다.[180]

　황국신민서사는 미나미의 교육방침을 그대로 나타낸 것으로 일본 본토에서는 적용되지 않았지만 한국에서는 학교뿐만 아니라 관공서와 회사에서까지 조회 때마다 암송하게 하였고 심지어 가정에서는 족자로 벽에 걸어놓고 외우도록 하였으며 남산에는 황국신민서사 탑을 세우기도 하였다. 또 마을마다 소위 애국 반을 만들어 반상회를 열고 이 서사를 외우게 하였다. 이처럼 황국신민화를 서둘러 강조한 것은 대륙 침략전쟁 수행에 필요한 병력 수요를 충당하기 위해서는 한국인의 자발적인 지원이 절실했기 때문이었다. 그리고 이와 맞물려 시행된 것이 「조선교육령」 개정과 창씨개명이다. 지원병제도를 포함하여 이 세 가지 정책은 중일전쟁이 터지기 직전 거의 동시에 입안·제정되었다.

　미나미는 1937년 4월 제2차 도지사회의에서 국체명징(國體明徵),

---

[180] 孫仁銖, 앞의 논문, 71쪽.

만선일여(滿鮮一如), 교육진작(敎育振作), 농공병진(農工竝進), 서정쇄신(庶政刷新) 등 5대 정강을 발표하였다.[181] 이 가운데 교육진작은 한국인에게 일본어교육을 강화하고 정신적으로 예속시킴으로써 궁극적으로 한국 민족을 말살하려는 황국신민화교육 강화 정책이었다. 그는 또 1938년 3월 4일 제3차 「조선교육령」 공포에 즈음하여 다음과 같은 담화를 발표하였다.

무릇 조선통치의 목적은 이 지역 동포로 하여금 진정 황국신민 된 본질에 철저하게 하고 내선일체가 되어 함께 치평(治平)의 기쁨에 의지하여 동아(東亞)의 사태에 대처하는 데 있다. …… 일시동인의 성지(聖旨)를 받들어 …… 특히 교육에 있어서 우리 국민이 마땅히 지켜야 할 규범인 교육에 관한 칙어(勅語)에 따라서 일본정신의 배양에 좇아 힘씀으로써 …… 보통교육에 있어서 국어[日語]를 사용하는 자와 그렇지 않은 자의 구별을 철폐하고 내선인이 다 같이 동일한 법규 밑에서 교육을 받는 길을 연 소이이다.[182]

담화의 핵심은 한국어를 정규과목이 아닌 수의(隨意)과목으로 바꾸고 일본어를 상용화하는 데 역점을 두겠다는 것이었으나 실제로는 학교에서 한국어를 가르치지도, 사용하지도 못하게 하여 사실상 한국어교육은 교육과정에서 완전히 배제된 상태가 되었다. 이어서 일제는 영어교육도 그들의 국책·사상·풍토에 맞지 않는다는 이유로 제한하

---

181 朝鮮總督府, 『施政三十年史』, 朝鮮印刷株式會社, 1940, 409~410쪽.
182 朝鮮總督府, 『施政三十年史』, 朝鮮印刷株式會社, 1940, 780~781쪽.

는 대신 대동아공영권 구축에 필요한 중국어교육 비중을 높였다. 결국 제3차 「조선교육령」 개정의 요점은 한국인이 일본 국민이라는 자각을 철저히 갖도록 해야 한다는 것으로 이는 전시체제하에서 조선군(조선 주둔 일본군)의 요구가 철저히 반영된 결과라 할 수 있다.[183]

조선군은 중일전쟁 개전을 앞두고 부족한 병력 자원 보충을 위해서 한국인에 대한 징병제 시행을 기본 방침으로 굳히고 있었다. 그러나 한국인의 민족의식이 소멸되지 않고 있음이 심각한 문제였다. 그들은 "만약 하루아침에 제국이 불리한 정세에 빠지게 되면 조선민족은 안팎에서 모여들어 합심하여 민족운동을 일으킬 것이다."라고 우려하고 있었다.[184] 실제로 당시 한국인과 일본인 사이는 증오에 찬 견원지간(犬猿之間)이었으며 한국인은 일본인을 침략자·흡혈귀·불구대천지 원수로 보고 '왜놈'이라고 부르는 형편이었다.[185] 그렇기 때문에 한국인에게 징병제를 시행할 수밖에 없는 조선(주둔)군 사령부는 한국인의 의식을 개조하는 데 모든 교육이 집중되어야 한다는 뜻을 강조하였고 총독부가 이를 받아들인 것이다.

1938년 2월 지원병제도가 제정·공포되었다. 조선군은 전장에서 절대로 총구를 일본 쪽으로 돌리지 않고 사심 없이 일왕을 위해 죽어갈 수 있는 황민화된 조선인을 육성하여 날로 확대되는 전쟁터에 내보내는 일이 가장 중요한 과제였다. 그러나 그것은 일본의 침략정책을 험

---

183 3·1독립만세시위 이후 문화정치 시기 조선군이 한국 지배의 전면에 나서는 일은 드물었다. 그것은 문화정치의 이미지를 손상시키지 않으려는 의도 때문이었을 것이다. 그러나 1930년대가 되면서 총독부에 대한 조선군의 발언 강도가 높아지고 그것이 교육에도 반영되었다.

184 宮田節子, 앞의 책(朝鮮軍司令部, 朝參秘 五七號, 「思想情況提出ニ關スル件」, 『昭和十一年 前半期 朝鮮思想運動槪觀』, 1936, 29쪽).

185 宮田節子, 앞의 책, 111쪽.

오하는 한국인의 정서와는 정반대되는 바람이었을 뿐이다. 한국인을 병력 자원으로 갈망하면 할수록 현실의 한국인에게서 괴리를 느낄 수밖에 없었다. 따라서 조선군에게는 그 괴리가 크면 클수록 위기감이 증대되어 총독부에 대한 조선군의 발언에 무게가 실림으로써 황민화 정책이 보다 광신적으로 강요되었다. 바로 이 점이 조선군의 의향을 전면적으로 받아들인 제3차 「조선교육령」 개정의 핵심이었던 것이었다.[186]

제3차 「조선교육령」 시행 이후 학교에서는 한국어 사용이 폐지되고 일본어 상용이 강요되었다. 이어서 1940년 2월에 내선일체라는 미명하에 한국인 성명을 일본식으로 바꾸는 창씨개명을 시행하였다. 창씨하지 않은 교원은 파면되었고 아동은 소학교에 입학이 허가되지 않았으며 상급학교 진학원서를 써주지도 않았다.[187]

1941년 12월 진주만을 기습하여 태평양전쟁을 일으킨 일제는 한국을 결전체제로 끌고 나갔다. 학교에서는 정상수업을 할 수 없었고 학생들은 후방전투대 또는 근로대로 동원되었다. 1943년 4월 1일 중학교 이상 모든 학교의 수업연한 단축을 골자로 하는 제4차 「조선교육령」이 발표되었다. 이때부터 결전학년의 새 교과서를 사용하였으며 사립학교와 기독교학교에서도 일체의 독자적인 교육이 금지되고 황국의 도에 따른 국민연성교육으로 바뀌었다.[188] 그리고 마지막으로

---

186 宮田節子, 앞의 책에서 재인용(朝鮮軍司令部, 朝參秘 五七號, 「朝鮮人志願兵制度ニ關スル意見」, 『思想情況提出ニ關スル件』, 1936, 5쪽) ; 鹽原時三郎, 「國民精神總動員運動について」, 『文敎の朝鮮』, 1939년 8월호, 9~10쪽.

187 손인수, 앞의 책, 73쪽.

188 皇民鍊成(황민연성)은 군국주의 일본이 태평양전쟁을 수행하는 데 무제한으로 소요되는 인적·물적 자원을 충당하기 위하여 한국인에게 일본정신을 철저히 주입시키겠다는 의미가 담긴 시정목표였다.

1945년 5월에는 학생들의 결전태세 확립을 강요하기 위한 「전시교육령」을 공포하였다.

　이처럼 일제는 대한제국 병탄부터 패전할 때까지 35년간 무단정치기, 문화정치기, 황민화정책기(준전시체제, 전시체제, 총동원체제)를 거치면서 1~4차 「조선교육령」과 「전시교육령」 체제하에서 한국의 역사·문화·언어·민족의식과 심지어 성과 이름까지를 포함한 모든 것을 근본적으로 말살하려고 하였다. 전대미문의 비이성적인 식민지 지배정책을 일관되게 추진하였던 것이다. 그런데 그것이 장기간에 걸쳐 매우 치밀하고 체계적으로 추진되었기 때문에 그 영향이 심대하여 아직도 한국사 인식은 물론 역사 발전에 질곡으로 작용하고 있음은 안타까운 일이다. 더욱이 일본이 아직도 이에 대한 사죄나 반성의 자세를 보이지 않고 있음을 직시해야 한다. 이를 비교적 자세히, 여러 차례 강조하는 이유는 결코 배일감정을 배양하려는 것이 아니다. 오직 미래 세대에게 역사적 사실의 정확한 이해를 통해 자아를 잃지 말고 미래를 잘 엮어나가 달라는 당부에서이다.

2부

한국고대사 인식기준과 올바른 해석지침

1장

기자-위만-한사군 역사에 대한 재인식

한국고대사에 대한 인식의 문제점

올바른 역사교육의 필요성 ——

국사교육은 자기 나라의 역사적 정통성을 다음 세대에게 전수하는 것이 기본 목적이다. 따라서 어린이들은 가정과 학교에서 우리나라 역사를 바르게 배우면서 자라나야 한다. 미래 세대들이 올바른 역사인식을 토대로 건전한 민주시민으로 성장해야 우리나라의 미래도 밝을 것이기 때문이다. 그런데 우리는 역사를 알려주는 일에 무관심하다 보니 가정에서 역사에 대한 대화를 거의 찾아볼 수 없다. 게다가 대학입시, 공무원 임용고시에서 국사 과목은 거의 비중을 차지하지 않는다. 따라서 한국고대사는 학생들의 관심에서 멀어져 있었다. 학부모들의 무관심은 전체 국민의 한국고대사에 대한 무관심으로 이어져 왔다고 할 수 있다. 강 건너 불구경하는 듯하는 국민들의 역사인식 태도도 문제이지만 지도층의 무관심과 국가기관의 역사왜곡이 더 큰 문제가 아닐 수 없다. 게다가 특정 이념을 추구하는 세력에 의해 국가의 정체성이 부정되고 있음은 두려운 현상이다. 국가의 정체성을 부정하는 근현대사인식과 한민족의 정체성을 훼손하는 고대사인식은 장기적으로는 국가발전을 저해하고 민족의 결속을 약화시킬 수도 있음에 주목해야 한다.

여기서 잠시 역사(학)란 무엇인가 생각해보자. 역사가 과거의 사실을 현재의 시각에서 해석하고 미래의 교훈을 찾는 일련의 과정이라는 차원에서 보면 역사학은 바로 자아를 찾는 학문이라 할 수 있다. 즉 고대사 속에서 나와 우리는 누구인가를 확인하고 근현대사 인식을 통해 지금 어디에 서 있으며 어디로 나갈 것인가를 고민하는 학문이 역사학인 것이다. 따라서 역사는 객관적인 사료에 기초해야 하며 이를 정확히 인식하고 올바르게 해석을 할 수 있어야 한다. 그러므로 근현대사 왜곡논란에 앞서 먼저 고대사 왜곡현상을 바로잡아나가야 한다. 근현대사에 대한 정확한 인식은 올바른 고대사에 기초하기 때문이다. 그리고 민족의 형성 배경과 국가 기초이념의 정당성에 대한 이해가 확고한 국가관과 민족의식으로 이어지고 애국심으로 승화될 수 있도록 서둘러 역사교육을 강화해야 한다.

민족의 뿌리를 찾는 한국고대사 연구 ——

우리 사회는 상이한 두 모습을 지니고 있다. 하나는 매우 밝은 모습이다. 대한민국은 20세기 최악의 역경을 슬기롭게 극복하고 한강의 기적을 이룩하면서 21세기에는 아시아의 변방국가에서 세계의 중심국가로, 도움을 받던 나라에서 도움을 주는 나라로 도약해 지금은 세계가 주목하는 G20 국가의 일원으로 우뚝 서 있다. 다가오는 통일한국시대가 기대되는 밝고 자랑스러운 모습이다.[189]

그럼에도 그에 걸맞은 수준의 문화와 의식이 뒤따르지 못하고 있다. 우리는 한강의 기적을 이룩하면서 '할 수 있다!', '하면 된다!'는 신념으로 땀 흘리면서 앞만 보고 뛰어왔다. 그 과정에서 서둘러 목표에 이르기 위해 절차를 건너뛰거나 기본과 원칙을 무시하기도 했다. 기본을 벗어난 크고 작은 잘못과 부조리를 소위 관행이라는 이름으로 합리화하고 변명하거나 대수롭지 않게 여기며 눈감아왔다. 이처럼 기본을 지키지 않고 달려오는 과정에서 누적된 편법과 부조리가 상식을 벗어난 모습으로 행해졌던 것이다.

사회는 발전하는데 국민들의 의식은 그 반대로 나가고 있다면 어떻게 될까? 준법정신과 질서의식이 결여된 가운데 남을 배려하는 문화가 사라져가고 있다. 지도자들은 도덕적 해이 속에서 모범을 보여주지 못했고 역사교육을 소홀히 하여 젊은이들에게 올바른 자아를 심어주지도 못했다. 그로 인해 자신들이 흘린 피땀과 눈물의 소중한 가치조차도 후세들에게 정당한 평가를 받지 못하고 있다. 한강의 기적을 통해 오늘의 대한민국을 이룩한 세대는 올바른 역사교육의 중요성을 간과했던 것이다.

게다가 고대사인식이야말로 민족의 뿌리에 대한 인식이자 미래로 나아가기 위한 자아 확립의 출발점임에도 역사학계가 국민의 고대사

---

[189] 대한민국은 2018년에 '30-50'클럽(1인당 국민소득 3만 달러 이상, 인구 5천 만 명 이상인 나라)에 들어갔다. 1인당 국민소득 3만 달러 이상과 인구 5천 만 명 이상의 두 기준을 동시에 충족하는 나라는 그리 많지 않다. 일본(1992), 미국(1996), 독일(2004), 영국(2004), 프랑스(2004), 이탈리아(2005) 순으로 이 기준을 넘었고 우리나라가 이 기준을 넘는 일곱 번째 나라가 된 것이다. 유엔무역개발회의(UNCTAD)는 스위스 제네바 본부에서 열린 제68차 무역개발이사회에서 한국의 지위를 개발도상국에서 선진국 그룹으로 변경하였다(2021. 7. 2). UNCTAD가 1964년 설립된 이래 개발도상국에서 선진국으로 지위를 변경한 것은 한국이 처음이다.

에 대한 무관심을 방치해왔다. 이제 한국고대사의 왜곡된 논리를 더이상 방치해서는 안 되며 그 진실을 찾아 바르게 정리하는 작업을 서둘러야 한다. 이에 문제제기와 방향제시 차원에서 한국고대사가 어떻게 왜곡되어 있으며 그에 대한 인식, 무엇이 문제인가를 살펴나가고자 한다.

한국고대사로 왜곡된 기자-위만-한사군 역사

기자-위만-한사군 역사는 고대조선 변방의 중국사 ——

　'기자조선(箕子朝鮮)', '위만조선(衛滿朝鮮)', '한사군(漢四郡)'이라는 세 단어가 한국인의 인식 속에 깊이 새겨져 있다. 기자조선과 위만조선은 중국인들이 세운 고대국가의 명칭이고, 한사군은 한나라가 위만조선을 멸망시킨 후 설치한 4개의 한(漢)나라 행정구역을 말한다. 이들은 공간적으로는 같은 지역에서, 시간적으로는 선후관계로 이어진 역사이기 때문에 편의상 '기자 - 위만 - 한사군' 역사로 묶어서 살펴보자.

　기자 - 위만 - 한사군 역사는 중국 사서에 많이 등장하며 우리 역사 교과서에서도 쉽게 찾아볼 수 있다. 문제는 그것들이 본래의 사실과 다르게 왜곡되어서 한국인의 올바른 고대사인식을 혼란스럽게 하는 가장 큰 원인이 되고 있다는 점이다. 따라서 그에 대한 정확한 이해가 선행되지 않으면 한국고대사의 진실에 접근하지 못한다. 그렇기 때문에 사대사학과 식민사학을 극복하기 위한 대전제가 바로 기자 - 위만 - 한사군 역사에 대한 정확한 이해이다. 여기서는 기자 - 위만 - 한사군 역사의 전개 과정을 개념적으로 살펴보고 구체적인 내용은 사료에 근거한 선학들의 연구 결과들을 기초로 뒤에서 다시 정리하고자 한다.

기자조선은 주 무왕(武王)이 상(商)나라를 멸망시키고 주(周)나라를 세웠던 서기전 1100년 무렵(주나라 초기) 기자가 고대조선 지역으로 망명하여 고대조선 서부 변방 지역에 자리를 잡고 세운 나라를 말한다. 위만조선은 연(燕)나라의 위만이 서기전 195년에 연에서 망명한 후 망명세력을 모아 고대조선 서부 변방에 있던 기자조선을 공격하여 멸망시키고 세운 나라이다. 한사군은 한 무제가 서기전 108년 위만조선을 멸망시키고 설치한 한(漢)의 군현이다. 그렇기 때문에 기자 – 위만 – 한사군 역사체제는 한국고대사 해석과는 무관해 보인다. 그럼에도 기자 – 위만 – 한사군 역사체제가 어디에서 전개되었느냐는 문제를 놓고 학자마다 해석이 다르고 그 연장선상에서 한국고대사 해석상의 오류로 이어져 사대·식민사학 극복에 최대 걸림돌로 작용하고 있다. 그 핵심은 마치 기자가 고대조선을 멸망시켰으며 위만이 고대조선을 계승한 것 같은 착각으로 유도되고 있고 한사군에 의해 한국고대사는 중국의 식민지로부터 출발했다는 논리로 이어지고 있다. 그리고 기자 – 위만 – 한사군 역사 전개 지역은 대동강을 중심으로 펼쳐졌다는 것이다. 그러나 이는 기자 – 위만 – 한사군 역사체제의 특징을 전혀 고려하지 못한 것이다.

첫째, 기자 – 위만 – 한사군 역사체제는 시간적으로 선후관계이면서 지리적으로 분리할 수 없는 역사이다. 즉 세 곳 가운데 한 곳이라도 그 정확한 위치가 규명되면 모든 역사가 그곳에서 이루어졌음을 알 수 있다.

둘째, 기자－위만－한사군은 중국인들이 엮어낸 역사이다. 그 가운데 기자조선은 고대조선의 거수(渠帥, 중국의 제후와 같은 의미)가 되어 고대조선의 연방체제 안에 들어왔지만 위치는 고대조선의 서부 변방 지역이었다. 위만조선과 한사군은 기자국과 같은 지역에서 이어진 역사이지만 시기적으로 고대조선이 존재하지 않던 때이며 위치도 전에 고대조선 강역이었던 지역 밖이었다.

셋째, 기자－위만－한사군 역사체제는 고대조선의 흥망과 무관하다. 바꿔 말하면 고대조선 서부 변방(기자)과 강역 밖(위만－한사군)에서 이들의 역사가 펼쳐지는 동안 고대조선 역사는 그에 영향을 받지 않고 이어졌다.

넷째, 기자－위만－한사군 역사의 전개 위치를 어디로 보느냐에 따라 한국고대사에 대한 인식이 전혀 다른 형태로 해석되기 때문에 그에 대한 정확한 해석이 반드시 이루어져야 한다. 즉 기자－위만－한사군 역사체제가 고대조선 강역의 서부 변방과 그 밖에서 이루어졌다는 사실을 밝히는 작업이야말로 한국고대사를 제자리에 가져다 놓는 일이다.

기자와 기자조선에 대한 인식의 오류 ——

기자에 대한 기존의 인식은 오류가 많았다. 첫째는 기자가 실재한 인물이냐 아니냐 하는 문제이고 둘째는 기자가 세웠다는 소위 '기자조선'의 성격에 대한 문제이다. 그럼 먼저 기자에 대한 인식을 살펴보자. 근세조선과 대한제국 때까지 기자는 마치 고대조선의 뒤를 이어온 우리 역사의 지도적 중심인물인 것처럼 자리하고 있었다. 그런데 조선사편수회에서 편수관 이마니시 류(今西龍)를 위시한 일본인 학자들이 기자는 실재한 인물이 아니라 신화에 불과한 가공의 인물이라는 논리를 폈다. 그리고 그것이 우리 역사학계에 그대로 계승되어 현재는 국사교과서에서 기자 또는 기자조선이라는 말은 사라졌다.

또 다른 오류는 기자가 세웠다는 기자조선에 대한 인식이다. 주나라 무왕이 기자를 조선에 봉함으로써 고대조선이 멸망하고 기자가 그 뒤를 이었는데 그것이 바로 기자조선이라는 것이다. 이 논리는 사대주의적 중화사상이 만들어낸 역사관으로 고려 중기에 시작되어 근세조선으로 이어졌던 통설이다. 그러나 지금은 국사교과서에서 기자조선 자체가 사라진 상태이다.

두 인식은 출발이 잘못되어 사실이 왜곡된 것이다. 기자는 신화 속 인물이 아니라 실재했던 역사적 인물이다. 그러나 그가 망명하여 고대조선을 멸하고 기자조선을 세운 것이 아니라 고대조선 지역으로 망명하였을 뿐이다. 이와 같은 내용은 다음의 사료들이 말해준다.

『사기(史記)』 권38 「송미자세가(宋微子世家)」

이때 무왕이 기자를 조선에 봉하였으나 신하는 아니었다.

[於時武王乃封箕子 於朝鮮而不臣也]

무왕이 은(殷)을 멸하자 기자는 조선(고대조선)으로 망명한 상황이었다. 이때 무왕은 망명해 버린 기자에 대한 인사권을 행사할 처지가 아니었음에도 이러한 내용이 사서에 실린 것은 형식을 갖춘 의례적인 표현으로 봐야 한다는 견해가 지배적이다.

『상서대전(尙書大傳)』권2「은전(殷傳)」'홍범(洪範)'

무왕이 기자의 죄인 신분을 풀어주자 기자가 이를 참을 수 없어 망명하여 조선의 제후가 되었고, 이 말을 들은 무왕은 이를 사실로 인정했다.

[武王勝殷 …… 釋箕子之囚 箕子不忍爲周之釋 走之朝鮮 武王聞之因以朝鮮封之]

『진서(晉書)』권12「지리지」상(上)

조선현은 주 무왕이 기자를 봉했던 땅이다.

[朝鮮縣周封箕子地]

이를 좀 더 구체적으로 말하면 그곳은 서한(西漢), 동한(東漢), 진(晉) 시대까지 낙랑군 소속 행정구역이었다.

『한서(漢書)』권28「지리지」하(下)

응소가 말하기를 무왕이 기자를 조선에 봉했다.

[應劭日 武王封箕子於朝鮮]

이러한 기록을 종합해보면 기자는 가상의 인물이 아니라 실재했음이 분명하다. 그런데 기자가 조선으로 망명하자 주 무왕이 그것을 사실로 인정하였다는 의미의 기사가 보이며 여기서부터 기자조선이라는 나라가 있었던 것과 같은 인식의 오류가 생긴다. 기자가 고대조선을 멸했다거나 그 역사를 이었다는 내용은 없다. 그것은 고대조선 변방에 망명한 기자가 고대조선을 이은 것이 아니라 고대조선의 제후가 되었을 가능성이 있기 때문이다.

위만과 위만조선에 대한 인식의 오류 ——

위만에 대한 인식은 매우 잘못되어 있으며 그러한 그릇된 내용이 국사교과서에 실려 청소년 교육에 많은 혼란을 주고 있다. 두 가지 측면에서 살펴보자. 하나는 위만을 마치 우리의 직접 조상으로 보는 인식이다. 그가 고대조선을 이어받아 힘 있는 나라로 발전시켰으나 그의 손자 우거(右渠) 때에 위만조선이 멸망함으로써 고대조선 역사가 단절되었다는 설명이다. 다른 하나는 위만조선의 수도는 평양이었으며 위만국과 중국의 국경은 대동강이었다는 주장이다.

위만은 연(燕)나라 사람이며 고대조선과는 직접적인 관계가 없는 인물이다. 따라서 우리의 직접 조상일 수 없다. 그는 고대조선을 이어받지도 않았으며 결코 우리 역사의 중심 무대에 세울 수 없는 인물이다. 서기전 195년 그가 처음 패수를 건너 망명하여 이른 곳은 과거 고대조선의 변방에 있던 기자조선이었다. 따라서 그가 멸망시킨 나라도 기자조선이었다. 당시 기자조선의 위치는 난하(灤河) 유역이었다. 그리고 그 당시 고대조선은 이미 여러 나라로 갈라져 있었으며 고대조선이라 부를 수 있는 나라는 없었다. 이러한 사실은 다음 사서들이 말해주고 있다.

『사기』권115「조선열전」

조선(위만)왕 위만은 연나라 사람이다. 연나라는 전성기에 진번과 조선(기자)을 침략하여 복속시키고 군리를 두기 위하여 장새를 쌓았다. 진나라에 이어 일어난 한(漢)은 그것이 멀어서 지키기 어려우므로 요동의 옛 요새를 수리하고 패수를 경계로 삼았다. …… 위만이 망명하여 일당 1천여 명과 더불어 상투를 틀고 만이 옷을 입고 동으로 달아나 요새를 빠져나와 패수를 건너 진의 옛 공지 상하장에 기거하였다.

[朝鮮王滿者故燕人也. 自始全燕時 嘗略屬眞番朝鮮 爲置吏築長塞. 秦滅燕 屬遼東外徼. 漢興爲其遠難守 復修遼東故塞 至浿水爲界屬燕. …… 滿亡命聚黨千餘人 魋結蠻夷服東走出塞渡浿水 居秦故空地上下鄣]

여기서 위만은 분명히 연나라 사람이라고 말하고 있다. 그는 패수를 건너서 망명해왔다. 그가 건넌 패수는 연나라 동쪽에 있던 지금의 난하(灤河)를 말한다.

『삼국지』권30「위서(魏書)」의 '오환선비동이전(烏丸鮮卑東夷傳)' 가운데 '한전(韓傳)'의 주석으로 실려 있는『위략(魏略)』

연나라 왕 노관이 한나라에 반기를 들고 흉노로 망명하자 연나라 사람 위만도 동쪽으로 패수를 건너 준(기자의 41대 후손)에게 가서 항복하고 준을 설득하여 서쪽 경계에 살게 해 달라고 요청하였다. 아울러 중국 망명객들을 모아 조선(기자조선)의 울타리가 되겠다고 하였다. 준은 그를 믿고 총애하여 박사를 제수하고 규(奎)를 하사하였으며 1천 리의 땅을 봉하고 서쪽 변경을 지키도록 명하였다. 위만은 망명해온 무리를 꾀어

군중이 점차 많아지자 곧 사람을 준에게 보내 거짓으로 고하기를 한나라 병사들이 열 길로 쳐들어오고 있으니 들어가 숙위하겠다고 말하고 마침내 돌아와 준을 공격하였다. 준은 위만을 맞아 싸웠으나 적수가 되지 못하였다.

[及盧綰反入匈奴燕人衛滿亡命 …… 東渡浿水詣降準 說準求居西界 收中國亡命爲朝鮮藩屛. 準信寵之拜爲博士賜以圭封地千里 令守西邊. 滿誘亡黨衆稍多 乃詐遣人告準言 漢兵十道至求入宿衛 遂還攻準 準與滿戰不敵也]

이처럼 위만은 연나라 사람으로 서기전 195년에 패수를 건너 망명하였고 점차 망명세력을 모은 후 기자조선의 준왕을 속여 멸망시키고 그곳에 나라를 세웠으며 서기전 108년 한 무제에 의해 멸망할 때까지 존속했다. 따라서 위만조선의 존속기간은 80년이 조금 넘는다. 위만은 나라를 세운 뒤 한의 외신을 자처함으로써 한의 지원을 받아 동쪽으로 세력을 넓혀서 난하 유역으로부터 대릉하 유역에 이르는 지역까지 영토를 확장시켰다. 그러므로 위만조선의 위치는 지금의 요서 지역이며 위만은 지금의 평양과는 전혀 무관하다. 또 그가 고대조선을 계승했다거나 그 나라의 멸망이 곧 고대조선의 멸망이었다는 설명은 전혀 성립할 수 없는 명백한 논리상의 오류이다.

사서에서 밝히는 한사군의 위치 ——

상당수의 역사학자들이 한사군은 대동강을 중심으로 그 일대에 있었다는 생각을 갖고 있는 것 같다. 그러한 생각은 하루 이틀 사이에 형성된 것이 아니라 『조선사』 35권이 만들어진 이후 오늘에 이르기까지 이어져왔다고 봐야 한다. 한사군이 대동강 일대에 있었을 경우 그로 인한 한국고대사 해석이 어떤 결과로 이어지는지 깊이 생각하지 않는 것 같아 안타까울 뿐이다.

한사군이 대동강 주변에 있었다면 기자 – 위만 – 한사군의 역사가 대동강 유역에서 이루어졌다는 해석이 불가피하게 된다. 그럴 경우 지도상에서 고대조선의 강역을 그려 넣을 수 있는 공간이 사라지며 우리 역사는 위만의 후손들이 만든 역사가 되고 만다. 더욱이 우리 역사는 서기전부터 한사군을 통한 중국의 식민지 지배를 받던 역사로 전락하게 된다. 이는 또 지금의 북한 영역은 서한의 영토였다는 해석으로 이어진다. 그래서 북한 지역에 대한 역사귀속문제까지 염두에 두고 주장하는 중국의 동북공정 논리에 동조하는 결과로 연결되는 것이다. 그럼에도 그것이 사실이라면 받아들일 수밖에 없다. 그러나 그것은 사실이 아니다. 다음의 사서 내용들을 살펴보자.

『사기』 권115 「조선열전」

원봉 3년(서기전 108) 여름 이계상 삼이 사람을 시켜 조선왕 우거를 죽이고 와서 항복하였으며 …… 성기를 죽이니 조선은 마침내 평정되어 4개의 군이 되었다.

[元封三年夏尼谿相參乃使人殺朝鮮王右渠來降 …… 誅成己以故遂定朝鮮爲四郡]

『한서』 권95 「서남이양월조선전(西南夷兩粤朝鮮傳)」

조선은 마침내 평정되어 진번, 임둔, 낙랑, 현도의 4개 군이 되었다.

[故遂定朝鮮爲眞番臨屯樂浪玄菟四郡]

『한서』 권64 「엄주오구주부서엄종왕가전(嚴朱吳丘主父徐嚴終王賈傳)」

서는 여러 나라가 연이어져 안식에 이르고 동은 갈석을 지나 현도와 낙랑으로 군을 만들었으며 북은 흉노를 1만 리 밖으로 쫓아내 병영과 요새를 다시 일으켰다.

[西連諸國至于安息 東過碣石以玄菟樂浪爲郡 北卻匈奴萬里更起營塞]

여기서 한사군의 서쪽 경계는 갈석산, 동쪽은 지금의 요하에 이르는 요서 지역이었고 낙랑군과 현도군은 갈석산을 서쪽 기점으로 하여 그 동쪽에 위치했음을 알 수 있다.

한국고대사 왜곡의 빌미가 된 우리 사서

『고려사』와 『제왕운기』에서 왜곡한 내용 ——

한국고대사 왜곡의 1차적인 책임은 한국 역사학계에 있다. 그럼에도 식민사학이나 동북공정을 탓하기에 앞서 스스로의 역사를 제대로 읽어내지 못하는 우를 범하고 있는 자신을 나무랄 의사가 전혀 없는 듯하다. 몇 줄의 사서를 읽고 그것이 전부인 것처럼 주장을 펼 것이 아니라 진지한 태도로 역사의 진실을 바로 보려는 노력이 절실함에도 이러한 자세로 연구하는 이들이 소수에 불과할 뿐만 아니라 빛을 보지 못함이 안타까울 따름이다. 진지하게 반성하는 자세로 우리 사서들의 고대사 왜곡 현상을 살펴보자.

스스로 우리 역사를 왜곡하기 시작한 것은 고려 중기에 쓰인 『제왕운기』와 조선시대에 쓰인 『고려사』 등이다. 논의의 편의상 『고려사』부터 살펴보기로 한다.

『고려사』 권63 「예지(禮志)」, '길례소사(吉禮小祀)-잡사(雜祀)'
숙종 7년 …… 10월 임자 초에 예부에서 아뢰기를 우리나라의 예의를 교화한 것은 기자로부터 시작되었으나 사전(祀典)에 실려 있지 않으니 그 분묘를 찾아 사당을 세우고 제사를 지내도록 하시기 바란다는 뜻을 상주하자 이를 따랐다.

[肅宗七年 …… 十月壬子朔 禮部奏 我國教化禮義自箕子始 而不載祀典 乞求其墳塋立祠以祭 從之]

우리나라에서 공식적으로 기자묘와 사당이 만들어지고 제사를 받드는 기원을 찾을 수 있는 내용이다. 고려 15대 숙종 7년(1102)에 있었던 일로, 이는 고려 사회에 중국 문화와 유학이 자리잡아 가고 있던 분위기 속에서 엮어진 사대주의적 역사인식의 반영이었다. 기자는 주 무왕에게 반기를 들고 난하 유역으로 망명하여 고대조선의 제후로 정착한 인물에 불과한데도 그를 평양 지역으로 끌어들여서 우리나라의 예의를 교화한 위대한 역사적 인물로 치켜세워 사당을 짓고 제사를 지내기 시작하여 한국고대사 왜곡의 중대 전환점이 된 것이다.

『제왕운기』 권 하 「전조선기」

처음 나라를 열고 바람과 구름을 인도한 이는 석제의 후손으로 이름은 단군이었다. …… 뒤(무정 8)에 아사달 산에 들어가 신이 되니 1028년간 나라를 다스렸다. 그 뒤(고대조선 멸망) 164년 만에 어진 이가 나타나 겨우 군주와 신하를 부활하니 후조선의 조상 기자이다. …… 41대 손 이름은 준인데 어떤 사람의 침략을 받아 나라를 빼앗기니 백성도 가 버렸다.

[初誰開國啓風雲 釋帝之孫名檀君 …… 入阿斯達山爲神 亨國一千二十八 …… 却後一百六十四仁人聊復開君臣 後朝鮮祖是箕子 …… 四十一代孫名準

被人侵奪聊去民]

고대조선의 존속기간을 1028년으로 축소시키고 그 뒤 164년 만에 기자가 그 뒤를 이은 것으로 정리하고 있다. 또 고대조선 멸망 후 기자가 '후조선'을 건국하여 41대 손 준이 위만에 침탈당할 때까지 존속한 것으로 설명하고 있다. 이는 뒤에 밝히겠지만 사실과 전혀 다른 이야기이다.

『제왕운기』 권 하 「전조선기」

연나라에서 출생한 한나라 장수 위만이 한 고조 12년에 준을 공격, 축출하고 나라를 세웠는데 손자 우거에 이르러 그 허물이 가득 차니 한 무제 원봉 3년(서기전 108)에 출동하여 토벌하였다. 이로써 이 땅은 나뉘어 4개의 군(한사군)이 되었다.

[漢將衛滿生自燕 高帝十二丙午年 來攻逐準乃奪國 至孫右渠盈厥愆 漢虎(武)元封三癸酉 命將出師來討焉 … 因分此地爲四郡]

이 글에는 고대조선 – 기자 – 위만 – 한사군으로 이어지는 나라와 정권들이 같은 지역에서 교체되었는데 그 지역이 바로 서경(평양)이라는 전제가 깔려 있다. 한민족고대사의 오류를 밝히기 위해서 이러한 전제를 바로잡아야 하므로 좀 더 구체적인 내용들을 살펴보자. 『고려사』 권12 「지리지」의 '서경유수관 평양부'조에는 다음과 같은 내용들이 실려 있다.

서경유수관 평양부는 본래 세 조선의 옛 도읍이다. 당요 무진년에 신인이 단목 아래로 내려오니 나라 사람들이 그를 세워 군주를 삼아 평양에 도읍하고 단군이라 불렀다. 이것이 전조선이다.

[西京留守官 平壤府本三朝鮮舊都, 唐堯戊辰歲神人降于檀木之下, 國人立爲君都平壤號檀君 是爲前朝鮮]

주나라 무왕이 상나라를 정복하고 기자를 조선에 봉하니 이것이 후조선이다.

[周武王克商封箕子於朝鮮是爲後朝鮮]

41대 후손 준에 이르러 이때 연 지역에서 망명한 위만이라는 사람이 있어 1천여 명을 모아 무리를 만들어 쳐들어와 준의 땅을 빼앗고 왕험성에 도읍하니 이것이 위만조선이다.

[逮四十一代孫準時有燕人衛滿亡命 聚黨千餘人來奪準地 都于王險城 是爲衛滿朝鮮]

『고려사』는 고려시대의 자료를 바탕으로 조선 초에 편찬되었다. 이 책에 나오는 내용을 보면 고대조선을 '전조선', 기자가 세운 나라를 기자조선이라 칭하여 '후조선', 위만이 세운 나라를 '위만조선'이라 칭하고 이들을 묶어서 '삼조선'으로 부르고 있다. 그리고 이들은 모두 고려시대의 서경(지금의 평양)에 도읍했다고 기술하고 있다. 이러한 내용은 『제왕운기』의 기록과 일치하며 『삼국유사』의 기록과는 전혀 다르다. 그럼에도 이 기록이 한국 역사학계의 통설로 정착하여 오늘에 이르렀다. 다만 그 가운데 기자와 기자조선은 삭제되고 그 자리에 기자의 후손인 준왕이 들어가서 마치 그가 고대조선의 뒤를 이었던 것처럼 설명되고 있다. 그렇기 때문에 조선사편수회에서는 『삼국유사』의 기록은 기피하고 『제왕운기』와 『고려사』 기록을 식민사학 정립에 충분히 활용했을 것으로 보인다. 이제 더 이상 이러한 부분들을 방치하지 말고 보다 과학적인 근거에 기초하여 합리적으로 정리해서 혼란을 겪는 일이 없도록 해야 한다.

결론적으로 기자 – 위만 – 한사군의 역사는 한민족의 역사가 아니라 중국인들이 엮어낸 역사이다. 그리고 이는 시간적으로 선후관계이면서 지리적으로 분리할 수 없는 역사체제이다. 그럼에도 기자 – 위만 – 한사군 역사의 전개 위치를 어디로 보느냐에 따라 한국고대사에 대한 인식이 전혀 다른 형태로 해석되기 때문에 그에 대한 정확한 해석이 반드시 이루어져야 한다. 실제로 기자 – 위만 – 한사군 역사체제는 고대조선 서부 변방(기자)과 강역 밖(위만 – 한사군)에서 펼쳐졌으며 고대조선 역사는 그에 영향을 받지 않고 이어졌다.

2장

패수 위치와 한국고대사 강역 재인식

패수 위치 논쟁이 몰고 온 한국고대사 강역 논쟁

고대조선사를 부정하는 조선사편수회 ——

조선총독부 산하 조선사편수회는 1938년 『조선사』 35권을 발간하였다. 문제는 조선사편수회가 편찬 과정에서 고대사 부분의 왜곡에 초점을 맞추었으며 특히 고대조선사를 부정하여 신화로 조작하는 데 주안을 두었다는 것이다. 일본 역사왜곡의 저의와 식민사학의 본질을 파악하기 위해서는 이에 대한 이해가 선행되어야 한다.

한국 역사의 기원은 일본 역사의 기원보다 무려 1700여 년 앞서 있다. 그럼에도 일본은 '침략이 아닌 역사의 복원'이라는 논리로 일본의 한국에 대한 식민지 지배를 합리화하고자 하였다. 그런데 고대조선사를 잘라내지 않고 실재한 역사로 인정할 경우 '침략이 아닌 역사의 복원'이라는 논리는 억지이자 궤변이 되고 만다. 따라서 일본 역사의 기원보다 앞선 부분을 일본 역사의 기원보다 늦도록 잘라내는 작업이 필요했던 것이다.

그래서 조선사편수회는 고대조선의 강역을 아예 지도에서 없애버리는 작업을 추진했다. 그렇게 해야 고대조선사가 자연스럽게 역사에서 사라지면서 일제의 한국에 대한 식민지 지배가 역사의 복원이라는 논리로 합리화할 수 있다는 판단이었다.

이를 위해 처음 착안한 것은 우선 고대 한·중 국경과 같은 개념의 강으로 알려져 있던 '패수'의 위치를 지금의 한국 영토 안으로 깊숙이 끌어들이는 방법을 모색하였다. 여기서 그들이 논리 전개에 활용할 수 있는 요소는 패수가 본래 고유명사가 아니라 보통명사였다는 사실이다. 고대에 패수로 불리던 강들은 대동강, 청천강, 압록강뿐만 아니라 지금의 중국 쪽에 있는 요하, 사하, 고려하, 대릉하, 난하 등도 모두 패수로 불렸다. 그것은 고대조선족이 살고 있던 지역에서 뻴라, 삐알라, 퍼라, 피라, 벌라 등 강을 지칭하는 퉁구스 계통 종족의 언어가 향찰(鄕札)식으로 전환되면서 패수로 쓰이게 됐다는 윤내현의 연구 결과가 말해준다.[190]

패수가 보통명사라는 사실에 착안한 조선사편수회에서는 발해와 서해로 들어가는 여러 강 가운데 임의로 하나를 찍어 '패수'라 해도 역사 해석상 큰 문제가 없겠다는 판단 아래 처음에 요수를 패수로 지정했다. 그런데 이는 고대조선의 역사성을 부정하는 데 한계가 있다고 보고 압록강으로 수정했다가 다시 이를 청천강 또는 대동강으로 정정했다.

패수를 청천강이나 대동강으로 옮겨놓고 보면 고대 한·중 역사 강역의 경계가 바로 청천강이나 대동강이 됨으로써 고대조선은 이름만 있고 영역이 없는 국가가 된다. 따라서 그것은 가공의 역사요, 신화에

---

190 이도상, 『고대조선, 끝나지 않은 논쟁』, 들메나무, 2015, 99~103쪽.

불과한 소설 같은 이야기가 되고 마는 것이다. 그로 인해 우리 민족의 역사 강역이 현재의 남북한 지역으로 축소된 채 한국인의 인식 속에 자리하게 되었다. 문제는 그 논리가 광복 후 우리 국사교과서에 그대로 반영되어 오늘날까지도 한국고대사 강역이 대동강 안쪽으로 축소되어 있고 우리의 고정관념 속에 잠재되어 있다는 사실이다. 그래서 국사교과서에서는 고대조선사가 역사인지 신화인지 구분하기 어려운 모호한 표현이 곳곳에 실려 있고 단군이 고유명사인지 보통명사인지 알 수 없도록 설명하고 있음에도 전혀 문제가 제기되지 않은 채 이어져 왔다.

패수를 어디로 볼 것인가 ——

'패수(浿水)'는 한국고대사 해석상에 절대적인 변수로 작용하는 중요한 단어임에도 대부분의 국민들은 이에 대해 거의 무관심하다. 따라서 일부 역사학자들의 자의적인 해석이 역사왜곡으로 이어지고 있어도 시정되지 않고 오히려 식민사학과 동북공정에 역으로 기여하고 있다. 패수에 대한 명확한 설명은 한국고대사의 진실에 접근하기 위해서 반드시 필요하다.

한마디로 정의하면 패수는 강 이름이다. 중국의 동북부 지역과 우리의 남북한 지역에는 서해(황해)로 흘러들어가는 많은 강이 있다. 사서에서 말하는 패수는 그 가운데 하나의 강 이름이다. 그런데 왜 군이 역사학자들이 패수가 어느 강이며 어디에 있었느냐는 문제에 집착하는 것일까? 그것은 다음과 같은 이유 때문이다.

첫째, 패수는 기자와 위만이 망명할 때 건넜던 강 이름으로 고유명사이다. 그렇기 때문에 기자 – 위만 – 한사군의 역사체제가 이루어졌던 지역을 확인하는 단초가 되는 강이 바로 패수라 할 수 있다.

둘째, 패수는 고대 중국(燕)의 동쪽과 고대조선의 서쪽 변방에 있었던 강 이름이다. 따라서 고대 중국민족[漢民族]과 우리 민족[韓民族]의 역사 강역을 가르는 강이 패수로 '고대 한·중 국경'과 유사한 개념으로 볼 수 있다.

셋째, 고대 한·중 역사 강역은 시대에 따라 유동적일 수 있으나 고대 한·중 민족의 생활영역의 분기선이었던 패수의 위치는 유동적일 수 없다. 그럼에도 역사학자들의 자의적인 위치 해석이 큰 혼란을 초래하고 있다.

넷째, 패수 위치에 대한 역사학자들의 자의적인 해석이 가능한 배경은 본래 '패수'라는 용어가 통구스계통의 종족이 사용하던 '강'을 지칭하는 보통명사였다는 데 있다.[191]

역사학계의 패수 위치 논란 ——

역사학계의 패수 위치에 대한 견해는 크게 두 편으로 나뉘어 있다. 여기서 말하는 패수는 고대 한·중 역사 강역의 경계였던 고유명사를

---

191 윤내현, 「고문헌에 보이는 한국고대사의 두 가지 체계」, 『고조선연구』 1호, 지식산업사, 2008에서 재인용. 대동강설(『수경주』 14 「패수」), 압록강설(정약용, 「조선고」, 「강역고」 ; 津田左右吉, 「浿水考」, 『津田左右吉全集』 卷11), 요하설(西川權, 『日韓上古史の裏面』), 사하설(大原利武, 「浿水考」, 「漢代五郡二水考」), 한우란설(신채호, 『조선상고사』), 고려하설(정인보, 『조선사연구』), 대릉하설(최동, 『조선상고민족사』), 청천강설(이병도, 「패수고」, 『청구학총』 13호), 난하설(장도빈, 『국사』 ; 문정창, 『고대조선사연구』 ; 윤내현, 『고조선연구』).

말한다. 패수를 청천강 또는 대동강으로 보는 학자들은 고대조선을 국가로 보지 않는 입장이다. 고대 한·중 역사 강역의 경계가 지금의 북한 지역이었으니까 기자와 위만의 활동이 모두 대동강 유역에서 이루어졌으며 요동에서 이루어진 한국고대사는 자연스럽게 신화로 처리되면서 한국고대사에서 잘려나가는 결과로 이어진다. 이병도, 김정배, 노태돈, 송호정 등이 주장하는 이 논리들이 우리 국사교과서에 직간접적인 표현으로 실려 있다.[192]

그뿐만 아니라 중국의 동북공정에 대응하기 위해 설립된 동북아역사재단에서도 같은 입장에서 펴낸 책(『The Han Commanderies in Korean History』)과 지도가 국회 동북아역사왜곡 특별대책위원회로부터 문제가 많다는 지적을 받고 책은 배포가 중지됐고 지도는 자체 심의과정을 거쳐서 부실 판정을 받았다.[193]

한편 패수는 난하라는 입장에 있는 학자들은 우리 민족이 세운 최초의 국가를 고대조선으로 본다. 이들은 『사기』 권115 「조선열전」을 위시한 많은 중국 사료들을 근거로 고대 한국 역사 강역의 경계는 갈석(碣石)산 일대였으며 기자와 위만의 활동이 이루어진 곳은 난하와

---

192 이병도, 「위씨조선 흥망고」, 『논문집』, 서울대학교, 4289(1956) ; 이병도, 「위씨조선 흥망고」, 『한국 고대사 연구』, 박영사, 1981, 213쪽 ; 김정배, 「위만조선의 국가적 성격」, 『사총(史叢)』, 고려대학교 사학회, 1977, 62~64·73쪽 ; 최몽룡, 「고대국가 성장과 무역: 위만조선의 예」, 『한국 고대의 국가와 사회』, 일조각, 1985, 65~72쪽 ; 송호정, 『한국 고대사 속의 고조선사』, 푸른역사, 2003, 64·389쪽 ; 이마니시 류(今西龍), 「檀君考」, 「箕子朝鮮考」, 「洌水考」, 『古朝鮮史の硏究』, 近澤書店, 1937 참조.

193 박정학, 「동북아역사재단의 지나친 매국행위」, 『일제 식민사관의 잔재 반도사관』(광복 70주년 기념 학술 세미나, 2015년 6월 8일) 참조. ; 일본의 역사왜곡에 이은 중국의 동북공정이 심각해지자 2004년 3월 '고구려연구재단'이 발족되었다. 그러나 이 재단은 중국의 동북공정에 효율적으로 대처하지 못한다는 비판과 함께 해체되고 2006년 9월 '동북아역사재단'이 출범하였다. 그런데 10여 년이 지난 현재 연간 수백억 원에 이르는 국가 예산이 지원되는 단체로 설립 취지에 역행하고 있다는 비판의 소리가 높다.

대릉하 사이였다는 것이다. 리지린, 장도빈, 문정창, 윤내현 등이 주장하는 고대 한·중 역사 강역에 대한 이러한 시각은 한국고대사의 본래 모습을 바르게 복원해야 한다는 입장이다.[194]

---

194 문정창, 『한국고대사』, 인간사, 1988, 98쪽 ; 리지린, 『고조선연구』, 백산자료원, 1963, 72~82쪽 ; 윤내현, 『고조선연구』, 만권당, 2015, 221~244쪽.

중국 사료가 말하는 패수 위치와 한국고대사 강역

동쪽으로 흘러 바다로 들어가는 패수 ——

　사마천은 『사기』 권115 「조선열전」에서 "요동의 옛 요새를 고쳐 패수까지를 경계로 하여 연(燕)나라에 속하게 하였다.[復修遼東故塞 至浿水爲界屬燕]"고 하였다. 즉 이때부터 패수를 연의 동쪽 경계로 삼았다는 의미이다. 이를 토대로 지도에서 패수의 위치를 확인해보자.

　연의 동쪽에 있는 강은 지금의 난하를 말한다. 지도에 사선으로 표시한 지역을 흐르는 강이 난하이다. 난하는 연의 동쪽이지만 사실상 중국의 가장 동쪽에 위치했던 강이다. 왜냐하면 연이 중국의 가장 동쪽에 위치했던 나라이며 이 강을 넘으면 중국과는 민족이 다른 고대조선이 있었기 때문이다. 따라서 난하는 고대 한·중 역사 강역의 경계가 되는 패수였던 것이다.

　반고(班固)는 『한서』 「지리지」에서 "은의 도가 쇠하자 기자가 조선으로 가서 그 백성들에게 예의와 밭 갈고 누에 치고 베 짜는 일을 가르쳤다.[殷道衰箕子去之朝鮮 敎其民以禮義田蠶織作]"고 하였다. 여기서 기자가 조선으로 갔다는 것은 고대조선으로 망명했다는 것을 말한다.

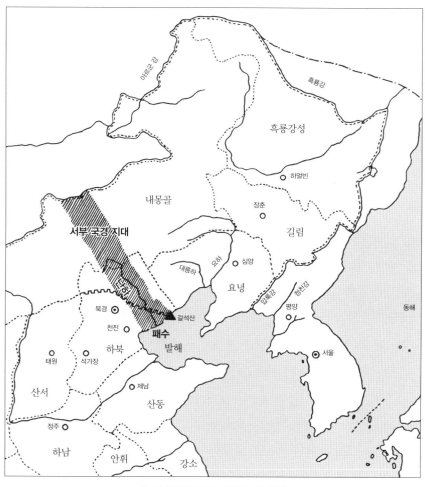

한·중 문명의 영역을 가르는 패수 위치

그리고 기자가 망명할 때 건넜다는 패수에 대해 상흠(桑欽)이 쓴『수경』과 허신(許愼)이 쓴『설문해자』는 "패수는 낙랑(군) 누방현을 나와 동쪽으로 흘러 바다로 들어간다.[浿水出樂浪鏤方縣東入于海]"고 하였다. 동쪽으로 흘러 바다(발해)로 들어가는 강은 지금의 중국에 있으며 당시 중국의 가장 동쪽[遼東]은 연(燕)이었고 연의 가장 동쪽에서 동으로 흘러 바다로 들어가는 강은 난하였다. 이는 지도에서 보는 바와 같다.

패수 위치에 따라 변하는 한국고대사 강역 ──

지도에서 확인할 수 있는 것은 기자가 망명할 때 건넜다는 난하는 첫째, 연의 동쪽에 있으며 둘째, 동으로 흘러 바다로 들어간다는 사실이다. 그래서 난하는 고대 중국 민족과 한국 민족의 역사 강역의 경계였으며 사서에서 말하는 패수라고 할 때 이를 기초로 한국고대사 강역을 그려볼 수 있다. 난하를 경계로 하여 그 서쪽에서는 하(夏), 상(商·殷), 주(周), 춘추(春秋), 전국(戰國), 서한(西漢), 동한(東漢), 삼국(三國), 서진(西晉), 동진(東晉), 5호16국(五胡十六國), 남북조(南北朝)시대로 중국의 여러 나라들 역사가 이어져왔다. 그리고 난하의 동쪽에서는 고대조선 이후 북부여, 동부여, 고구려, 읍루, 옥저, 동예, 낙랑(최씨 낙랑), 한, 진, 백제, 신라, 가야 등 우리 민족이 세운 여러 나라들이 역사를 이어왔다.

따라서 우리 민족의 역사 강역은 지금의 남북한 지역을 넘어 난하 동쪽의 전 만주 지역이 포함되는 것으로 보아야 한다. 그럴 경우 우리 역사서에 나타나는 고대국가들을 지도상에 그려 넣을 수 있다. 뿐만 아니라 만주 지역에서 발견되는 고고학적 유적과 유물에 대한 해석을 통해 우리 고대사를 제 위치에 정립시킬 수 있다.

그럼에도 우리의 의식 속에는 우리 고대사 강역의 북쪽 한계를 대동강으로 보려는 견해가 잠재되어 있다. 그럴 경우 뒤에서 다시 언급하겠지만 역사서에 기록되어 있는 거의 대부분의 우리 고대국가들이 설 곳을 잃고 만다. 이는 논리적으로 설명할 수 없는 모순이며 역사적 진실이 아니다. 특히 중국 사서들 어디에도 중국 고대국가들이 대동강 인근에 와 있었다는 기록이 없다. 지금까지 만주 지역에서 발견된 유적과 유물을 시베리아나 중국에서 전해진 것으로 인식하여 우리 문명을 중국의 변방 문명으로 해석했던 잘못은 이제 시정되어야 한다.

기자가 고대조선 지역으로 망명한 것이 서기전 12세기경이니까 대동강이 서기전 12세기경부터 중국과 접경해 있었고, 위만이 망명한 것이 서기전 195년이며, 한사군이 설치된 것이 서기전 108년(낙랑, 진번, 임둔 등 3군)과 서기전 107년(현도군)이니까 우리는 이미 위만국의 수립을 기점으로 평양 일대를 중국에 넘겨준 역사라 하지 않을 수 없게 된다. 과연 이러한 설명이 가능한 것일까? 그렇다면 서기전 2333년에 설립된 고대조선을 포함하여 그 연맹체제 안에서 영역국가로 존재했던 수많은 우리 역사상의 고대국가들은 어디로 갔다는 말인가?

이들 고대국가들이 대동강 북쪽에 있었다면 그것은 우리 역사로 볼 수 없으며 굳이 우리 역사라고 우길 경우 그것은 역사적 진실이 아니라 허구라고 할 수밖에 없다. 왜냐하면 대동강 북쪽은 중국의 역사 강역으로 보아야 하니까 우리 민족의 활동영역 밖이 되기 때문이다. 이처럼 상식적으로 이해할 수 없는 비합리적인 논리가 한국 역사학계에 버젓이 전해지고 있다. 그러므로 한국 역사학계가 앞으로 해결해야 할 과제가 무엇인지 분명해진다.

우리 사서는 물론, 중국 사서에도 없는 '대동강이 패수요, 그 일대에 낙랑군이 위치했다'는 논리는 곧바로 '반도사관(半島史觀)'으로 이어진다. 반도사관이란 현 남북한 지역을 '반도(半島, half island)로 보고 우리 민족의 역사를 그 안에서 이루어진 것으로 넣는 사관을 말한다. 따라서 한민족의 고대사 강역은 압록강과 두만강을 벗어나지 못했으며 그 북쪽에 있었다는 고대 국가들은 신화이거나 꾸며낸 허구의 역사로 전락하고 마는 것이다. 특히 식민사학에서 주장하는 한사군이 평양에 위치했다는 설과 임나일본부가 가야 지역에 위치했다는 설을 사실로 인정할 경우 우리 역사는 북쪽은 한사군, 남쪽은 임나일본부 지배하의 식민지 상태로부터 출발한 역사로 쓰일 수밖에 없다.

3장

한사군 위치와 한국고대사 강역 재인식

한사군 위치 논쟁이 초래한 한국고대사의 성격

한사군의 개념과 위치 논란 ——

한사군은 무엇이며 우리 역사인식과 어떤 관계가 있을까? 앞서 설명했듯이 한사군은 한 무제가 지금의 난하와 대릉하 유역에 있던 위만조선(중국인들은 기자조선의 뒤를 이었다는 차원에서 위만조선이라 부름)을 멸망시키고 그 지역에 설치한 한의 네 개 행정구역을 말한다. 따라서 그것은 한국고대사 강역 밖에서 이루어진 한의 역사이지 고대조선의 역사가 아니다. 그러나 그것을 대동강 유역으로 옮겨 놓고 보면 이야기가 달라진다. 한사군의 위치가 대동강 유역이었다면 한사군이 우리 고대역사 강역 안에 있었으므로 한이 우리 고대역사 강역을 지배했었다는 논리가 성립한다. 그럼에도 상당수 역사학자들이 이 주장을 따르는 것은 기자 – 위만 – 한사군 역사체제에 대한 정확한 이해가 부족하기 때문이라 할 수 있다.

기자는 상(商) 나라 사람으로 서기전 12세기경 상이 주(周)로 교체될 때 고대조선으로 망명하여 고대조선 변방의 제후가 되었다.『한서』「지리지」에서는 기자가 망명하여 정착했던 곳이 낙랑군 조선현이었다고 적고 있다. 그래서 중국인들은 조선 지역 변방의 한 부분을 기자가 다스린다는 의미에서 '기자조선'이라 하여 고대조선과 구분한다.[195]

위만은 서기전 195년 연에서 패수를 건너 옛 고대조선 지역 서쪽 변방에 있던 기자조선으로 망명하였다. 당시 기자조선의 통치자는 기자의 41대 손 준왕(準王)이었다. 위만은 준왕을 속여 신임을 얻고 서쪽 변방에 대한 경계를 담당하겠다고 다짐한 후 중국에서 망명해오는 인원을 끌어 모아 세력을 키운 뒤 준왕을 공격하여 멸망시키고 위만국을 세웠다. 중국인들은 위만이 기자조선을 멸망시키고 세운 조선이라는 의미에서 위만조선으로 부른다. 『한서』「지리지」는 위만이 도읍한 곳이 요동군 험독현이 되었다고 서술하고 있다.[196]

여기서 두 가지 사실에 주목해야 한다. 하나는 위만이 멸망시킨 준왕의 기자조선은 옛 고대조선 지역의 서쪽 변방에 있었다는 사실이다. 그 위치는 『한서』「지리지」가 서술하고 있는 중국의 낙랑군과 요동군이라는 지명에서 찾아야 한다. 대동강 유역은 옛 고대조선 지역의 동남쪽이지 서쪽이 아니다. 더구나 요동군이라는 명칭과는 동떨어진 곳이다. 따라서 위만이 망명하면서 건넌 패수는 대동강일 수 없다. 또 하나는 위만이 멸망시킨 나라는 기자조선이지 고대조선이 아니라는 사실이다. 위만에 의해 멸망한 준왕은 기자의 후예이지 고대조선 (단군왕검)의 후예가 아니었다. 그럼에도 역사학계는 준왕이 마치 고대조선의 왕이었던 것처럼 모호하게 설명함으로써 그를 공격한 위만

---

[195] 기자가 망명할 당시 낙랑군이라는 지명은 실재하지 않았고 뒤에 생긴 지명이다.
[196] 낙랑군 조선현(朝鮮縣)은 낙랑군을 다스리던 치소로 패수의 서쪽에 위치했고, 요동군 험독현(險瀆縣)은 위만국의 마지막 수도였던 왕험성이 되었다.

이 기자조선이 아니라 고대조선을 멸망시켜 우리 민족이 위만의 지배 하에 있었던 것처럼 착각하도록 혼란을 유도하고 있다. 이 잘못된 논리는 한사군의 위치와 성격 왜곡으로 이어져 한국고대사 해석에 큰 영향을 미치고 있다. 여기서도 두 가지 사실에 주목해야 한다.

첫째, 한사군은 위만조선의 위치에 설치된 한의 군현이므로 대동강 유역에 설치될 리가 없다. 둘째, 한이 멸망시키고 설치한 한사군은 그 지역을 관할하기 위한 한의 행정기구였을 뿐이지 결코 우리 민족의 고대국가에 대한 지배기구가 아니었다. 그렇기 때문에 우리 역사가 대동강 유역에 위치했던 한사군 지배하의 식민지로부터 시작되었다는 논리는 전혀 근거가 없고 성립할 수 없다는 사실이 명백하다.

한사군의 낙랑군이 평양에 있었다는 주장 ──

낙랑군을 포함하여 한사군이 평양 일대에 있었다고 주장하는 학자들은 대부분 우리 역사는 중국의 지배하에서 출발한 역사로 보는 경향이 짙다. 따라서 우리 역사에 대한 부정적 인식을 먼저 살펴보고 그 연장선상에서 한사군이 평양에 있었다고 주장하는 학자들의 논리들을 살펴보자.

이기백은 1960년 4·19혁명으로 식민사관에 대한 비판이 일기 시작하자 1961년에 『국사신론』에서 "한국의 역사가 전개된 무대는 고려 통일 이후 약 1,000년 동안 아시아 대륙의 동쪽 끝에 붙어 있는 조그마한 반도에 국한되었다. 대륙의 동쪽 끝에 붙어 있는 조그마한 반도가 오랫동안의 역사무대였다는 지리적 조건은 한국사를 지배한 어떤 법칙을 발견하려고 노력해온 많은 사람에 의하여 주목되어 왔다. 그리고 이것은 한국의 역사를 위하여 행운이었다기보다도 숙명적인 불행의 굴레를 씌운 것으로 생각되어 왔다. …… 중국과 같이 대륙을 차지하지 못할진대 차라리 일본과 같은 섬의 나라였던들 그렇게 거센 이민족의 압력을 받지는 않았을 것이요, …… 천하의 주인공임을 자처한 일도 없고 일출처(日出處, 해가 뜨는 곳)의 천자임을 자랑해본 일이 없는 반도의 나라, 조연자(助演者)의 구실과 사대주의적 경향은 한국의 면할 길 없는 운명이라는 생각으로 기울게 된다."고 주장하였다.[197]

노태돈은 『한국 고대사』에서 "낙랑군은 한 제국의 동방을 향한 역사의 주체가 한국이 아니라 중국임을 뜻한다. 낙랑군을 통해 앞선 중국의 문물과 제도가 상대적으로 소박한 사회구조와 문화를 지녔던 고조선사회에 전해져 고급문화가 수용되고 토착민들이 구습에서 벗어나고 화려한 문화를 누리게 되었다. …… 한반도 남부와 일본열도의 여러 소국은 낙랑과의 교역을 통해 한의 문물을 수입하였다."고 주장하였다.[198]

송호정은 "한나라는 고조선 땅에 '군'이라는 식민지, 즉 한 군현을 만들었다. 군 밑에는 현을 두고 한인(漢人) 군 태수와 현령을 보내 식민통치를 하였다."고 주장하였다.[199]

김병준은 "한나라가 고조선 땅에 한사군을 설치하였다. …… 일제

---

197 이기백, 『민족과 역사』, 일조각, 1983, 2쪽 ; 이주한 외, 『매국의 역사학자, 그들만의 세상』, 만권당, 2017, 33쪽에서 재인용.

198 이주한 외, 위의 책, 79쪽 참조.

199 한국교원대학교 역사교육과, 『아틀라스 한국사』, 사계절, 2004, 25쪽.

시기 낙랑지역 고분 70여 기, 해방 후 북한에서 무려 3,000여 기가 발굴되었다. …… 특히 정백동 364호의 '낙랑군 초원(初元) 4년 현(縣) 별 호구부'는 평양이 한사군의 낙랑임을 말한다."고 강조하고 있다.

이러한 부정적 고대사 인식이 일부 신진 역사학자들에게 이어져, 우리 역사의 진실을 밝히려는 학문 활동을 '젊은역사학자모임'이라는 이름으로 마치 이념 논쟁으로 끌고 가려는 듯하는 움직임이 있어 그들의 주장도 함께 살펴보고자 한다. 젊은역사학자모임이 지었다는 『한국고대사와 사이비역사학』에서 펴는 몇 가지 주장을 소개하면 다음과 같은 내용들이 있다.[200]

- 넓은 영토를 주장하는 것은 식민사학의 기반인 지리적 결정론에 빠지는 일이다.
- 상고시대에 우리 역사가 거대하였다거나 강력한 조국이었다는 주장은 달콤하고 유혹적이지만 그것은 국수주의이자 기괴한 쇼비니즘인 것이다.
- 조선은 예로부터 중국문화의 은혜를 입었고, 역대로 그 침략을 받아 복속했다.
- 일본의 한사군 연구는 문헌으로 실증되고 고적으로 확인되므로 학문적 설득력이 있다.
- 신채호를 포함한 민족사학자들의 역사학은 사료비판과 해석에서 불편부당하지 못하고 역사 이외의 딴 목적이 무의식중에 작용하고 있다.

---

[200] 젊은역사학자모임, 앞의 책 ; 역사문제연구소, 「기획1 한국 고대사와 사이비 역사학 비판」, 『역사비평』 114, 2016 봄 참조.

- 배타적 민족주의 역사학은 국권 침탈 과정에서 시작된 것이며 이 때 단군을 시조로 하는 역사인식구도의 새로운 역사 서술 방식으로 전환되었다.

다음은 최근 고대사학회 시민강좌에 대한 언론 보도 내용을 간추린 것이다.[201]

- 소장 학자들은 낙랑군이 평양에 있었음을 주장한다. 그 근거로 정백동 364호분 낙랑군 호구부(목간)를 제시한다.
- 특히 심재훈은 "한사군은 한반도 서부에 있었다는 것이 학계의 정설이다. 일부 재야 사학자의 주장은 실증적인 자료로 뒷받침되지 않고 있다."고 말한다.
- 지나친 민족주의와 유사 역사학이 우려된다는 논리로, 역사비평에 의해 민족사학이 국수주의적 사이비로 매도되고 있다.

여기서 먼저 낙랑군 조선현이 지금의 평양 지역에 있었다는 일본인 학자들의 주장부터 살펴보자. 대동강 남안에 있는 토성리를 낙랑군 조선현이라 최초로 주장한 인물은 이나바 이와키치(稻葉岩吉)이다. 그는 1925년부터 조선사편수회 수사관을 역임하면서 경성제대의 스에마쓰 야스카즈 등과 함께 『조선사』35권 편수에 관여한 한국사 왜곡의 주역 가운데 한 사람이다.

---

[201] 『조선일보』, 2017년 6월 1일.

이나바 이와키치는 일본의 『사학잡지(史學雜誌)』 제21편 제2호에 「진 장성 동쪽 끝 및 왕험성에 관한 논고(秦長城東端及王險城考)」를 발표하여 패수는 대동강이며 대동강 남쪽에 왕험성이 있었다고 주장하였다. 그리고 이 논문이 지금껏 한국의 일부 사학자들에게 낙랑군의 위치를 한반도 내로 비정하는 데 중요한 근거가 되었으며, 특히 현재 동북아역사재단을 비롯한 한국 학계 일부가 대동강 남쪽에 낙랑군 조선현이 있었다고 주장하는 단초가 되었다고 이덕일은 지적한다.[202]

스에마쓰 야스카즈는 패전 후 일본으로 쫓겨 가서 임나가 경상도는 물론 충청도와 전라도 지역까지 차지하고 있었다는『임나흥망사(任那興亡史)』(1949)를 서술하여 패전으로 실의에 빠진 일본인들에게 일제는 다시 한국을 점령할 수 있으니 좌절하지 말라는 메시지를 준 극우파 역사학자이다. 그의 이러한 임나일본부설은 토성리를 한사군의 낙랑군 조선현이라고 비정한 이나바 이와키치의 주장과 함께 우리 역사가 마치 북쪽은 중국의 식민지로부터, 그리고 남쪽은 일본의 식민지로부터 출발한 역사로 해석하는 핵심적 왜곡 논리로 악용되고 있음에 주목해야 한다.

고고학적 측면에서 한사군 한반도설을 해석한 것은 세키노 다다시(關野貞)이다. 그는 도쿄대학 건축학과 출신으로 조선총독부의 위촉을 받아 한반도 안의 수많은 유적과 유물을 발굴하면서 식민사학을 고고학으로 왜곡하여 합리화한 인물이라는 평가를 받는다. 이에 대해 이덕일은 「위만조선의 왕검성과 낙랑군 조선현의 위치」라는 논문에

---

202 이덕일, 「위만조선의 왕검성과 낙랑군 조선현의 위치」, 『한국상고사의 쟁점』, 동북아역사재단, 2015, 86쪽.

서 "세키노 다다시는 역사해석의 기본이 되는 1차 문헌사료와 배치되는 여러 발굴 결과를 내놓았고, 식민사학은 이를 근거로 한사군이 한반도 내에 있었다고 주장했다. 억지로 만들어진 고고학의 대표적인 사례이다. 세키노 다다시의 발굴 결과를 토대로 만든 조선총독부의 『조선고적도보(朝鮮古蹟圖譜)』(1915)는 낙랑군에 대하여 '원봉(元封) 3년 한 무제가 설치한 낙랑군은 대략 지금의 평안북도, 황해도 및 경기도에 걸친 지역에 있었다.'고 단정 짓고 있다. …… 이나바 이와키치가 낙랑군 조선현을 대동강 남쪽으로 비정한 것은 1차 사료적 근거가 전무한 조선총독부식의 '이른바 실증주의'였다. 이런 식민사학의 실증주의에 세키노 다다시로 대표되는 고고학계가 가세한 것은 조선총독부가 짜 놓은 각본에 따른 것이었다. 그런데 아직도 이런 구시대적 각본에 따라 움직이는 한국 역사학계 일각이 문제인 것이다."라고 비판한다.[203]

이제 이러한 논리를 따르는 한국 사학자들의 논리를 살펴보자. 서영수는 「대외관계에서 본 낙랑군」이라는 논문에서 "일찍부터 낙랑군의 치소로 알려져 왔던 토성리 유적 대부분이 위만조선의 왕도였던 대동강 북안의 왕검성(王儉城) 일대에 있었던 것이 아니라 대동강 남안에 있다는 점은 주지의 사실이다. 이는 일시적으로 확대되었던 낙랑군이 고구려를 비롯한 예맥사회의 압력에 쫓겨 군현의 중심지를 방어에 보다 유리한 대동강 남안으로 옮겼음을 시사해주는 것이라고 할 것이다."라고 쓰고 있다.[204]

---

203 이덕일, 앞의 논문, 90쪽.
204 서영수, 「대외관계에서 본 낙랑군」, 『사학지』 제31집(1998. 12), 17쪽.

이에 대해 이덕일은 앞의 논문에서 "서영수의 견해는 지금의 대동강 북쪽의 평양 일대에 왕검성이 있었는데 예맥사회의 압력에 쫓겨 대동강 남안으로 옮겼다는 것이다. 이는 식민사학자 이마니시 류(今西龍)의 주장을 따른 것이기도 하다. 대동강 북안의 왕검성이 위험하면 최소한 한강 남쪽 정도로 천도해야지 대동강 남안으로 천도했다는 것이 말이 되겠는가? 이는 지금 한강 북쪽의 서울이 위험하다고 한강 남쪽으로 천도했다는 것과 마찬가지 논리이다. 낙랑군의 치소를 대동강 남쪽으로 비정한 조선총독부의 견해에 꿰어 맞춘 억지논리에 불과하다."고 지적하고 있다.[205]

노태돈은 「고조선 중심지 변천에 대한 연구」라는 논문에서 "왕검성은 낙랑군 조선현의 위치가 평양 지역인 만큼 역시 평양 일대에 있었다고 보는 것이 순리이다. 평양 일대에 BC(서기전) 3세기 이래의 유적이 연속적으로 많이 존재하고 있음은 이를 뒷받침한다. 조선현의 치소(治所)는 대동강 남안의 토성동(土城洞) 지역으로 보인다. 토성의 규모가 번성하였던 군(郡)의 수부(首府)가 있었던 곳으로는 작다는 점을 들어 회의적인 견해도 있다. 그러나 이는 오히려 당시 낙랑군의 지배구조의 성격을 반영하는 일면으로 이해되어야 할 것이다."고 말하였다.[206]

이에 대해 이덕일은 "노태돈은 자신의 주장을 입증하거나 뒷받침하는 1차 사료적 근거는 전혀 제시하지 않고 '순리이다', '이해하여야 할 것이다'라는 비학문적 희망사항으로 일관하고 있다. 노태돈은 낙랑군

---

205 이덕일, 앞의 논문, 102~103쪽.
206 노태돈, 「고조선 중심지 변천에 대한 연구」, 『한국사론』 23, 1990, 22~23쪽.

조선현의 위치는 대동강 북쪽의 평양이라고 말해놓고 곧바로 조선현의 치소는 대동강 남안의 토성동으로 비정하는 논리의 모순까지 보이고 있다. 이나바 이와키치나 이마니시 류, 세키노 다다시 등이 억지로 꿰어 맞춘 조선총독부의 논리를 비판 없이 반복하다 보니까 자신이 무슨 말을 하고 있는지도 모르는 듯하다. '왕검성은 낙랑군 조선현의 위치가 평양 지역인 만큼 역시 평양 일대에 있었다고 보는 것이 순리이다'라는 문장을 중국의 1차 사료로 바꾸면 '왕검성은 낙랑군 조선현의 위치가 지금의 하북성 노룡현인 만큼 역시 하북성 일대에 있었다고 보는 것이 순리이다.'라고 바꿔야 한다."고 예리하게 분석하여 비판하고 있다.[207]

송호정은 「고조선의 위치와 중심지 문제에 대한 고찰」이라는 논문에서 "요서, 요동, 한반도의 평양 일대 가운데 고조선의 문화와 중국한의 문화가 복합되어 나타나는 곳은 바로 평양 일대이다. 그렇다면 평양 부근에 고조선 왕검성이 있었고, 그 뒤에 낙랑군이 설치되었다고 보는 것이 합리적이다. 왕검성은 낙랑군 조선현의 위치가 평양 지역인 만큼 역시 평양 일대에 있었다고 보는 것이 순리이다. 평양 일대에 기원전 3세기 이래의 유적이 연속적으로 많이 존재하고 있음은 이를 뒷받침한다."고 말한다.[208]

이에 대해 이덕일은 "송호정 역시 1차 사료적 근거는 전혀 제시하지 않고 '합리적이다', '순리이다' 등 비학문적 희망사항을 나열하고 있다. 엄밀한 사료 검증에 의한 역사학적 방법론은 사라지고 이미 내

---

207 이덕일, 앞의 논문, 103~104쪽.

208 송호정, 「고조선의 위치와 중심지 문제에 대한 고찰」, 『한국고대사연구』 58, 한국고대사학회, 2010, 53쪽.

린 결론에 꿰어 맞추는 비학문적 희망사항만 나열하고 있는 것이다. …… 지금 중국에서는 위만조선의 왕험성 자리에 세웠던 험독현에 대해 요녕성 태안(台安)현 동남쪽 20리의 손성자(孫城子) 지역으로 꼽고 있다.[209] 이런 내용을 담은 『석문회편·동북권(釋文滙編 東北卷)』이 나온 것이 1988년이다. 중국에서도 '험독현 한 현(縣)만 조선반도에 있는 것은 불가능하다'고 말하고 있는데 아직도 '험독현＝평양 설'을 고집하는 한국 역사학계 일부의 태도는 그야말로 불가사의라는 말로밖에 달리 설명할 수 없다."고 안타까워하고 있다.[210]

209 譚其驤 主編, 『中國歷史地圖集』, 『釋文滙編 東北卷』, 中央民族學院出版社, 1987, 11쪽.
210 이덕일, 앞의 논문, 104쪽.

사료와 유적이 말하는 한사군의 실제 위치와 성격

동일한 명칭, 상이한 성격의 세 낙랑 ──

한사군의 위치에 대한 학계의 논란이 분분한 것은 '낙랑'이라는 명칭에 대한 이해의 혼란이 주요 원인이라고 할 수 있다. '낙랑'이라는 지명은 위치와 성격이 전혀 다른 세 곳이 있었다. 하나는 중국 난하 유역에 있던 한사군의 낙랑군이요, 다른 하나는 대동강 유역에 있었던 최리(崔理)의 낙랑(樂浪)국이며, 또 다른 낙랑은 동한의 광무제가 평양 지역에 설치한 군사기지 낙랑을 말한다.

앞에서 한 무제가 위만조선을 멸망시키고 그 자리에 낙랑군, 진번군, 임둔군, 현도군을 설치하였다고 하였다. 그래서 '낙랑'이라는 명칭을 대하면 그것은 한사군 가운데 하나인 낙랑군으로 인식하는 경향이 있다. 특히 평양에 있었던 낙랑이라는 지명을 한사군의 낙랑으로 착각함으로써 한사군이 평양에 있었다는 인식으로 이어진 것이다.

평양에 있었던 최리의 낙랑국은 한사군과는 지리적으로나 성격 면에서 전혀 다른 '낙랑'이다. 이 낙랑은 고대조선 연맹체제가 붕괴되고 여러 나라가 열국시대를 형성하고 있을 때 최리가 낙랑이라는 나라를 이끌고 있었는데 그 위치는 고구려의 남쪽 대동강 유역이었다. '호동왕자와 낙랑공주' 이야기로 잘 알려진『삼국사기』에 나오는 낙랑이 바로 이곳이다. 이 나라는 37년에 대무신왕이 고구려에 통합하였다.

또 다른 낙랑은 군사기지 성격의 낙랑이다. 동한(東漢)의 광무제(光武帝)는 44년에 고구려의 배후를 위협할 목적으로 바다를 건너와 전에 최리의 낙랑국이 있었던 대동강 유역을 확보하고 그곳에 군사기지를 설치하였다. 그리고 그 명칭은 옛 지명을 그대로 사용하여 '낙랑'이라 하였다. 이 낙랑은 300년에 고구려가 축출할 때까지 오랜 기간(44~300) 평양 지역에 존속하였다. 따라서 평양 지역에서 발견된 중국식 유적은 바로 이 낙랑의 유적들로 보아야 한다는 윤내현의 견해가 설득력이 있다.[211]

'낙랑'이라는 지명을 둘러싼 이러한 세 가지 상이한 성격과 위치에 대한 이해를 배경으로 평양 지역에서 발견된 중국식 유적의 실체를 살펴보면 평양이 한사군의 낙랑군이었다는 인식이 결코 사실이 아님을 알 수 있다.

낙랑군 위치를 평양으로 보는 유적의 실체 ——

한사군은 한(漢) 나라 군현(郡縣, 행정구역)이었으므로 한의 강역 안에 있음이 마땅하다. 그리고 대동강은 한의 강역과 무관하다. 그렇기 때문에 한사군이 대동강 유역에 있었다고는 말할 수 없다. 따라서 한

---

211 윤내현,『한국 고대사 신론』, 만권당, 2017, 462쪽.

국고대사는 결코 한사군의 식민지 지배로부터 출발한 역사가 아니다. 그럼에도 일본의 우익과 동북공정을 추진하는 중국의 학자들뿐만 아니라 일부 한국 역사학자들마저도 한사군이 대동강 유역에 있었으며 그로 인해 한국고대사가 마치 한사군의 식민지 지배로부터 출발한 것처럼 해석하는 논리에 동조하거나 갇혀 있다. 이에 대한 진위를 확인하기 위해서 그와 같은 논리가 형성된 배경을 살펴보자.

우선 그러한 주장의 빌미를 제공한 것이 우리 안에 있음을 앞에서 살펴보았다. 하지만 자세히 살펴보면 일본이 본질을 왜곡하여 논리를 체계화했고 그것이 우리 역사학자들에게 전해져서 거의 신념화돼 있으며 중국이 동북공정 논리에 악용하고 있음을 읽을 수 있다. 일본의 역사유적 조작 작업은 기록과 유물이 희소한 고대사에 집중되어 한사군의 위치 왜곡과 임나일본부설로 정리되었다.

일본의 고고학자 후지무라 신이치(藤村新一)는 손을 대기만 하면 유적이 쏟아져 나와 소위 '신(神)의 손'이라는 칭송을 받았던 인물이다. 그는 1981년 미야기(宮城)현 자자라기(座散亂木) 유적지에서 4만 년 전 유물을 발견했는가 하면, 일본에 70만 년 전 구석기시대가 있었다고 하여 일본을 놀라게 하였다. 그러나 마이니치신문사의 비밀 촬영으로 그가 유적지에 몰래 유물을 묻는 모습이 들켜 그의 이러한 업적이 허위였음이 밝혀졌다. 그런데 그의 이와 같은 행태는 세키노 다다시를 비롯한 이마니시 류 등과 같은 식민사학자들의 한사군 유적 조작 행태로부터 이어져왔으며 『일본서기』의 편찬으로부터 시작된 일본의 숙명이라는 평가가 있다.[212]

이때 동원된 유물들은 대동강 남쪽 구두진(狗頭津) 토성, 평양 지역에서 출토된 봉니(封泥) 70여 점, 용강에서 발견했다는 점제현 신사비 (秥蟬縣神祠碑), 각종 동종(銅鐘)과 칠기(漆器), 화폐(貨幣, 貨泉), 장무 이전(張撫夷塼)을 비롯한 벽돌[塼], 놋창[細形銅矛]과 막새기와 등이 다. 이를 기초로 해서 일본인 학자들과 그를 따르는 한국인 학자들이 낙랑군 조선현은 평양에 있었다는 주장을 폄으로써 한국고대사 인식 을 혼란스럽게 하고 있다.

그럼 어떤 사료를 보아야 우리 고대사의 진실에 가까이 접근할 수 있을 것인가? 윤내현의 『한국 고대사 신론』이 좋은 지침이 될 수 있다 는 측면에서 『한국 고대사 신론』의 내용을 중심으로 낙랑군 위치를 살 펴보고자 한다. 아래는 한사군 낙랑군의 위치에 대한 윤내현의 글을 인용한 것이다.[213]

• 주지하는 바와 같이 고조선·위만조선·한사군의 낙랑군은 그 중심 지가 지금의 북한 지역에 있는 평양으로 인식되어 왔다. 그러나 필자는 그러한 한국 사학계의 통설을 부정하면서 고조선의 강역을 오늘날 중국 하북성 동북부에 있는 난하의 동부 연안으로부터 북한의 청천강에 이르 는 지역으로 추정했다. 그리고 위만조선은 고조선의 뒤를 이은 것이 아 니라 고조선의 서쪽 변경에 있었던 기자국의 뒤를 이은 정치세력으로서 고조선의 서부를 침략, 잠식한 후 지금의 요하 서쪽에 위치해 고조선의 잔여세력과 병존해 있었을 것으로 주장한 바 있다. 그런데 한사군은 위 만조선이 서한의 무제에게 멸망된 후 그 지역에 설치되었으므로 고조선

212 전우성, 『다시 쓴 한국 고대사』, 매일경제신문사, 2015, 98~130쪽 참조.
213 윤내현, 앞의 책, 2017, 417~466쪽 참조.

과 위만조선에 관한 위와 같은 필자의 주장이 분명해지기 위해서는 한사군의 위치가 명확하게 밝혀지지 않으면 안 된다. …… 한사군의 낙랑군이 오늘날 요하 서쪽에 위치했다면 종래에 낙랑군이 위치했던 것으로 믿어져 온 평양 지역에는 어떠한 정치세력이 존재했는가?…… 오늘날 평양 지역에 한사군의 낙랑군이 위치하지 않았다면 평양 지역에서 발견되어 낙랑군 유적으로 보고된 중국식 유적과 유물은 어떻게 설명되어야 하는가?

• 필자는 위만조선이 멸망하기 전 서한의 동북부 국경은 오늘날 난하 상류와 하류 및 난하 하류의 동부 연안에 있는 갈석산이었으며, 위만조선이 멸망하고 한사군이 설치된 이후 서한의 동북부 국경은 오늘날 요하였다는 견해를 발표한 바 있다.[214] …… 이러한 필자의 견해가 옳다면 한사군은 오늘날 요하 서쪽에 위치했었다는 것이 되며 한사군 가운데 하나인 낙랑군은 당연히 그 지역 안에 있어야 한다.

•『한서』「지리지」를 보면 낙랑군에는 조선(朝鮮)·패수(浿水)·점제(黏蟬)·수성(遂城)·대방(帶方) …… 부조(夫租) 등 25개 현이 있었던 것으로 되어 있다. 따라서 위에 열거된 어느 하나라도 명확하게 그 위치가 확인된다면 대체적인 낙랑군의 영역을 알 수 있게 된다. 그런데 위의 25개 현 가운데 조선현과 수성현의 위치가 분명하게 확인된다.

• 우선 위의 조선현에 대한 응소의 주석을 보면 (서주의) 무왕이 기자를 봉했던 곳이라 했고,『위서』「지형지」'평주'조 '북평군'을 보면 북평군에는 조선과 신창(新昌) 2개의 현이 있었던 것으로 되어 있으며 조선현

---

214 윤내현,「고조선의 서변 경계고」,『사학지』19집, 단국대 사학회, 1985, 6~7쪽에서 재인용.

에 대해서 '서한과 동한을 거쳐 진 시대에 이르기까지는 낙랑군에 속해 있다가 그 후 폐지되었다. 북위의 연화 원년(432)에 조선현의 거주민을 비여현으로 이주시키고 다시 설치해 북평군에 속하게 했다.'고 주석을 하고 있다.[215]

윤내현의 설명은 '진 시대의 낙랑군은 한 시대에 설치한 것'이라는 『진서』「지리지」'평주'조의 내용과 같고, '서주는 기자를 봉했던 곳'이라는 주석이 『한서』「지리지」응소의 주석과 일치하므로 『위서』「지형지」의 조선현에 대한 주석은 정확하다는 것이 확인된다고 하였다. 기본 사료에 충실한 윤내현의 주장은 사료 연구에 훌륭한 지침이 되고 있다.

여기서 주목해야 하는 것은 평양 지역에서 발굴됐다는 유적과 유물 해석에 대한 윤내현의 평가이다. 그는 자신의 견해가 "고고학적으로도 뒷받침된다."는 전제하에 앞에서 제시되었던 유적과 유물들에 대한 일본인 학자들의 해석뿐만 아니라 소위 '젊은 역사학자들'이라는 한국 학자들이 제시한, 낙랑군이 대동강 유역에 있었다는 주장이 오류임을 이해하기 쉽게 논리적으로 밝히고 있다. 이에 낙랑유적으로 인식되고 있는 평양 지역에서 발굴된 유적들의 생성 연대와 용어들에 대한 전문적인 논의에 기초한 윤내현의 체계적인 분석이야말로 독자들의 한국고대사 바로 읽기에 확실한 지침이 되리라는 차원에서 그의 논리를 요약 정리한다.

215 윤내현, 앞의 책, 2017, 422~423쪽.

• 한사군이 설치되었던 서한시대 이후의 관직을 보면 군에는 태수·대윤·승·장사가 있었고 현에는 영이나 장·승·위 등이 있었을 뿐 군이라는 관직이 없었다. 그런데『한서』「무제기」에 '원삭 원년(서기전 128) 가을에 동이의 예군인 남려 등 28만 명이 항복하니 그곳을 창해군으로 삼았다.'는 기록에서 '부조예군'과 같은 직명인 예군이라는 관직이 확인된다. 이 기록은 주지하듯이 위만조선 말기에 우거왕을 배반하고 서한으로 투항한 예군이었던 남려에 관한 기록이다. 따라서 예군은 위만조선에서 사용했던 관직명이었음을 알 수 있다. 그런데 앞에서 언급했듯이『한서』「지리지」에 따르면 부조현은 낙랑군에 속해 있었는데 낙랑군 지역은 한사군이 설치되기 이전에는 위만조선에 속했고, 그 이전에는 고대조선에 속해 있었다. 따라서 '부조예군'은 고대조선과 위만조선에서 사용했던 관직명이었음을 알 수 있다.

• 1958년에 평양 정백동의 토광묘에서는 세형동검과 함께 '부조예군'이라고 새겨진 은인(銀印)이 출토되었다.[216] 그런데『한서』「지리지」에 따르면 서한의 낙랑군에는 25개의 현이 있었는데 그 가운데 부조현이 있었다. 그러므로 평양에서 '부조예군'의 인장이 출토되었다는 것은 그 지역이 한사군의 낙랑군이었음을 알게 하는 증거라고 인식하는 학자가 있다.[217] 그러나 이미 김정학이 지적했듯이 '부조예군'의 은인은 한사군 설치 이전에 만들어진 것이다.[218]

---

216 백련행,「부조예군의 도장에 대해」,『문화유산』, 1962년 4호, 61쪽에서 재인용.
217 新楓毅,「論中國東北地區含曲刃青銅短劍的文化遺存」下,『考古學報』, 1983年 1期, 51~52쪽 재인용.
218 김정학,「청동기의 전개」,『한국사론』 13, 국사편찬위원회, 1983, 133쪽에서 재인용.

• 한사군의 낙랑군이 지금의 중국 하북성 동북부에 있는 난하의 하류 동부 유역에 위치해 있었음은 앞에서 이미 확인된 바 있으므로 낙랑군에 속했던 부조현도 그 지역에 있었다는 것이 된다. 따라서 부조예군의 원주지는 난하 하류 동부 연안이었다는 결론에 도달하게 된다. 그리고 고대조선이나 위만조선의 부조지역 예군이 위만조선의 흥망시기에 지금의 평양 지역으로 이주해 왔을 것임을 알게 된다.

• 부조예군 묘에서 은인과 함께 요녕성과 남북한 지역의 특징적인 청동기인 세형동검이 출토되었다는 것은 이 묘에 묻힌 사람이 중국계가 아니라 고대조선계였음을 알게 해주는 것이다.

• 종래 한국 사학계에서 한반도 북부에 있는 지금의 평양을 한사군의 낙랑군 지역으로 보아왔던 데는 두 가지 이유가 있었다고 생각된다. 첫째는 중국의 옛 문헌에 고구려의 평양성이 한의 낙랑군이었다는 기록이 보이고, 둘째는 지금의 평양 지역에서 중국식의 유적과 유물이 많이 발견되었는데 발굴자들이 그것을 한사군의 낙랑군 유적으로 보고함으로써 문헌에 보이는 한의 낙랑군이었다는 평양이 바로 지금의 평양을 지칭하는 것으로 인식하도록 만들었다. 그러나 면밀히 검토해보면 위의 두 가지 이유가 모두 잘못 인식된 것임을 다음에 이어지는 내용에서 읽을 수 있다.

• 고대 한국에서 평양은 고유명사가 아니었고 '대읍' 또는 '장성'을 뜻하는 보통명사였음이 언어학자의 연구 결과에 의해 밝혀졌는데[219] 읍은 취락을 뜻하므로 대읍은 큰 취락을 뜻한다. 따라서 고대 한국어에서 평양

---

219 이병선, 『한국 고대 국명 지명연구』, 형설출판사, 1982, 32쪽에서 재인용.

은 오늘날의 큰 취락 또는 도읍에 해당하는 보통명사였던 것이다. 이렇게 볼 때 평양은 반드시 한 곳에만 있었을 수는 없으며 경우에 따라서는 도읍이 이동함에 따라 평양이라는 명칭도 이동했을 것으로 보아야 한다.

• 이제 평양 지역의 이른바 낙랑유적에 대해 살펴보자. 일본인 학자들에 의해 평양 지역의 중국식 유적이 한사군의 낙랑군 유적으로 보고된 이후에 일부 학자들은 그것을 위조품으로 보기도 하였지만 그 많은 유적과 유물을 위조품으로 단정할 수는 없을 것이다. 그러나 평양의 중국식 유적을 한사군의 낙랑군 유적으로 인식하는 근거로 제시되었던 것으로는 고분·토성·봉니·점제비(秥蟬碑)·효문묘·동종 등이 있는데 이러한 유적들은 진품 여부에 대한 의혹과 해석상의 오류가 있어 이에 대한 정확한 이해가 필요하다.

• 일본인 학자들에 의해 발굴된 중국식 고분 중 가장 이른 시기의 고분인 제1호분에서 출토된 유물을 보면 그중 '화천(貨泉)'이 있었다. 화천은 왕망(王莽)시대에 주조된 화폐이다. 따라서 이 고분의 조성 연대는 왕망시대 이전으로 올라갈 수 없다. 왕망시대는 불과 15년(9~23) 동안이었고 그 뒤를 이어 동한(東漢)시대가 되는데 왕망시대에 주조된 화폐가 한반도까지 도달한 시간을 감안한다면 제1호분 조성 연대는 동한시대 이전으로 볼 수 없다. 그렇다면 평양 지역의 중국식 고분은 모두 동한시대 이후에 조성된 것이므로 한사군 설치 연대보다 훨씬 늦은 시기의 것이 된다.

• 토성 지역에서는 많은 봉니와 함께 '대진원강(大晉元康)·낙랑예관(樂浪禮官)·낙랑부귀(樂浪富貴)' 등의 문자가 새겨져 있는 기와가 출토되었고, 이것들은 이 토성 지역이 낙랑군의 치소였음을 알게 해주는 증거로 제시되었다. 그런데 기와의 명문에 보이는 '대진원강'이라는 연호

는 서진(西晉) 혜제(惠帝)시대의 연호로 서기 291년부터 299년까지였다. 따라서 기와에서 확인된 연대에 따르면 이 유적은 한사군이 설치되었던 서기전 108년보다 무려 400여 년이나 뒤진 서기 290년대의 것이다. 다시 말하면 한사군의 유적으로 단정하기에는 그 조성 연대가 너무 늦다.

• 토성 지역에서는 그동안 200점이 넘는 중국식 봉니(封泥)가 수집되었다고 한다. 그런데 이렇게 많은 봉니가 한 곳에서 수집된 예가 없으므로 처음부터 그것들이 모두 진품일까 하는 의문이 제기되었다. 필자(윤내현)는 그중 위조품이 상당수 포함되어 있음이 분명하다고 본다. 예를 들면 '낙랑대윤장(樂浪大尹章)'이라는 봉니가 있는데 대윤(大尹)은 왕망시대의 관직명이다. 서한시대에는 군을 다스리는 지방장관을 태수(太守)라고 했는데 왕망시대에 이것을 개명해 대윤이라고 했다. 그러므로 이 봉니는 왕망시대에 낙랑군을 다스리던 지방장관의 것처럼 보인다. 그러나 왕망시대는 서한시대의 모든 군명을 개명했는데 낙랑군은 낙선군(樂鮮郡)이 되었다. 따라서 이 봉니가 왕망시대에 만들어졌다면 '낙선대윤장(樂鮮大尹章)'이어야 하고 서한시대에 만들어졌다면 '낙랑태수장(樂浪太守章)'이어야 한다. 그런데 이 봉니는 군 이름과 관직 이름이 일치하지 않는 것으로 보아 진품일 수가 없다.

• 주지하는 바와 같이 봉니는 공문서를 봉함하는 것이므로 봉니가 출토된 곳은 공문서를 받는 곳이 된다. 그러므로 '낙랑태수장(樂浪太守章)·조선우위(朝鮮右尉)·염한장인(諵邯長印)' 등의 봉니가 진품이더라도 평양 지역은 낙랑태수, 조선우위, 염한장 등으로부터 공문서를 받는 곳이 되는 것이지 그 치소가 될 수는 없다. 정인보는 봉니의 서체가 너무 정돈되어 있어서 그것들을 한(漢)시대의 것으로 볼 수 없음을 지적한 바

있는데 앞에서 언급된 토성의 연대와 연결시켜볼 때 진품의 봉니들도 한 시대보다 훨씬 후에 만들어졌을 것이다.

• 인장(印章)은 왕광묘·왕우묘·부조예군묘·부조장묘 등에서 출토되었다. 왕광묘에서는 '낙랑태수연왕광지인·신광·왕광사인' 등의 목제(木製) 인장(印章)이 출토되었고, 왕우묘에서도 '오관연왕우·왕우인신' 등의 목제 인장이 출토되었다. 그리고 부조예군묘와 부조장묘에서는 '부조예군', '부조장'이라고 새겨진 은인(銀印)이 출토되었다. 그런데 태수연이나 오관연은 모두 군 태수에게 속해 있던 군리(郡吏)들이었다. 그래서 이 인장들이 평양 지역이 한사군의 낙랑군 치소였음을 말해주는 증거로 제시되었다. 그러나 태수에게 속해 있던 군리들은 반드시 군 치소에서만 근무했던 것이 아니라 군 치소로부터 멀리 떨어진 곳에서도 근무하는 경우가 있었으므로 군리인 태수연이나 오관연이 근무한 곳이 바로 군 치소였다는 의미가 될 수 없는 것이다.

• 이보다 더 중요한 것은 이 고분의 조성 연대이다. 인장의 서체에서도 그것이 서한시대보다 늦은 것임을 알 수 있지만, 그 연대를 분명히 해주는 것이 칠기의 명문이다. 왕우묘에서 명문이 있는 칠기가 출토되었는데 그 가운데 '영평 12년(永平十二年)'이라는 기록이 있었다. 영평 12년은 동한 명제시대로 서기 69년이 된다. 따라서 이 고분 조성 연대는 그 이전으로 올라갈 수 없다. 이 고분은 한사군이 설치되었던 서한시대의 것이 아니라 그보다 훨씬 늦은 동한시대의 것임을 알 수 있다.

• '부조예군'과 '부조장'의 은인(銀印)은 평양의 정백동에서 1958년에 출토되었다. 한사군의 낙랑군에는 25개의 현이 있었는데 부조현은 그 가운데 하나이다. 그래서 평양이 한사군의 낙랑군 지역임을 알게 하는 근

거로 인식되었다. 그러나 앞에서 이미 확인하였듯이 낙랑군은 지금의 난하 하류 동부 연안에 있었다. 그리고 예군은 고대조선과 위만조선의 지방 관직명이었다. 따라서 부조예군의 인장이 평양 지역에서 출토되었다는 것은 평양이 낙랑군 지역이었음을 알게 하는 것이 아니라 그 지역에 한사군이 설치되기 이전에 외세의 침략에 항거하다가 난하 하류 동부 연안의 낙랑군 지역으로부터 지금의 평양 지역으로 이주해온 고대조선족이 있었음을 알게 하는 것이다.

• 서한시대의 현에는 장이라는 관직이 있었다. 따라서 부조장의 은인은 낙랑군 부조현의 장이 소유했던 것이라고 볼 수 있다. 그러나 여기서 유의해야 할 점은 이 부조장의 은인은 실용적인 완전한 은인이 아니라 문자의 형태만 알아볼 수 있도록 부식시킨 것으로 하나의 상징적인 유물이라는 점이다. 그러므로 이 고분의 주인이 부조현의 장이었다고 하더라도 그가 사망 시에는 자신이 사용했던 인장을 소지하고 있지 못했음을 알 수 있다. 따라서 필자(윤내현)는 이 부조장묘의 주인도 먼 곳으로부터의 이주민이었을 것으로 믿고 있다. 이 부조장묘는 앞에서 소개된 부조예군의 묘와 불과 50미터 떨어진 곳에 있기 때문에 서로 친연관계에 있었을 것으로 학계에서는 믿고 있다.

• 부조예군과 부조장의 묘에서는 요녕성과 남북한 지역의 특징적인 청동기인 세형동검이 출토되어 이들이 중국계가 아니라 고대조선족이었음을 알게 해주고 있다. 결론적으로 말하면 부조예군과 부조장의 은인은 지금의 평양 지역을 한사군의 낙랑군 지역으로 볼 수 있는 적극적인 증거가 되지 못한다.

• 평양 지역을 낙랑군 지역으로 보는 중요한 증거의 하나로 제시된 것

이 점제평산군신사비(秥蟬平山君神祠碑)이다. 앞에서 언급된 토성으로부터 약 150미터 동북 지점에서 발견된 이 비문의 첫머리를 보면 '□和二年四月戊午, 秥蟬長渤興'으로 시작되었다. 비문의 첫 자는 판독이 불가능하고 둘째 자는 화(和), 셋째 자는 이(二)와 비슷했다. 여기서 화(和) 자를 사용한 중국의 연호는 원화(元和)·장화(章和)·영화(永和)·광화(光和)·태화(太和) 등이 있는데 그 가운데 원화가 가장 빠른 연대이다. 원화는 동한(東漢) 장제(章帝)의 연호로 원화 2년은 서기 85년이 된다. 그러므로 비문의 연호를 가장 빠른 시기의 것으로 계산하더라도 이 비는 동한시대에 건립되었다는 말이다. 다시 말하면 한사군의 설치 연대보다 훨씬 늦은 시기에 건립된 것이다.

• 또 한 가지는 비문의 '점제(秥蟬)'라는 글자에 대한 해석의 문제이다. 서한과 동한시대에 장(長)은 현을 다스리던 관리였으므로 이 비는 점제현의 장이 세웠을 것으로 인식되었다. 『한서』「지리지」를 보면 서한시대의 낙랑군에는 점제현(黏蟬縣)이 있었고,[220] 『후한서』「군국지」에 따르면 동한시대의 낙랑군에는 점제현(占蟬縣)이 있었다.[221] 이로 보아 서한시대의 점제현(黏蟬縣)이 동한시대에는 점제현(占蟬縣)으로 바뀌었음을 알 수 있다. 이에 따라 점(黏)·점(占)·점(秥)은 당시에 통용된 문자로 인식하고 이 비가 있는 지역을 바로 점제현으로 보았던 것이다. 그러나 음이 같은데도 굳이 다른 문자를 사용한 것은 구분할 필요가 있는 다른 지명이었을 것이다. 이 비의 건립 연대가 서한시대가 아니라는 점은 이러

---

220 『한서』권28 하「지리지」하 '낙랑군'조.
221 『후한서』지23「군국」5 '낙랑군'조.

한 필자(윤내현)의 생각을 강하게 뒷받침해준다.[222]

- 효문묘 동종의 명문은 '孝文廟銅鐘用十斤, 重卅十斤, 永光三十六月造'라고 되어 있다. 영광(永光)은 서한 원제의 연호로 영광 3년은 서기전 41년이다. 따라서 이 동종은 서한시대에 제조된 것이 분명하다. 이 동종은 제9호분에서 출토된 것으로 확인되었는데 이러한 동종이 지금의 평양 지역에서 출토되었다는 것은 평양이 서한의 낙랑군 치소로 이곳에 효문묘가 설치되어 있었음을 알게 하는 증거라고 인식됐다. 효문은 서한의 문제를 말하는데 과연 평양 지역에 효문묘가 설치될 수 있었을까?

- 한사군은 서한 무제 시대에 설치되었고, 문제는 무제보다 앞선 황제였으므로 문제는 낙랑군과 연고를 맺을 수 없다. 따라서 설령 지금의 평양 지역이 한사군의 낙랑군이었다고 하더라도 그곳에 효문묘가 설치될 가능성은 낮다. 여기서 한 가지 명확히 해두어야 할 것은 서한의 군국묘는 원제 영광 4년(서기전 40)에 모두 폐지되었다.[223] 평양에서 출토된 효문묘 동종은 영광 3년(서기전 41)에 제조되었으므로 이 동종이 제조된 1년 후에 모든 군국묘가 폐지되었다. 그런데 여기서 중요한 것은 효문묘 동종이 출토된 제9호분의 조성 연대이다. 이 고분에서 출토된 유물 중에는 서한시대 이후에 제조된 것으로 여겨지는 동종이 있는 것으로 보아 제9호분의 조성 연대는 동한시대 이전이 될 수 없을 것으로 판단된다.

- 이러한 점들을 종합해보면 효문묘 동종은 지금의 평양 지역에서 사

---

222 윤내현, 앞의 책, 2017, 459~460쪽 참조.
223 서한시대에 있었던 군국묘는 서한의 고조가 그의 아버지 태상황의 묘를 모든 제후왕의 도읍지에 설치하도록 함으로써 시작되었다(『한서』 권27 상 「오행지」 상 '무제 건원'조). 그러나 군국묘로서의 황제의 묘가 모든 군에 설치되었던 것은 아니다. 군국은 그곳을 순행했거나 잠시라도 거주한 일이 있는 황제, 다시 말하면 그 지역과 연고가 있는 황제에 대해서만 묘를 설치할 수가 있었다(윤내현, 앞의 책, 2017, 461쪽).

용되었던 것이 아니라 다른 지역의 군국묘에서 사용되었던 것이 전국의 군국묘가 폐지된 후 어떤 경로를 거쳐 제9호분 주인의 소유가 되었다가 그의 사망과 더불어 부장품으로 묻혔을 것으로 볼 수 있다.

• 지금까지의 고찰로 분명해진 것은 종래에 한사군의 낙랑군 유적으로 인식되었던 평양의 중국식 유적은 모두가 동한시대 이후에 조성되었다는 것이다. 따라서 한사군은 서한의 무제 시대에 설치되었는데 어째서 서한시대에 조성된 유적은 하나도 보이지 않고 그보다 훨씬 늦은 동한시대의 유적만 존재하는가라는 의문을 갖지 않을 수 없다. 이러한 의문에 대한 명쾌한 해답은 이 유적들은 한사군의 낙랑군 유적들이 아니라 동한의 광무제가 평양 지역에 설치한 낙랑 유적으로 보아야 한다는 것이다.

• 평양 지역에는 본래 최리의 낙랑국이 있었는데 37년에 고구려에 의해 멸망되었다. 그 후 44년에 동한의 광무제가 고구려의 배후를 위협할 목적으로 평양 지역에 쳐들어와서 최리의 낙랑국이 있었던 지역에 동한의 군사기지를 설치하고 그 명칭을 낙랑이라고 했다. 이 낙랑이 300년에 축출되었는데 평양 지역에서 발견된 중국식 유적은 바로 이 낙랑의 유적들인 것이다.

• 끝으로 한 가지 강조하고자 하는 것은 지금의 평양 지역에서 연대가 이른 중국식 유적이 발견된다 하더라도 그것을 인식하는 데 매우 신중을 기해야 한다는 것이다. 왜냐하면 고구려에 의해 멸망되었던 최리의 낙랑국의 지배계층은 대부분 위만조선의 팽창과 서한 무제의 침략을 피해 옮겨온 낙랑군 지역의 이주민들이었으며 이들이 본래 있었던 낙랑군 지역은 고대조선·위만조선의 서쪽 변경에 위치하여 중국 지역과 접하고 있었기 때문이다. 따라서 이들이 중국의 문물에 매우 친숙해져 있었을 것

이라는 점을 항상 유의해야 할 것이다. 그리고 한사군이 설치된 이후뿐
만 아니라 그 이전에도 중국 지역으로부터 이주민이 있었을 가능성도 배
제해서는 안 될 것이다.

　이상의 정리를 토대로 하여 한사군의 위치를 찾아보면 아래 지도와
같다. 오른쪽 도표는 윤내현이 앞에서 한사군(낙랑군) 평양설의 근거
가 되고 있는 유적의 실체를 상세히 분석한 결과를 요약한 것이다.

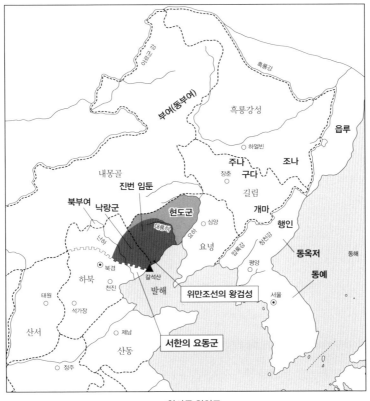

한사군 위치도

한사군(낙랑군) 평양설, 유적의 실체

1. 낙랑대윤장(樂浪大尹章)이 찍힌 봉니(封泥)

서한시대 : 樂浪郡 → 大守 / 왕망(王莽)시대(서기 9~13) : 樂浪郡 → 大尹

⇒ 군과 군수 호칭 불일치

발송지에서 무더기 수집, 형태 완정, 동일인 서체, 동일 토질

⇒ 조작 가능성

2. 고분군에서 나온 화천(貨泉)

왕망시대에 주조된 화폐

고분은 한사군 설치 연대보다 훨씬 뒤 동한시대에 조성(100년 이상)

3. 대진원강(大晉元康)이 새겨진 기와

대진원강은 서진(西晉) 혜제(惠帝)시대(서기 291~299) 연호

한사군 설치보다 400여 년 후 유적(지배 주체가 없는 400년 식민지?)

4. 목제 인장

철기 명문(永平 12)은 동한 명제(明帝) 때(서기 69)

서한시대보다 늦은 시기 서체

5. 점제평산군신사비(秥蟬平山君神祠碑)

비문 첫머리 – □和二年四月戊午, 秥蟬長渤興

설립 연대 – 和자가 들어간 가장 이른 시기 중국 연호는 원화(元和)

원화 2년은 동한 장제(章帝) 2년(서기 85)

⇒ 비의 건립 시기는 서기 85년 이전일 수 없음

6. 효문묘동종(孝文廟銅鐘)

효문(孝文)은 서한 문제(文帝)를 지칭

문제는 무제(武帝, 한사군 설치)보다 앞선 황제

⇒ 한사군과 연고 없는 황제

7. 부조예군(夫租薉君), 부조장(夫租長) 은인(銀印)

1958년 정백동 토광묘에서 출토

서한시대 군현에는 君이라는 관직 없음(낙랑군 설치 이전의 도장?)

사료에서 말하는 한사군의 낙랑군 위치 ──

한사군은 서한의 무제가 위만조선을 멸망시키고 그 지역에 설치한 서한의 행정구역이다. 그러므로 한사군은 우리 고대사와는 무관한 것으로 생각할 수도 있다. 그러나 사실은 전혀 그렇지 않다. 한사군의 위치를 어디로 보느냐에 따라 한국고대사에 대한 해석이 전혀 달라지므로 그 위치를 정확하게 인식하는 것이 곧 한국고대사의 진실을 찾는 지름길인 것이다.

한사군의 위치에 대한 견해는 크게 두 가지로 나눌 수 있다. 하나는 한사군이 지금의 북한 지역에 있었다는 견해이고, 다른 하나는 한사군이 중국 하북성 동북부에 있는 난하 동부 연안 일대에 있었다는 견해이다. 선학들의 연구 결과를 다각적으로 비교해 보고 얻은 결론부터 말하자면 북한 지역에 한사군이 위치했었다는 견해는 사료를 통해서 합리적으로 설명되지 않는다. 그럼에도 이러한 견해가 역사학계뿐만 아니라 상당수 국민들의 인식 속에 공감을 얻고 있는 것은 한사군의 낙랑군 지명 때문이다. 즉 한사군의 위치를 북한 지역 안으로 보게 된 것은 낙랑군 지역을 지금의 평양을 포함한 대동강 유역으로 보았던 인식에 기초하고 있다. 다시 말하자면 대동강 유역에 있던 낙랑군에 조선현이 있었는데 그 조선현이 북위 연화 원년(432)에 중국 지역으로 이동해갔다는 것이다. 그리고 이 인식은 한사군 위치에 대한 착각으로 이어지고 있다.

그러나 평양 지역에 있었던 낙랑은 한사군의 낙랑이 아니라 고대조선 연방체제 안에서 존립하면서 최리가 지배하였던 낙랑국(37년에 고

낙랑군(郡) / 낙랑국(國) / 군사기지 낙랑

1. 한사군의 낙랑군(樂浪郡)
서기전 108년 한무제가 설치
위치 : 난하 하류 동부 연안(한사군 중 가장 서남쪽)
313년 고구려의 공격을 받고 멸망

2. 최리(崔理) 낙랑국(樂浪國)
열국시대(고대조선의 연맹체제 해체 후) 여러 나라 중 하나
위치 : 대동강 유역(호동왕자와 낙랑공주 이야기)
37년 대무신왕이 공격하여 고구려에 통합

3. 군사기지로서의 낙랑
44년 동한(東漢)의 광무제(光武帝)가 설치한 군사기지
고구려 배후 위협 목적으로 바다를 건너 대동강 유역 확보
상당 기간 존속하면서 중국식 유물과 유적을 남김

구려에 통합)과 44~300년 사이에 있었던 동한의 광무제가 설치한 낙랑이라는 군사기지였다. 이에 대해서는 평양 지역에서 발견되어 낙랑군 유적으로 보고된 중국식 유적과 유물의 실체를 윤내현의 해석을 기초로 앞에서 살펴본 바 있다. 지금부터는 선학들의 사료 검토 결과에 기초하여 한사군의 낙랑군 실재 위치를 찾아보자. 특히 다양한 사료의 검토에 기초하여 한사군의 위치를 체계적으로 분석한 윤내현의 논리에 주목하고자 한다.[224]

서한의 무제는 서기전 108년(원봉 3)에 위만조선을 멸망시키고 그 지역에 낙랑, 진번, 임둔 등 3개 군을 설치하였다. 그리고 그다음 해인

---

[224] 윤내현, 「한사군의 낙랑군과 평양의 낙랑」, 앞의 책, 2017.

원봉 4년에 동쪽으로 영역을 넓혀 현도군을 추가로 설치하여 한의 4 군이 되었다.[225] 따라서 낙랑·진번·임둔 지역은 본래 위만조선 영역 이었고 현도군은 그보다 동쪽 지역이었던 것으로 판단된다. 위만조선 이 멸망하기 전 위만조선과 접경하고 있던 서한의 동북부 국경은 지 금의 난하 상류와 하류, 그리고 난하 하류 동부 연안에 있는 갈석산 일 대였고 한사군이 설치된 이후 서한의 동북부 국경은 지금의 요하였다 는 것이 윤내현의 연구 결과이다.[226]

여기서 반드시 확인해야 할 것이 낙랑군의 위치이다. 왜냐하면 여기 서 말하는 낙랑군이야말로 한사군의 낙랑군이므로 그것이 어디에 있 었느냐 하는 문제는 곧 한의 행정구역인 한사군의 위치가 어디였느냐 하는 답으로 귀결되기 때문이다.

『한서』「지리지」를 보면 낙랑군에는 조선(朝鮮)·감한(誹邯)·패수 (浿水)·함자(含資)·점제(黏蟬)·수성(遂城)·증지(增地)·대방(帶方)· 사망(駟望)·해명(海冥)·열구(列口)·장잠(長岑)·둔유(屯有)·소명(昭 明)·누방(鏤方)·제해(提奚)·혼미(渾彌)·탄열(呑列)·동이(東暆)·불 이(不而)·잠태(蠶台)·화려(華麗)·사두매(邪頭昧)·전막(前莫)·부조 (夫租) 등 25개의 현이 있었다고 한다.[227] 25개 현 가운데 조선현과 수 성현의 위치는 분명히 확인된다. 이는 낙랑군의 대체적인 위치를 확 인할 수 있는 중요한 근거가 된다. 조선현은 주의 무왕이 기자를 조선 에 봉했던 곳이다.[228] 또 북평군에는 조선과 신창 등 2개의 현이 있었

---

225 『한서』 권28 「지리지」 제8 하 '낙랑군'조·'현도군'조 참조.
226 윤내현, 앞의 책, 2017, 421~422쪽 참조.
227 『한서』 권28 하 「지리지」 하 '낙랑군'조.
228 『한서』 권28 하 「지리지」 하 '낙랑군'조 '조선현'에 대한 應劭의 주석 "應劭曰武王封箕子於朝鮮."

는데 조선현은 동한(東漢)을 거쳐 진(晉)시대에 이르기까지 낙랑군에 속해 있다가 후에 폐지되었다. 북위의 연화 원년(432)에 조선현의 거주민을 비여(肥如)현으로 이주시키고 다시 설치해 북평군에 속하게 하였다고 『위서』 「지형지」 '평주'조의 '북평군' 기사가 말하고 있다.[229] 이를 보면 조선현은 서한시대부터 진대에 이르기까지 낙랑군에 속해 있었고, 그 위치도 변함이 없었다. 그리고 북위의 연화 원년에 조선현이 비여현으로 옮겨졌다.

『진서』 「지리지」 '평주'조의 '낙랑군'에 대한 기사와 『한서』 「지리지」 응소의 '조선현'에 대한 주석은 '서주가 기자를 봉했던 곳'이라 하여 같은 내용을 싣고 있다. 즉 진대의 조선현은 서한시대의 조선현과 같은 곳으로 기자가 거주했던 곳이라는 이야기이다. 이는 『위서』 「지형지」의 조선현에 대한 주석이 정확함을 의미한다. 그리고 조선현이 평양 지역으로부터 옮겨갔을 것이라는 인식은 잘못되었다고 말한다. 또 『사기집해』에 따르면 중국 삼국시대 위나라 사람 장안(長晏)이 다음과 같이 말했다고 했다.

조선에는 습수·열수·산수가 있는데 이 세 강이 합해 열수가 된다. 아마도 낙랑의 조선은 그 이름을 여기서 취했을 것이다.

[朝鮮有濕水洌水汕水合爲洌水, 疑樂浪朝鮮取名於此也]

여기서 분명해지는 것은 조선 지역에 열수라는 강이 있었다는 점이

---

229 『위서』 권106 「지형지」 상 '평주' 조 '북평군', "二漢, 晉屬樂浪 後罷, 延和元年徙朝鮮民於肥如復置屬焉."

다. 그런데 열수는 지금의 난하의 본류나 그 지류였다. 따라서 낙랑군 조선현의 위치는 결국 지금의 난하 유역으로 기자가 봉해졌던 조선현이었던 것이다.[230] 조선현의 위치가 지금의 난하 유역이었다는 사실을 수성현의 위치 확인을 통해서 다시 확인해보자. 『진서』「지리지」'낙랑군'조의 수성현에 대한 주석은 다음과 같다.

(수성현은) 진(秦)이 축조한 장성이 시작된 곳이다.

진장성은 수성현의 위치를 확인하는 근거가 된다. 수성현과 조선현은 낙랑군에 속해 있었으므로 낙랑군이 포괄하는 두 현은 서로 멀지 않은 곳에 위치했을 것이다.

그럼 진장성의 동단은 어디였을까? 『사기』「몽염열전」에 따르면 진나라가 중국을 통일한 후 몽염에 의해 축조되었다는 소위 만리장성은 임조에서 시작되어 요동에 이르렀던 것으로 되어 있다.[231] '진장성의 동단'이란 '만리장성의 동쪽 끝'이라는 뜻이며 요동을 의미한다. 그런데 요동의 개념이 시대에 따라 달라짐에 주목해야 한다. 중국인들이 말하는 '요동(遼東)'은 동쪽으로 가장 먼 곳을 지칭하는 용어로 진

---

230 지금의 난하 유역이 기자가 봉해졌던 조선현이라는 근거는 다음과 같다. 지금의 난하는 유수라고도 불렸다. 그런데 『수경주』'유수'조를 보면 유수에는 습여수·무열수·용선수라는 지류가 있었음이 확인되는데 습수는 습여수, 영수는 무열수, 산수는 용선수의 약칭이었을 것이다. 그것은 『사기색은』에 조선의 명칭에 대해서 언급하면서 선의 음은 선(仙)인데 산수(汕水)가 있었으므로 취했다고 했으니 선(仙)과 산(汕)은 통용되었으므로 용선수의 약칭이 산수가 되었을 것임을 알 수 있다. 따라서 습수·열수·산수의 세 지류를 가지고 있었던 열수는 지금의 난하 본류나 그 지류였음을 알 수 있으니 결국 낙랑군 조선현의 위치는 지금의 난하 유역이었던 것이다. 윤내현, 앞의 책, 2017, 424~425쪽에서 재인용.

231 『사기』권88「蒙恬列傳」. "築長城 因地形用制險塞 起臨洮至遼東 延袤萬餘里."

(秦)·한(漢)시대의 요동은 요수의 동북 지역을 지칭하였다. 그런데 당시의 요수는 지금의 요하가 아니라 하북성 동북부에 있는 난하였다. 따라서 당시의 요동은 지금의 요하 동북부 지역이 아니라 난하 동북부 지역이었다. 이는『사기』「진시황본기」'2세 황제 원년'조에서 다음과 같은 내용으로 확인된다.

진제국의 2세 황제가 동북부의 군현을 순행했는데, 그때 이사·거질·덕 등의 대신들이 수행하게 되었다. 갈석산에 이르러 대신들은 시황제가 세웠던 비석의 한 귀퉁이에 자신들의 이름을 기념으로 새겨 넣고 돌아왔다. 이에 대해서 2세 황제는 대신들의 이름만 새기고 시황제의 공덕을 새겨 넣지 않은 것을 꾸짖었다. 그러자 대신들이 잘못을 빌고 다시 갈석산에 가서 시황제의 공덕비를 세우고 돌아왔는데 이에 대해서『사기』의 저자인 사마천은 대신들이 요동에 다녀왔다고 적고 있다.

이는 갈석산이 있는 지역이 진(秦)·한(漢)시대의 요동이었음을 말하는 것이다. 여기서 말하는 갈석산은 중국의 문헌에 자주 등장하는 산의 명칭으로 지금의 하북성 동북부에 위치하는 창려현의 갈석산이며 난하 하류 동부 연안에 있다. 즉 지금의 하북성 동북부 지역이 진·한시대의 요동이었으며 따라서 진장성의 동단은 난하 하류의 동부 연안이었음을 말하는 것이다. 본래 진장성은 진(秦)제국에 의해서 완전히 신축된 것이 아니라 전국시대에 있었던 기존의 여러 나라 장성들을 보수하여 연결한 것이었기 때문에 진장성의 동단은 전국시대에 가장 동쪽에 위치했던 연(燕)의 장성 동쪽 끝을 말하는 것으로 보아야 한다. 전국시대 말기에 축조된 연장성은 그 동단이 양평에 이르렀다.[232] 양평은 요동군에 속했던 현인데 지금의 평주 노룡현 서남에 있었다고『후한서』「원소·유표열전」에서 말한다.[233] 당시의 평주 노룡현은 동한시대의 비여현(肥如縣)인데 비여현은 고죽성이 있었던 영지현과 접해 있었다.[234] 고죽국의 중심 지역은 지금의 난하 동부 연안이었다. 따라서 비여현은 난하 동부 연안에 있었음을 의미한다. 이를 종합해보면 다음과 같은 사실을 확인할 수 있다.

- 연장성의 동단인 양평이 있었던 요동은 지금의 요하 동쪽이 아니라 난하 동북쪽(지금의 요하 서쪽)이었다.
- 노룡현은 한시대의 비여현이며 그곳에 갈석산이 있었고 진장성의 축조가 시작된 곳이다.[235]
- 연장성과 진장성은 같은 것으로 연나라와 진제국의 동북부 국경선 위에 축조된 것이다.[236]
- 진장성의 동단은 지금의 난하 동부 연안에 있는 갈석 지역이었거나 그 근처였다.
- 진장성이 시작된 수성현과 함께 낙랑군에 속해 있던 조선현도 갈석으로부터 멀지 않은 곳에 위치해 있었다. 따라서 서한시대의 낙랑군 위치는 수성현과 조선현, 그 주변 지역을 포괄한 난하 중류와 하류의 동부 연안이었다.

---

232 『사기』권110「흉노열전」, "燕亦築長城 自造陽至襄平."
233 『후한서』권74「원소·유표열전」, '원소전', 양평에 대한 주석. "襄平縣 屬遼東郡 故城在今平州盧龍縣西南."
234 『구당서』권39「지리지」2 '평주' 조 '노룡'. "後漢肥如縣 屬遼西郡 至隋不改 武德二年 改爲盧龍縣 復開皇舊名."
235 『통전』권178「주군」8 '평주' 조 '노룡'. "漢肥如縣 有碣石山 碣然而立在海旁故名之 晉『太康地志』同秦築長城所起." ; 『사기』권2「하본기」의 갈석에 대한 주석『사기색은』.
236 『염철론』권9「험고」, "大夫曰…燕塞碣石 絶邪谷 繞援遼…者, 邦國之固 而山川社稷之寶也."

이처럼 갈석은 전국시대(서기전 403~서기전 221) 연나라와 진제국의 동북부 국경에 있었고, 서한시대(서기전 202~서기 8)에 들어와서도 동북부 국경이 진제국의 그것보다 동쪽으로 이동한 일이 없으므로 서한과 위만조선의 국경이기도 했다. 그러므로 위만조선을 멸망시키고 그 지역에 설치했던 한사군의 하나인 낙랑군은 갈석의 동쪽 지역이었다. 지금의 중국 하북성 동북부 난하 동부 연안에 있는 창려현의 갈석은 낙랑군의 서남부 경계에 있었던 것이다. 『한서』 「엄주오구주부서엄종왕가전」 '가연지전'에서도 서한 무제의 업적을 말하면서 "동쪽으로 갈석을 지나 현도와 낙랑을 군으로 삼았다[東過碣石以玄莬樂浪爲郡]."라고 했다. 이 또한 갈석이 한사군 지역의 서쪽 경계였음을 말하고 있다.

이처럼 사료적 근거들은 한사군의 낙랑군은 지금의 북한 지역에 있었던 것이 아니라 중국 하북성 동북부에 있는 난하의 동부 연안에 있었는데 창려현의 갈석을 서쪽 경계로 하고 있었다고 분명히 말하고 있다. 이제 한사군의 낙랑군에 대한 우리의 인식을 정리해보자.

• 북한의 평양 지역을 한사군의 낙랑군 지역으로 보아왔던 한국 사학계의 이른바 통설은 오류이다.

• 한국과 중국의 옛 문헌에 등장하는 낙랑에 대해 종래에는 모두 한사군의 낙랑군을 지칭하는 것으로 받아들여졌으나 그것은 오류였다. 낙랑이라는 이름은 한사군의 낙랑군(郡), 최리의 낙랑국(國), 동한 광무제가 설치한 군사기지로서의 낙랑군기지(軍基地) 등 세 개의 낙랑이 존재했다.

• 한 무제가 서기전 108년 위만조선을 멸망시키고 그 지역에 설치한

한사군은 처음 위만조선 영역에 3개 군(낙랑, 진번, 임둔군), 다음 해에 동쪽으로 확장하여 1개 군(현도군)을 설치하여 4개 군(한사군)이 되었다. 따라서 한사군의 위치는 지금의 중국 하북성 동북부에 있는 난하의 상류와 중류 및 갈석으로부터 요하에 이르는 지역에 위치하고 있었다.

• 한사군의 설치를 계기로 요하 서쪽에는 한(漢)제국의 영역이 되었고, 요하 동쪽에는 고대조선에서 분리되었던 여러 정치세력들이 자리하는 구조가 형성되었다.

• 낙랑군의 대략적인 위치는 한사군 지역의 서남부로 지금의 하북성 동북부에 있는 창려현의 갈석과 난하 중류를 서쪽 경계로 하고 있었다.

• 북한의 평양 지역에는 한사군의 낙랑군과는 전혀 다른 최리의 낙랑국이 있었다. 고구려의 대무신왕 때 최리 낙랑국이 고구려에 통합(37년)된 후 그 지역에 동한의 광무제가 고구려의 배후를 위협할 목적으로 설치한 군사기지가 또 다른 낙랑으로 위치하게 되었다. 이 낙랑은 44년부터 300년까지 존속하다가 고구려에 의해 폐쇄되었다.

4장

한국고대사 해석지침

고대조선 문명의 시작과 특수성

만리장성 북쪽에서 발전한 요하문명 ——

고대조선 문명은 만리장성 북쪽에서 발전한 석기시대 문명과 청동기시대 문명(서기전 25세기 무렵)에 기초한다. 이는 중국의 황하문명보다 이른 시기의 독자적인 문명이다. 이러한 사실이 밝혀진 것은 그리 오래된 일이 아니다. 1960대까지 우리 땅에는 구석기 문명 자체가 없었으며 우리 조상들은 고유의 문명을 갖지 못했다고 인식해왔다. 그래서 석기시대, 혹은 청동기시대의 유적과 유물이 발견되면 그것은 중국이나 시베리아 지역에서 전래된 것이리라 결론을 내리곤 했다. 우리 문명은 변방 문명이라는 부정적 인식이 우리 역사와 문명을 적극적으로 제자리에 놓지 못했던 것이다.

그런데 함경북도 선봉군 굴포리 서포항(1962~1964년에 신석기유적 아래층 조사, 발굴)과 충청남도 공주군 장기면 석장리(1964~1972년 발굴)에서 구석기 유적이 발굴됨으로써 남북한 지역에 구석기 문명이 있었음이 확인되었다. 이후 고고학적으로 우리 문명에 대한 연구가 활성화되어 지금까지 우리 문명은 황하문명의 변방 문명이었다는 논리가 결코 사실이 아니었음이 밝혀졌다.

다시 돌아가 고대조선 문명의 기원을 살펴보기 전 만리장성의 성격에 대해서 살펴보자.

만리장성은 한(漢)민족이 북방민족을 방어할 목적으로 쌓은 것이다. 즉, 전국시대(戰國時代)에 북방민족과 국경을 접하고 있던 조(趙)·연(燕)·진(秦) 등 한족(漢族)이 세운 나라들이 축성한 것이다. 거기에 중국을 통일한 진의 시황제가 몽염(蒙恬)을 시켜 중국 안쪽의 성들은 일부 허물고 외곽선으로 연결하여 서기전 214년까지 축성한 것이 지금의 만리장성이다. 따라서 만리장성 동북방은 중원과 적대적이거나 또는 문화를 달리하는 북방민족의 역사 강역이었다. 다시 말해 만리장성은 북방 문명과 중국 문명을 가르는 경계선의 성격을 띠고 있으며 앞에서 살펴본 고대 한·중 역사 강역의 경계였던 패수(浿水)의 성격과 유사하다. 즉, 만리장성은 중국인[漢族]들이 북방민족의 침입을 막기 위해 쌓은 것이므로 이를 기준으로 형성된 남과 북의 문명은 같은 문명권일 수 없다. 아직도 사대모화주의에서 벗어나지 못한 채 우리 문명을 중국 문명의 변방 문명이었다고 인식하는 것은 상식을 벗어난 억지요, 수치스러운 사고행태이다.

지금까지는 이집트, 메소포타미아, 인도, 황하 문명이 인류가 이룩한 4대문명으로 인식되어 왔다. 그런데 요하문명이 새롭게 발견되면서 기존의 4대문명보다 앞서거나 버금가는 문명으로 자리할 수 있다는 차원에서 세계의 이목이 집중되었다. 1980년대 중반 이후 본격적으로 발굴되기 시작한 요서 지역 신석기 문명 유적에서 엄청난 고고학적 자료들이 쏟아져 나왔다. 여기서 발굴된 유적과 유물들은 인류

문명에 대한 기존의 인식을 바꿔놓기에 충분한 것으로 평가된다. 요하문명은 지역적으로는 요하의 동(요동)과 서(요서)를 포괄하며 문화적으로는 홍산문화에서 소하연문화와 하가점 하층문화, 하가점 상층문화로 이어지는 신석기·청동기시대 문명을 말한다. 특히 홍산문화는 서기전 4500년까지 올라가는 신석기 문명으로, 홍산문화의 발견을 계기로 중국인들은 중국 문명의 기원을 역사적으로 재해석하기 시작하였다.

만리장성 북쪽에 있는 요하문명이 세계에서 가장 오래됐거나 버금가는 문명으로 확인되자 중국은 그것이 현재의 중국 영토 안에 있음을 들어 자기들의 문명이었다는 주장을 폈다. 그런데 이를 역사적으로 설명할 수 있는 논리가 필요했다. 그래서 통일적 다민족국가론의 연장선상에서 하·상·주 단대공정(夏商周斷代工程) – 중국 고대문명 탐원공정(中國古代文明探源工程) – 동북·서북·서남공정(東北西北西南工程) 등을 통해 중국 문명으로의 편입을 위한 재해석을 시도하고 있는 것이다. '통일적 다민족국가론'의 핵심은 현재의 중국 국경 안에 있는 모든 소수 민족과 그 역사는 고대로부터 중화민족의 일원이며 중국사라는 것이다. 그러나 이는 전혀 역사적으로나 논리적으로 합리적일 수 없음을 만리장성의 성격이 말해준다.

요하문명은 고대조선의 선행 문명 ──

그럼 요하문명을 주도한 세력이 누구일까? 요하문명의 주인공이 누구냐 하는 것은 한(韓)민족과 중화(中華·漢)민족의 고대사를 해석하는 결정적 판단 기준이 된다. 그런데 중국이 이 문제에 대해서 순수한 학문적 입장이 아닌 '통일적 다민족국가론'의 연장선상에서 정치적 논리로 접근함으로써 학계의 우려를 낳고 있다. 분명한 것은 요서와 요동을 포함한 만리장성 북쪽의 만주 지역에서 발전한 북방 문명은 중국[漢] 문명과 전혀 다른 문명이며 중국 역사의 기원과는 무관하다는 것이다. 특히 홍산문화와 소하연문화 등 신석기시대 문명에 이어지는 하가점 하층과 하가점 상층의 청동기시대 문명은 한(韓)민족 역사에서 첫 번째 국가인 고대조선시대에 해당한다는 견해가 지배적이다. 즉, 홍산(요하)문명이 위치한 만주 지역은 한(韓)민족의 선대들이 활동했던 지역일 뿐만 아니라 고고학적으로도 같은 유형의 문명이라는 것이다.

『삼국유사』는 고대조선이 서기전 2333년에 건국되어 1908년간 존속한 것으로 적고 있다. 이 기록에 따르면 고대조선이 해체된 것은 서기전 425년으로 보아야 한다. 여기서 고대조선이 해체되었다는 표현을 쓴 것은 고대조선의 성격이 중앙집권적 왕조체제가 아니라 단군의 직할 지역을 제외한 기타 지역은 자율성이 보장된 다수의 제후(거수)체제로 유지되어 오다가 후기에 접어들어 각각의 제후(거수)들이 하나둘씩 분리, 독립해나가면서 전체적인 연맹체제가 해체되었다고 보기 때문이다. 따라서 고대조선은 서기전 425년에 멸망한 것이 아니라 그때 연맹체제가 해체되었다는 표현이 적합하다.

이제 고대조선을 인류 문명의 진화 과정에 놓고 보자. 과연 고대조선의 지리적 범위를 어디까지로 보느냐 하는 문제는 한국고대사 발전 과정을 검토하는 데 반드시 유의해야 한다. 왜냐하면 고대조선의 영역을 지금의 남북한 지역으로 좁혀 보았던 기존의 인식이 만주 지역에서 출토되는 유적과 유물을 연구 대상에서 제외시킴으로써 고대조선 건국 전후 문화의 특수성에 대한 입체적 해석이 불가능했기 때문이다. 이는 한국고대사의 진실을 복원하는 데 가장 큰 걸림돌이 되어 왔다고 할 수 있다.

윤내현은 "고대조선의 영역은 서쪽으로는 난하와 갈석산 일대, 북쪽으로는 아르군 강, 동북쪽은 흑룡강(아무르 강), 남쪽은 전라도와 경상도의 남부 해안까지였다."고 강조한다.[237] 고대조선의 영역을 이렇게 넓게 보고 고고학적 틀에 맞춰 입체적인 시각으로 들여다볼 때 한민족 문명에 대한 체계적인 설명이 가능해지는 것이다. 남북한 지역과 만주 지역이 모두 이에 포함되는데 여기서는 전기 구석기시대로부터 후기 구석기시대에 이르기까지 전 기간에 걸친 유적이 널리 분포되어 있음이 확인되었다. 이는 전기 구석기시대부터 이 지역에서 사람들이 단절 없이 살아왔음을 의미한다. 그리고 무리를 지어 떠돌이 생활을 하던 무리사회단계의 구석기시대 거주민들이 빙하기에 사라지고 신석기시대에 어디선가 이동해왔었다는 기존의 해석이 맞지 않다는 사실도 밝혀졌다.

한민족의 신석기시대는 서기전 6000년경부터 시작된 것으로 알려져 왔으나 현재는 지금부터 약 1만 년 전에 해당하는 서기전 8000년경으로 보아야 한다는 견해가 지배적이다. 이 시기는 전기 신석기시대와 후기 신석기시대로 나뉘는데, 전기 신석기시대는 우리 조상들이 처음 정착생활에 들어간 시기로, 이는 인류학적으로 마을사회단계이다. 이때부터 인류는 씨 뿌려 농산물을 거두고 가축을 기르며 집단

237 윤내현, 앞의 책, 2017, 13~109쪽.

생활에 들어간다. 후기 신석기시대는 부의 축적과 신분상의 계층이 형성되고 전쟁이 가능한 마을연맹체(고을나라)사회단계이다. 서기전 4000년 전 무렵부터 청동기시대가 시작된 서기전 25세기 이전까지(배달국시대)가 이에 해당한다.

한민족의 청동기시대는 최근의 고고학적 발굴 성과들에 의해 황하유역에서 가장 이른 청동기문명인 서기전 2200년 무렵의 이리두문명[중국 하남(河南), 언사(偃師), 이리두(二里頭)의 청동기문명]보다 이른 서기전 2500년 무렵부터 시작된 것으로 확인되었다. 고대조선 문명의 상징이라 할 수 있는 비파형동검에 대한 방사선탄소연대측정 결과를 기준으로 고대조선 지역에서의 청동기문명 개시연대를 서기전 15세기까지 보는 견해가 학계의 통설이었으나 그것은 두 가지 사실을 외면한 논리였다. 하나는 고대에 비파형동검과 같은 정교한 제품이 만들어질 때까지는 매우 오랜 기술의 축적 과정이 있었음을 감안하지 못한 결과이며 다른 하나는 비파형동검문화의 전신이라 할 수 있는 청동기문화를 간과했다는 사실이다.

최근 확인되고 있는 하가점 하층문화(일명 풍화문화)는 비파형동검문화보다 이른 시기의 청동기문화로, 이곳에서 청동귀걸이, 청동단추, 청동가락지, 청동 활촉, 작은 청동칼 등 다양한 소형 청동기들이 발굴되었고 그것들이 서기전 25세기 무렵의 유물들임이 확인되었다. 남북한 지역에서도 서기전 25세기로 연대가 올라가는 유적이 두 곳이나 발견되었다. 경기도 양평군 양수리 고인돌 유적(문화재관리국 발굴단이 5기 발굴, 교정연대 서기전 2325년 무렵)과 전라남도 영암군 장천리 주거지유적(목포대학교 발굴단 발굴, 교정연대 서기전 2630~서기전 2365년 무렵)이 그것이다. 따라서 한민족의 청동기시대 개시연대는 서기전 25세기 무렵으로 올려 볼 수 있다.[238]

고대조선 문명의 고고학적 특수성 ——

그럼 고대조선 문명의 특수성을 살펴보자. 고대조선 건국 이전부터 한민족이 살아왔던 영역의 문명이 지금까지 인식돼왔던 변방 문명이 아니라 독자적으로 발전한 문명이었고 시기적으로도 인접 문명들보다 앞서는 문명이었음이 확인되고 있으므로 그에 대한 이해가 필요하다. 고대조선 문명의 고고학적 특성은 빗살무늬토기, 비파형동검, 돌무덤 등의 문화유적과 쌀밥문화를 특징으로 하는 식생활문화 유적에서 찾아볼 수 있다.

빗살무늬토기

빗살무늬토기는 한민족의 신석기시대 문명을 상징하는 대표적인 질그릇이다. 1925년 대홍수로 한강 하류의 서울 암사동에서 처음 발견된 빗살무늬토기는 이후 60여 곳에서 발견되었다. 빗살무늬토기는 토기의 표면을 머리빗 같은 시문구(施紋具)로 긋거나 찍어 무늬를 빗살처럼 장식한 토기를 말한다. 이 토기는 한민족의 신석기시대 유물의 주류를 이루므로 이 시대를 '빗살무늬시대'라고도 한다.

---

238 우실하, 「요하문명의 지리·기후조건과 신석기·청동기시대 유적 분포」, 『제1차 고조선 문명의 학제적 연구』, 제58회 고조선단군학회 학술 발표집, 2014, 91~117쪽 ; 우실하, 「통일적 다민족국가론의 전개와 적용」, 『동북공정과 한국학계의 대응논리』, 여유당, 2008 참조.

빗살무늬토기

빗살무늬토기는 요하 하류의 선양시 신락문화와 소주산(小珠山)문화는 물론, 하북성과 산동 반도 등 넓은 지역에서 발견되며 내몽골 지역과 연해주에서도 발견된다. 내몽골 지역의 홍산 유적인 흥륭와(興隆窪) 유적 최하층에서도 빗살무늬토기가 대거 쏟아져 나왔는데 그 연대는 서기전 6200년경으로 추정된다. 남북한 지역에서는 압록강, 대동강, 재령강, 한강 등 서해안 일대와 두만강 유역, 동해안 그리고 남해안과 남해 도서 지방 등 빗살무늬토기가 발견되지 않은 곳이 없을 정도이며 토기시대 편년은 남과 북이 비슷하다. 특히 요하 일대에서 발견되는 빗살무늬토기의 태토(胎土, 바탕 흙) 성분도 남북한 지역의 토기와 서로 비슷하다. 또 초기 빗살무늬토기 유적에서 세석기(잔돌)나 타제석기(깬 돌)가 마제석기(간 돌)와 함께 출토되고 있는 점도 주목할 만하다.[239]

239 이종호,『유적으로 보는 우리 역사 1, 고조선』, 북카라반, 2015, 107~109쪽 참조.

러시아 연해주의 카마 신석기 유적에서 발견되는 토기도 서기전 4000년경으로 거슬러 올라가는 남북한의 첨저형(尖底型, 뾰쪽바닥) 빗살무늬토기와 유사하다. 주로 청천강 이남에서만 출토되던 빗살무늬토기가 연해주에서도 나왔다는 것은 남북한을 포함한 동북아 일대가 고대에 동일한 문화권을 형성했음을 보여주는 중요한 증거이다. 따라서 빗살무늬토기야말로 동북아 일대가 같은 문화를 향유했음을 말해주는 대표적인 유적이라 할 수 있다.

비파형동검

비파형동검은 한민족의 청동기시대를 대표하는 간판격의 문화 유적으로 남북한과 만주 일대(홍산문화) 전 지역에 걸쳐 널리 분포되어 있다. 비파형동검은 검 몸의 형태가 비파와 비슷하며 중앙부에 돌기부가 있는데 돌기부의 양쪽으로는 날이 약간씩 휘어들어갔다. 경부(莖部, 끝부분)는 그대로 이어져 검 몸의 중앙부에서 등대[背]를 이루며 칼날[刃部]의 돌기부와 병행하는 등대 부분에는 마디가 있어 약간 도드라져 있다. 이 마디가 비파형동검을 다른 동검과 구분 짓는 가장 두드러진 특징이다. 또 비파형동검은 중국의 동주식동검과는 달리 조립

비파형동검

식이며 검코가 없다. 이는 비파형동검 문화가 중국의 고대문화나 북방계 문화의 오르도스식 동검과 차이가 있음을 보여준다.[240]

돌무덤

고고학적으로 본 한민족 고대문명의 특수성 중 하나는 돌을 재료로 사용한 무덤을 들 수 있다. 돌무지무덤, 돌널무덤, 돌곽무덤, 고인돌무덤 등은 황하 유역에서는 보이지 않는 무덤 형태로 난하를 기준으로 하여

고인돌[支石墓]

동쪽과 서쪽이 완전히 다르다. 특히 전 세계 고인돌의 절반에 해당하는 3만여 기 이상이 우리나라에 밀집되어 있음은 한민족의 청동기문명에 대한 재해석의 필요성을 말해준다.

식생활

쌀밥문화는 한민족의 특수한 식생활문화이다. 우리 민족의 도작농경(稻作農耕, 벼농사)에 대해 연구해온 학자들에 의하면 고대조선문명은 세계에서 가장 이른 시기인 지금부터 1만여 년 전에 단립(短粒)벼

---

240 중국 황하 유역은 일반적으로 '동주식동검문화'로 불리는데 이 문화의 분포 범위는 황하 유역을 중심으로 북쪽은 하북성, 산서성, 섬서성 등의 남부까지 이르렀고, 남쪽은 장강 북부 연안에 이른다. 이곳은 춘추전국시대까지 중국의 영역이었다. 중국의 동주식동검은 일반적으로 검의 몸이 길고 능형의 검코가 있다. 자루에는 2~3줄의 돋친 띠가 있는 것이 많고 자루 끝은 모두 작은 원판으로 되어 있다(이종호, 「홍산문화」, 『유적으로 보는 우리 역사 2, 홍산문화』, 북카라반, 2015, 65~66쪽에서 재인용).

를 경작하여 쌀밥문화를 발전시켜왔다고 한다. 이는 장립(長粒)벼 쌀밥을 주식으로 하는 인도문명이나 장립벼를 이용한 밥과 국수 중심의 중국 식생활 문화와도 다르고, 빵(밀과 맥류)을 주식으로 한 메소포타미아문명과 이집트문명, 옥수수를 재배하여 주식으로 이용한 마야문명(중앙아메리카), 감자를 주식으로 하는 잉카문명(안데스문명)과는 아주 다른 특징이라 할 수 있다. 이처럼 고대조선의 쌀밥 중심 식생활 문화는 세계에서 가장 이른 시기에 형성된 식생활 문화유형일 뿐만 아니라 지금도 쌀밥과 콩장문화(간장, 된장, 고추장, 김치 등)는 발효를 특징으로 하는 매우 독특한 식사문화로 주목받고 있다.[241]

---

241 신용하, 「고조선문명 형성의 기반과 한강문화의 세계 최초 단립 벼 및 콩의 재배 경작」, 『고조선단군학』 제31호, 고조선단군학회, 2014 참조.

사료에 기초한 한국고대사 진실 추적

지명으로 보는 한·중 고대문명의 영역 ——

우리 역사학계가 고대 한(韓)민족과 중화(中華, 漢)민족의 생활영역 경계를 지금의 대동강으로 보는 경향이 있는데 이러한 견해는 크게 두 가지 문제를 안고 있다. 하나는 그것이 한민족 고대사의 진실을 왜곡하고 있다는 사실을 간과하는 경우이다. 이 경우 사료를 통해 한국고대사의 진실에 대한 올바른 이해가 필요하다. 다른 경우는 문제의 본질을 알면서도 근거가 없다는 이유로 역사적 진실을 밝히려는 노력을 외면하거나 방해하는 것이다. 이러한 모습은 한국고대사의 복원과 역사학계의 발전에 큰 장애가 되고 있다.

고대 한(韓)·중(中) 민족문화 영역의 경계를 정확히 밝혀 한국고대사의 진실을 복원하는 작업은 한민족의 근본을 바르게 알기 위한 것이다. 이는 현재를 살고 있는 우리 자신의 문제이자 미래를 살아나갈 후손들을 위한 과업이기도 하다. 식민사학과 동북공정을 포함한 사대사학 극복 차원에서도 절실하다.

한민족 고대사의 진실을 복원하는 길은 결코 멀리 있지 않다. 몇 가지 사료만 제대로 확인해도 역사의 진실이 무엇인지 바로 알 수 있다. 부디 이를 외면하거나 방해하지 말고 침묵을 깨고 나와 진실한 자세로 논의에 참여하기를 당부하는 차원에서 고대 한(韓)·중(中) 민족문화 영역의 경계를 말하는 몇 가지 사료를 소개하고자 한다.

고대에 우리 한(韓)민족과 중국의 한(漢)민족이 전개해온 문화 영역을 구분할 수 있는 경계를 찾기 위해서는 고대 중국의 가장 동쪽을 가리키는 지명들에 대한 이해가 선행되어야 한다. 왜냐하면 두 민족의 영역은 상호 인접하여 동서로 마주하며 지속되어 왔기 때문이다. 여기서 발음이 같은 두 민족의 호칭을 구분하기 위해 고대 우리 민족을 '한(韓)민족'으로, 중국의 한(漢)민족을 '중국민족'으로 호칭하고자 한다.

사료에 등장하는 고대 중국의 가장 동쪽을 지칭하는 지명이나 용어로는 낙랑군, 수성현, 갈석산, 난하, '만리장성의 기점' 또는 '만리장성 끝' 등이 있다. 이에 대한 이해는 두 민족의 문화 영역을 구분하는 데 매우 유용하다.

『사기』권2『사기집해』에는 "『태강지리지』에 이르기를 낙랑군 수성현에는 갈석산이 있는데 장성이 시작되는 곳[太康地理志云 樂浪遂城縣 有碣石山 長城所起]"이라는 기록이 있다. 여기서 알 수 있는 것은 낙랑군에 갈석산이 있었으며 당시 수성현과 조선현은 낙랑군 소속이었다는 사실이다. 또한 갈석산에서 만리장성이 시작된다고 하였는데 갈석산은 지금의 난하 유역에 위치하므로 만리장성의 시작은 난하 유역이라 할 수 있다.[242]

당(唐)나라 두우(杜佑)가 편찬한 『통전(通典)』권186「변방(邊防)」의

'동이 고(구)려'에는 "갈석산은 낙랑군 수성현에 있는데 장성(만리장성)은 이 산에서 시작되었다. 지금 그 증거로 장성이 동쪽으로 요수를 끊고 고구려로 들어가는데 유적이 아직도 존재한다.[碣石山在漢樂浪郡遂城縣 長城起於此山 今驗長城東裁遼水而入高麗 遺址猶存]"라는 내용이 있다.

『통전』은 문물 제도사로 당나라의 이웃에 있던 고구려에 대한 기록이 담겨 있다. 그런데 두우는 『상서』의 내용을 소개하는 과정에서 갈석산에 대해 큰 혼란을 초래할 수 있는 해석을 하고 있다고 윤내현은 지적한다. 즉 『통전』 권186 「변방」의 '동이 고(구)려'에 이어지는 문장인데 "생각하건대 『상서』에 이르기를 '夾右碣石入於河'라 했으니 우갈석은 강이 바다를 향한 곳으로 지금의 북평군 남쪽 20여 리에 있다. 그러므로 고구려 안에 있는 것은 좌갈석이 된다.[按尙書云 夾右碣石入於河 右碣石卽河趍海處 在今北平郡南二十餘里 則高麗中爲左碣石]"라고 하였다. "갈석을 오른쪽으로 끼고 강으로 들어간다."고 해야 할 "夾右碣石入於河"를 "우갈석을 끼고 강으로 들어간다."고 해석함으로써 우갈석이 있었다면 당연히 이에 대응하는 좌갈석이 있어야 한다고 생각한 것 같다는 지적이다. 이러한 해석상의 오류가 후일 학자들에 의해 갈석산의 위치에 대한 설왕설래로 이어진다는 것이다. 그러나 분명한 것은 진장성이 시작된 갈석은 북평군 남쪽 20여 리에 자리한 난하 유

<hr>

242 『태강지리지』는 서진(西晉)시대의 지리지이다. 이 책에 낙랑군 수성현에 갈석산이 있다고 했는데 『한서』 「지리지」를 보면 수성현은 조선현과 더불어 낙랑군에 속해 있던 현 가운데 하나이다. 그러므로 한사군의 하나인 낙랑군은 갈석산 지역에 있었고 그 지역에 조선현도 있었음을 알 수 있다. 또 갈석산에서 진장성이 시작되었다고 했으므로 이 갈석산은 국경에 있었던 산으로 중국의 동북쪽 국경에 있었던 갈석산임을 알 수 있다(윤내현, 『사료로 보는 우리 고대사』, 지식산업사, 2007, 149쪽).

역의 갈석이며 그곳은 낙랑군 수성현 지역이었다고 두우는 밝히고 있다. 즉, "갈석산은 난하 유역에 있었으며 그곳은 낙랑군 수성현이었고 진장성은 이곳에서 시작되었다(또는 끝났다)."고 기록되어 있는데 이 것은 만리장성의 동쪽 끝 부분이 갈석산 지역에 있었다는 설명이다.[243]

사마천이 쓴 『사기』 권115 「조선열전」에는 "연왕 노관이 (서한에) 반 란을 일으키고 흉노로 들어가자 위만이 망명하여 일당 1천여 명과 더 불어 상투를 틀고 만이 옷을 입고 동으로 달아나 요새를 빠져나와 패 수를 건너 진(秦)의 옛 공지 상장과 하장에 기거하였다.[燕王盧綰反入 匈奴 滿亡命聚黨千餘人 魋結蠻夷服而東走出塞渡浿水 居秦故空地上下 鄣]"는 내용이 나온다. 여기서 중요한 것은 위만이 망명할 때 패수를 건넜는데 그 패수는 연(燕, 서한의 제후국)의 동쪽이자 서한의 동쪽이 라는 것이다. 즉 지금의 난하를 말한다.

고대 요동과 현대 요동의 상이한 개념과 위치 ──

'요동(遼東)'에 대한 개념을 정확히 이해하는 것은 고대 한·중관계 를 이해하는 데 매우 중요하다. 왜냐하면 '요동'이라는 지명이 사서에 자주 등장하는데 그 개념이 단순하지 않기 때문이다. 즉, 지명이 같은 '요동'일지라도 사서에 따라 서로 다른 먼 곳을 지칭하는 경우가 있으 므로 그 개념을 정확히 이해하지 못하면 그것이 곧 역사 왜곡의 단초 가 될 수도 있다.

---

243 윤내현, 앞의 책, 2017, 151쪽.

요동은 한자로 '遼東'이라 쓴다. '요(遼)'는 '거리와 시간이 멀다'는 뜻이다. 그래서 요동은 특정 지명을 말하는 고유명사가 아니라 '가장 동쪽으로 멀리 떨어진 곳'이라는 의미의 '극동(極東)'과 같은 개념이었다. 그런데 가장 동쪽에 있으므로 요동이라 불리던 한 지역이 오랜 기간이 지나면서 지역 명칭(고유명사)처럼 쓰이게 되었다. 그뿐 아니라 가장 동쪽에 있던 한 지역이 고유명사가 되기 전에 영토가 중국인의 입장에서 동쪽으로 확장되거나 서쪽으로 축소될 경우 요동의 위치도 동쪽 또는 서쪽으로 옮겨졌다. 그래서 사료에 나오는 '요동'이라는 지명은 개념과 위치를 정확히 파악하지 못하면 곧바로 역사왜곡으로 이어진다. 더욱이 요동은 '가장 먼 동쪽'이라는 일반적인 개념 외에 행정구역으로 '요동군'이라는 지명이 있었음도 주목해야 한다.

처음 중국인들은 요수(지금의 난하) 일대와 갈석산 지역을 요동이라 불렀다. 그곳이 연(燕)나라가 위치한 중국의 가장 동쪽이었기 때문이었다. 그런데 한사군이 설치되고 한나라의 영토가 지금의 요하로 확장되면서 요하가 요동으로 고유명사처럼 불렸다. 그리고 세월이 지나면서 요하를 기준으로 그 동쪽은 '요동', 그 서쪽은 '요서'로 불리게 된 것이다.

서한(西漢) 초 회남(淮南) 왕 유안(劉晏)이 편찬한 『회남자(淮南子)』 권4 「추형훈(墜形訓)」에는 "요수는 갈석산을 나와 요새의 북에서 동으로 흘러 곧바로 바다로 들어간다.[遼水出碣石山 自塞北東流 直遼東之西南入海]"라고 하였다. 여기서 갈석산을 끼고 흐르는 강은 난하밖에 없기 때문에 요수는 난하를 말한다고 봐야 한다는 주장이 맞다. 난하는 갈석산을 나와 동남으로 흘러 갈석산 서남에서 바다로 들어간다. 따라서 지금의 요동은 후대에 붙여진 이름이며 고대의 요동은 지금의 요동보다 훨씬 서쪽인 하북성 창려현 갈석산 지역이었던 것이다.

또 서한 선제 때 소금과 철의 전매제도 토론집인 『염철론(鹽鐵論)』 권4 「험고(險固)」에서는 "연나라는 갈석산을 국경의 요새로 삼고 사곡에 의해 끊기었으며 요수에 의해 둘러싸였다.[燕塞碣石 絶邪谷 繞援遼]"고 말하고 있다.

한국고대사를 왜곡하는 다섯 가지 명칭 ──

한국고대사를 바르게 인식하지 못하는 데는 다섯 가지 명칭에 대한 개념상의 혼란이 크게 작용하고 있다. 이는 곧 혼란스러운 다섯 가지 명칭의 개념을 정확히 인식하고 한국고대사를 해석할 경우 역사왜곡의 오류에 빠지지 않고 우리 역사를 객관적으로 논할 수 있다는 의미이다.

다섯 가지 명칭은 기자, 위만, 한사군, 낙랑군, 패수 등이다. 이 명칭들은 앞에서 구체적으로 그 의미와 인식행태들을 논한 바 있다. 그럼에도 여기서 재론하는 것은 한국고대사 인식의 출발선에서 이에 대한 바른 이해가 중요하기 때문에 다시 강조할 만하다. 달리 말하면 한국고대사 입문은 다섯 가지 명칭에 대한 올바른 인식에서부터 출발해야 한다는 뜻이다. 이 명칭에 대해 핵심을 정리하여 짚고 넘어가보자.

기자와 기자조선

기자는 주(周)나라 무왕 때 고대조선 지역으로 망명하여 고대조선의 제후로서 세력을 구축하여 기자조선이라 불리는 나라를 세운 실존 인물이다. 그는 고대조선의 서부 변방에서 제후(거수) 역할을 하였을 뿐 고대조선 역사의 중심에 세울 수 없는 인물이다. 기자(기자조선)가 위치했던 곳은 난하 유역이었으며 그의 41대 손 준왕 대에 이르러 위만에게 멸망당하였다.

위만과 위만조선

위만은 연(燕)나라 사람으로 고대조선과는 무관한 인물이다. 위만은 서기전 195년에 패수를 건너 망명하여 세력을 모은 후 기자의 후손 준왕을 속여 멸망시키고 그곳에 위만조선을 세워 서기전 108년 한 무제에 의해 멸망당할 때까지 존속하였다. 그 기간은 87년이다. 위만은 나라를 세운 뒤 한(漢)의 외신을 자처하고 한의 지원을 받아 동쪽으로 세력을 넓혀서 난하 유역으로부터 대릉하 유역에 이르는 지역까지 영토를 확장시켰다. 따라서 위만조선의 위치는 지금의 요서 지역이며 위만은 북한 지역에 있는 지금의 평양과는 전혀 무관한 인물이다. 또 그가 고대조선을 계승했다거나 위만조선의 멸망이 곧 고대조선의 멸망이라는 설명은 전혀 성립할 수 없는 명백한 논리상의 오류이다.

한사군

한사군은 한(漢)무제가 서기전 108년 위만조선을 멸망시키고 그 지역에 설치한 4개의 행정구역이다. 문제는 한사군의 위치를 어디로 보느냐에 따라 한국고대사의 성격이 크게 왜곡된다는 측면에서 그 위치에 대한 정확한 인식이 필요하다.

한사군이 평양에 있었으며 그래서 우리 역사는 중국의 식민지로부터 출발했다고 주장하는 이들이 있다. 고대조선의 뒤를 이은 위만조선이 대동강 유역에 있었기 때문에 위만조선을 멸망시키고 그 자리에 설치된 한사군도 대동강 유역에 있었다는 주장이다. 그것은 진실이 아니다. 한사군은 위만조선 지역에 설치된 것이니까 위만조선이 있었던 지금의 요서 지역에서 찾아야 한다. 그럼에도 중국은 북한 지역이 서한의 영토였었다는 주장을 통해 북한 지역에 대한 역사귀속문제로까지 연결시켜 나가고자 하고 있다. 한사군 문제는 남북한을 포함한 한국고대사의 진실을 복원하는 기초 작업이라는 차원에서 바로잡아야 한다.

낙랑

한사군 위치를 평양으로 보고 우리 역사의 출발을 마치 한의 식민지배로부터 출발한 것으로 인식하는 행태는 낙랑이라는 명칭에 대한 혼란에서 비롯하고 있다. 평양에 있었던 낙랑(樂浪)이 한의 4개 군현 중 하나인 낙랑군이라는 것이다. 실제로 북한의 평양에는 낙랑이라 부르는 나라도 있었고 군사기지도 있었다. 최리가 다스리던 낙랑국(?~37)과 동한의 광무제가 설치한 군사기지(44~300)가 그것들이다. 그러나 이는 한(漢)무제가 서기전 108년 설치한 한사군의 낙랑군과는 그 성격과 위치, 존속시기가 전혀 다르다. 한무제가 설치한 낙랑군은 성격상 한의 행정구역으로, 한국고대사의 범주에 속하지 않을뿐더러 위치도 한국고대사 영역 밖에 해당하는 중국의 난하 유역이었다. 그럼에도 그 성격과 위치와 존속시기가 전혀 다른 세 낙랑을 구분하지 못하고 낙랑이라는 지명이 평양에 있었다는 것만으로 마치 위만의 지배를 받던 한국고대사가 한의 지배로 이어진 것처럼 인식하는 경향이 있는데 이는 대단히 잘못된 역사의 왜곡이다. 따라서 낙랑이라는 용어에 대한 정확한 인식이 있어야 한국고대사를 바로 볼 수 있다.

패수

앞서 살펴본 명칭(기자, 위만, 한사군, 낙랑)에 대한 인식의 혼란은 패수라는 강 이름의 착각에서 비롯한다. 따라서 패수에 대한 정확한 개념이 없으면 한국고대사 왜곡의 늪에서 벗어날 수 없다. 그러므로 앞에서 자세히 논한 바 있지만 재삼 패수에 대한 인식의 중요성을 강조하는 의미에서 요점을 정리해보자. 여기서 말하는 패수는 기자가 고대조선 지역으로 망명할 때, 그리고 위만이 기자조선으로 망명할 때 건넜던 강을 지칭한다. 이 패수는 낙랑군을 포함한 한사군이 있던 곳을 흐르는 강이었다. 그런데 그 위치가 어디인가에 따라 한국고대사의 성격이 판이하게 달리 해석된다.

패수를 지금의 평양 인근을 흐르는 강(대동강 또는 청천강)으로 보는 학자들은 기자조선, 위만조선, 한사군(낙랑군 포함)이 평양에 있었고 한국고대사는 중국의 지배하에 시작된 종속의 역사였다고 보고 있다. 그와 달리 패수를 지금의 요서 지역에 있는 난하로 보는 학자들은 기자조선 – 위만조선 – 한사군으로 이어지는 역사는 고대조선 변방에서 중국인들에 의해 이루어진 역사이며 한국고대사와 직접적인 관계가 없다고 본다. 이처럼 패수의 위치가 문제가 되는 것은 패수가 본래 고유명사가 아니라 고대에는 보통명사였기 때문이다. 조선사편수회는 고대에 패수가 보통명사였다는 사실에 착안하여 패수를 한반도 안에 있는 평양 유역을 흐르는 강으로 지명하여 역사를 왜곡하는 데 활용함으로써 한국고대사 인식의 주요 쟁점으로 만든 것이다. 분명한 것은 주(周)나라의 기자, 연(燕)나라의 위만이 망명할 때 건넜던 패수, 한(漢)무제가 위만조선을 멸망시킬 때 한나라 군이 건넜던 패수는 동으로 흘러 바다로 들어가는 강이며 연의 동쪽에 있는 강이라고 중국의 사서들이 말하고 있다[상흠(桑欽)의 『수경』, 허신(許愼)의 『설문해자』]. 중국의 동쪽이자 연의 동쪽은 고대조선과 그 이후의 한(韓)민족 영역의 가장 서쪽 경계를 흐르는 강으로 지금의 난하를 지칭한다. 그러므로 기자조선, 위만조선, 한사군의 위치도 모두 난하 유역에 있었음이 분명하다.

한국고대사 복원을 위한 논리 체계화

한국고대사에 관한 세 가지 쟁점 ──

　철학이 없는 역사학이나 역사에 기초하지 않은 철학은 실체를 빠뜨린 허상일 뿐이다. 역사학자들이 공상적인 논리에 빠져 있을 때 국민들은 몽매해지고 역사에 무지한 지도자들이 허상에 집착할 때 국가는 방향을 잃고 흔들린다. 그래서 한 나라를 이끌어가는 지도자에게 절실히 요구되는 것은 역사에 대한 바른 인식과 국제정세를 판단하는 능력이다.

　지금 우리 사회가 풀어나가야 할 가장 시급한 과제 중 하나는 우리의 잠재의식 속에 웅크리고 있는 사대·식민사학을 지우는 일이다. 이를 위해 지도자들의 관심이 절실하다. 민족의 뿌리를 모르면 자아인식과 정체성 확립이 곤란하며 이는 민족에 대한 부정적 인식과 패배주의로 이어진다. 왜소하고 부끄러운 역사로 매도된 민족의 기원, 조상들이 살아온 과거를 타율적이고 비굴한 역사의 반복이었던 것처럼 주장하는 사대·식민주의적 사학논리에 대한 정확한 분석과 평가가 반드시 이루어져야 한다.

한국고대사는 반드시 본래의 모습으로 복원되어야 한다. 이는 결코 한국고대사를 찬란했던 역사로 미화하거나 과장하자는 주장이 아니다. 민족 역사의 기원을 본래의 모습으로 정확히 밝혀 민족의 사상과 문화의 원형을 찾는 작업이자 남북한간 역사인식의 이질화를 극복하고 국제 경쟁력의 기반을 강화하는 작업이기도 하다. 따라서 한국고대사는 다음 세 가지 쟁점에 초점을 맞춰 논리를 체계화해야 한다.

첫째, 고대조선(고조선)은 서기전 2333년 단군왕검이 세운 한민족 최초의 국가임을 『삼국유사』가 전하고 있고 다양한 유적과 사료들이 이를 뒷받침하고 있다. 따라서 고대조선 건국 이전 한민족의 형성 배경과 고대조선 사회의 역사 전개 과정에 대한 내용들을 구체적으로 밝혀 정리함으로써 고대조선이 실재한 역사임을 바르게 인식할 수 있도록 하는 작업이 이루어져야 한다.

둘째, 우리 민족의 청동기시대 진입 연대는 서기전 25세기 무렵이다. 이는 고대조선이 실재한 역사이며 고대국가였음을 말하는 근거가 된다. 따라서 이에 대한 고고학적인 논리를 남북한 지역뿐 아니라 만주 지역까지 넓혀 체계적으로 정리해야 한다. 왜냐하면 만리장성 북쪽의 광활한 만주 지역은 한(韓)민족의 선대가 살면서 이룩한 문명이었기 때문이다.[244]

셋째, 한국고대사 강역을 한반도 안으로 축소시켜 해석하는 자세에

---

[244] 만주 지역은 제2차 세계대전 이후 중국 영토로 부당하게 편입되었다. 그런데 21세기 중화제국의 부활을 목표로 중국몽(中國夢)을 추진하고 있는 중국으로서는 만주의 역사적 진실이 구체적으로 밝혀지는 것이 가장 두렵고 경계하는 일일 것이다. 왜냐하면 현재 중국을 지배하고 있는 한(漢)민족이 만주를 영토로 지배한 역사적 사실이 없기 때문이다. 그것은 동북공정을 포함한 역사왜곡 행태와도 무관하지 않다. 이에 대해서는 신용우의 연구서(신용우, 『만주의 영토권, 문화영토론과 영토문화론』, 글로벌콘텐츠, 2021)가 잘 설명하고 있다. 매우 정확한 논리로 구체적으로 분석하여 독자들의 이해에 큰 도움이 되리라 기대한다.

서 과감히 벗어나야 한다. 고대 한·중 국경이었던 패수는 지금의 난하였으며 기자조선(기자국), 위만조선(위만국), 한사군의 위치는 지금의 요서 지역이었다. 이는 만리장성 북쪽의 문명이 한(韓)민족의 문명권이었으며 그 지역에서 형성된 국가들은 한민족이 세운 국가들이었다는 것을 말해준다. 따라서 패수를 대동강이나 청천강으로 보고 만주 지역을 고대조선의 강역에서 제외시키는 잘못된 논리는 수정되어야 한다. 만주 지역이 고대조선의 강역이었다는 사실은 사료와 유적이 밝혀주고 있다. 특히 요하문명이 고대조선의 선행문명으로 우리 민족이 이룩한 문명이었음이 밝혀지고 있는 상황이다. 따라서 이를 마치 한국고대사 강역을 넓혀 과장하는 것으로 보려는 시각은 시정되어야 한다.

위의 세 가지 문제를 바르게 체계화하는 것이 곧 한국고대사의 진실을 복원하는 작업이다. 이를 위해서 한국 고대국가들의 위치, 특히 고대조선의 강역을 확인하는 작업이 이루어져야 한다. 우선 식민사학의 두 기둥이라 할 수 있는 한사군의 대동강 유역설과 임나일본부설의 부당성을 정확히 분석하여 바로잡아야 식민사학의 뿌리를 뽑을 수 있고 고대조선의 강역을 확인할 수 있다. 이러한 문제는 고대 한·중 문명 영역의 정확한 경계를 확인하는 일에서 출발해야 한다. 이제 사료의 부족은 더 이상 고대사의 진실 복원에 침묵하거나 반대하는 변명의 구실이 될 수 없다.

고대 한·중 문명 영역은 중국 사료들이 구체적으로 밝혀주고 있다. 중국 사료가 말하는 중국의 고대 동북 영역은 바로 고대조선의 서쪽 영역이었다. 역사학자들이 이를 몰랐다는 것은 변명이다. 더욱이 현재는 고고학이 이를 보완해주고 있다. 따라서 이제 과감히 나서서 지혜를 모아 우리 역사의 진실을 바르게 복원하고 후손들에게 역사의 진실을 바르게 알려주어야 한다.

그러기 위해서는 첫째, 식민·사대사학에 기초한 역사인식의 틀에서 벗어나야 한다. 이를 위해 역사의 진실을 밝혀야 한다. 특히 한국고대사를 올바른 모습으로 복원해야 한다. 역사학계와 교육 부서들은 침묵을 깨고 나와 격의 없이 논의에 임해야 한다.

둘째, 복원된 역사적 진실에 기초해 국사교과서를 다시 써야 한다. 사대·식민사학과 동북공정, 민중사학으로 엮어진 국사교과서로는 제대로 된 역사 교육이 불가능하다.

셋째, 모든 국민이 한국고대사에 대한 올바른 인식을 갖도록 대대적인 운동이 이루어져야 한다. 현재의 국정 및 검정 국사교과서 내용과 수준에 기초한 역사교육으로는 결코 제대로 된 역사교육을 할 수 없다.

동북공정 극복을 위한 올바른 요하문명 해석 ——

1994년 김일성이 사망하자 중국은 미·중간의 완충지대 역할을 하고 있던 북한의 급변사태를 우려하지 않을 수 없었다. 중국에서 하·상·주 단대공정이 추진된 시기는 1996년으로, 이는 김일성 사망 후 2년여에 걸쳐 역사왜곡 논의가 신중하게 이루어졌으리라는 판단이다. 더구나 이 시기는 한·중 교류 이후 일부 한국인들이 만주 일대를 관광하면서 '만주는 우리 땅!'이라는 무분별한 주장을 함으로써 중국인들을 긴장시킨 면도 없지 않다. 따라서 중국의 동북공정은 북한의 급변사태를 고려한 중국의 전략적 입장으로 볼 수 있다. 이러한 중국의 역사왜곡 전략에 효율적으로 대처하기 위해서 만주 지역에서 펼쳐진 고대문명에 대한 올바른 인식이 필요하다.

현재의 요서와 요동을 포함한 만주 지역은 고대로부터 중원과는 다른 문명권이었으며 고대조선을 수립한 민족의 선대들이 이룩한 문명임이 분명하다.[245] 특히 신석기시대 문화인 홍산문화와 소하연문화 등에 이어 나타나는 하가점 하층문화와 하가점 상층문화 등 청동기시대 문화는 우리 역사에서 첫 번째 국가인 고대조선시대에 해당하는 문명으로 밝혀지고 있다. 따라서 이러한 요하문명이 한국고대사 체계와 어떤 상관관계가 있는지 정리되어야 한다.

『삼국유사』에 기록되어 있는 '단군왕검사화'를 기준으로 한민족의 형성과정을 정리하면 한민족은 한(韓, 桓雄)족과 맥(貊·熊, 곰)족과 예(濊·虎, 범)족이 분립하고 있던 마을사회단계를 거쳐 한(韓)족과 맥(貊)족이 결혼동맹을 통해 결합하고 뒤이어 예(濊)족이 제후 관계로 연맹을 형성하는 마을연맹체사회단계로 발전한다.[246] 여기서 사회인류학적으로 본 마을사회단계는 고고학적으로는 신석기시대 전기에 해당하며 마을연맹체사회단계는 신석기시대 후기에 해당한다.[247] 이에 해당하는 신석기문화가 바로 홍산문화인 것이다. 문제는 이 지역의 문화적 특징들이 한국 고대사체계를 어떻게 설명해줄 수 있느냐 하는

---

245 민족문화의 소속문제와 영토관계는 신용우의 『만주의 영토권』, 글로벌콘텐츠, 2021 참조. ; 신용우는 '문화영토론과 영토문화론' 이라는 부제를 달고 "우리 한민족의 영토는 만주와 대마도를 포함해야 한다."고 주장한다.

246 신용하, 「고조선의 통치체제」, 『고조선연구』 제1호, 2008, 11~12쪽.

247 이도상, 「단군왕검사화의 역사학적 의미」, 『단군학연구』 제6호, 2002, 119쪽.

점이다. 이에 초점을 맞춰 복기대의 다음과 같은 설명에 주목해보자.

현재 한국 학계에서 가장 많은 관심을 갖고 있는 만주 지역 신석기시
대 문화는 홍산문화이다. …… 처음으로 홍산문화와 한국사의 연결을 직
접적으로 시도한 사람은 한창균이다.[248] 한창균은 막연하게 홍산문화를
고조선(고대조선) 1기 문화로 추정할 수 있는 가능성만 제시했다. 하지만
만주 지역 신석기시대 문화 가운데 구체적인 문화를 거명하면서 한국사
에 연결시키는 시도를 한 것이다. 이를 바탕으로 최근에 일부 학자들은
보다 구체적인 근거를 들어 홍산문화를 한국의 기본 문화로 제시한다.
이들의 주장은 지역적인 연관성을 들어 한국 역사와 관련을 두고자 하는
것인데 이는 일정한 부분에서는 설득력이 있다고 볼 수 있다.[249]

이어서 그는 『삼국유사』 기록 속의 한국사와 홍산문화의 특징을 비
교하여 두 문화의 유사점을 다음과 같이 분석하고 있다.

첫째, 고조선(고대조선)의 건국 연대는 지금으로부터 4500년경 전으로
추정된다. …… 그런데 단군이 건국한 것으로 추정되는 연대가 서기전
2333년이므로 단군의 어머니는 그보다 훨씬 앞서야 한다. 홍산문화를 지
금으로부터 5000년경 전으로 본다면 연대적으로 설명이 가능하다고 볼
수 있다.

248 한창균, 「고조선의 성립배경과 발전단계 시론」, 『국사관논총』, 국사편찬위원회, 1992, 13~33쪽.
249 복기대, 「한국사 연구에서 고고학 응용의 몇 가지 문제에 관하여」, 『고조선연구』 제1호, 지식산업사, 2008, 190~191쪽.

둘째, 문화요소에 대한 설명이다. 홍산문화 우하량 유적에서 출토된 곰과 여자는 웅녀와 관계되는 것이다. 이것은 『삼국유사』의 기록과 고고학적인 유물의 관계가 서로 보완되는 부분이다. 문헌 기록이 고고학적으로 이렇게 증명되기는 쉽지 않다. 그런데 이 홍산문화 우하량 유적에서 발견된 유적과 유물은 『삼국유사』 기록과 유사한 것으로 볼 수 있다.

셋째, 한국문화 기원지에 대한 설명이다. 대부분의 한국 학자들은 한국문화의 기원지를 북방지역으로 보고 있다. 그 북방이라는 지역의 개념은 현재를 기준으로 세운 개념이다. 즉 남북이 분단된 상태여서 북이라는 개념을 갖고 볼 때는 휴전선을 넘고 압록강을 건너가면 북이라는 개념이 세워지는 것이다. 그렇기 때문에 한국 학계에서 말하는 한민족 문화의 기원지일 가능성이 높은 것이다.[250]

복기대는 문화의 연대(年代), 요소(要素), 기원(起源) 측면에서 홍산문화가 한국사 쪽에 가까운 역사로 보아야 함을 주장하면서 중국에서 홍산문화를 중국문화의 큰 줄기로 보는 것은 문제가 있다고 지적한다.[251]

홍산문화는 요하 일대의 모든 신석기문화에 대한 통칭이기도 하지만 일반적으로는 말할 때 쓰이는 협의의 홍산문화는 서기전 4500~서기전 3000년의 신석기시대 문화를 지칭한다. 홍산문화라는 이름은 이 문화 유적이 처음 발견된 홍산(紅山, 붉은 산)에서 비롯했다.[252] 내몽골

---

250 복기대, 앞의 논문, 192~193쪽.
251 복기대, 앞의 논문, 194쪽.
252 社會科學院考古研究所內蒙古工作隊, 「赤峰脂蛛山遺址의 發掘」, 『考古學報』 70-2, 1979 ; 呂遵諤, 「內蒙赤峰紅山考古調査報告」, 『考古學報』 58-3, 1958 참조.

자치구 적봉시(赤峰市)의 동북방에 위치한 홍산은 철 성분이 많은 바위산으로 항상 붉은 색을 띠고 있다. 최초의 유적은 홍산에서 발견되었지만 그 뒤 발견된 유적들은 넓은 범위에 분포되어 있었다. 따라서 전자를 협의의 홍산문화라 한다면 후자는 광의의 홍산문화로, 지역적 개념으로는 요하 일대의 거의 대부분의 신석기시대 문화를 포괄하는 것으로 보아야 하며 현재는 청동기문화까지 연결하여 요하문명 속에 통칭되고 있다.

요서 지역에 분포되었던 신석기시대 문화는 소하서(小河西, 서기전 7000~서기전 6500)문화 → 흥륭와(興隆洼, 서기전 6200~서기전 5200)문화 → 사해(查海, 서기전 5600~서기전 4000)문화 → 부하(富河, 서기전 5200~서기전 5000)문화 → 조보구(趙寶溝, 서기전 5000~서기전 4400)문화 → 홍산(紅山, 서기전 4500~서기전 3000)문화 등이다.[253]

홍산의 신석기시대 문화에 대한 최초의 지표조사는 1908년에 일본인 고고인류학자 도리이 류조가 실시했고, 1935년에 하마다 고사쿠가 이끄는 만몽(滿蒙)학술조사단에 의해 대대적인 발굴이 이루어졌다. 이 지역에 대한 발굴이 일본 정부와 역사학계, 고고학계의 지대한 관심 속에서 이루어진 것은 중국 동부 지방과 내몽골 동부에서 발원한 만주족과 몽골족이 원래부터 중국에 소속되지 않았다는 근거를 찾아 이 지역을 중국으로부터 역사적으로 독립시킨 후 점령하려는 일본의 야심 때문이었다. 여기서 채집된 1천여 점의 유물은 고스란히 일본 도

---

253 복기대, 『요서 지역의 청동기시대 문화 연구』, 백산자료원, 2002, 1~2쪽 ; 우실하, 앞의 책, 103쪽(劉國祥, 「西遼河流域新石器時代至早期靑銅時代考古學文化槪論」, 『遼寧師範大學報(社會科學版)』, 2006년 第1期, 113~122쪽).

쿄제국대학 연구실로 옮겨져 3년 뒤에 『적봉 홍산후(赤峰紅山後)』라는 발굴 보고서로 출간되었다.[254]

중국 고고학자가 요서 지역 신석기문화에 대해 쓴 첫 번째 전문적인 글은 1934년 양사영(梁思永)의 『열하고고보고(熱河考古報告)』였다. 그리고 1955년 출판된 윤달(尹達)의 『중국의 신석기시대』 속에 「적봉 홍산후의 신석기시대 유적에 대하여」라는 글이 포함되었는데 이 글에서 오늘날 통칭되는 홍산문화가 정식으로 명명되었다. 그는 적봉 홍산후 유적의 도기와 석기의 특징을 비교하여 이 지역의 신석기문화와 황하 유역의 앙소문화가 상호 영향을 미친 후에 발생한 새로운 문화 유적일 가능성이 매우 높다고 보고, 이것은 중국 신석기시대 홍산문화라고 이름 붙일 수 있다고 했다. 여기서 홍산문화라는 정식 명칭이 생기게 되었으며 그 범위는 요녕성, 내몽골, 하북성 경계 부분의 연산(燕山) 남북과 만리장성 일대를 포괄하게 되었다.[255]

많은 한국 학자들은 홍산문화 지역이 한국고대사체계와 직접 관련이 있는 지역이라는 점에서 깊은 관심을 가져왔다. 특히 이 지역의 신석기시대에 이어지는 청동기시대 문화는 고대조선 역사와 연결된다는 차원에서 관심이 집중되고 있다. 윤내현은 홍산문화 지역 청동기시대 연구의 중요성을 다음과 같이 강조하고 있다.

---

254 우실하, 『동북공정 너머 요하문명론』, 소나무, 2007, 166쪽. 이 보고서에서 홍산후 유적은 적봉 제1기 문화와 제2기 문화를 포함하는 의미로 사용되었다. 적봉 제1기 문화는 감숙성 지역과 관련된 신석기문화로 감숙성 주변에서 적봉 일대로 전래된 것으로 보고 있고, 적봉 제2기 문화는 조금 늦은 시기의 유적으로 북방 스키타이 지역에서 전래된 청동기문화로 보고 있다.

255 우실하, 앞의 책, 163~169쪽.

이 지역의 청동기시대는 우리 역사에서 첫 번째 국가인 고대조선시대에 해당한다. 그러므로 우리 역사의 뿌리를 밝히는 데 있어서는 매우 중요한 시기인 것이다. 특히 중국의 동북 지역은 오래전부터 우리 민족의 활동과 무관하지 않은 지역으로 인식되어왔기 때문에 이 지역의 청동기시대 연구는 우리의 고대사 연구를 한층 풍성하게 해줄 것이다.[256]

김정배는 예맥족의 분포지를 요녕 지역으로 보고 이 지역의 비파형동검 문화를 '예맥 1기 문화'로 설정하기도 했다.[257]

이 지역 신석기시대 문화에 대해 우실하는 다음과 같이 설명한다.

빗살무늬토기와 세석기는 요하 일대 신석기문화에서는 대부분 보이는 것이지만 황하 일대에서는 보이지 않는 북방문화 계통이다.[258] 흥륭와의 주도 세력들은 중원에도 영향을 미쳤겠지만 기본적으로 빗살무늬토기가 전파되는 길로 이동한 세력임을 알 수 있다. 결국 서기전 6000년 당시부터 이미 남북한 지역과 중국 동북 지역 일대를 엮는 발해만 연안은 중원과는 다른 독자적인 문화권을 형성하고 있었다는 것을 보여주는 것이다. 빗살무늬토기는 남북한 전 지역에서 발견된다. 그러나 요하 일대에서 보이는 평저(平底)형 토기는 주로 북한의 동북부에서 발견되는 것이다. 이것은 앞서 살펴본 옥 귀걸이와 마찬가지로 동북만주 일대에서 백두대간의 동쪽을 타고 내려오는 것이라고 생각할 수 있다.[259]

256 복기대, 앞의 책, 추천사(윤내현).
257 김정배, 『한국 민족문화의 기원』, 고려대학교 출판부, 1972, 149쪽.
258 中國社會科學院考古硏究所內蒙古工作隊, 「內蒙古敖漢旗興隆窪遺址發掘簡報」, 『考古』 85-10, 1985 참조.
259 우실하, 앞의 책, 126·295~310쪽.

이러한 논지를 정리해보면 첫째, 요서와 요동을 포함한 만주 지역은 중원과는 서로 다른 문명권이었다. 둘째, 동북 지역 최초의 신석기문화는 요서에서 시작되었다. 셋째, 서기전 6200년경에 이미 요서와 요동 그리고 남북한 지역은 문화적 교류가 있었다. 넷째, 요하 일대 유물은 만주와 남북한 지역에서만 나타난다. 다섯째, 용(龍)과 봉(鳳)도 요하 유역에서 기원하여 전파된 것이다. 여섯째, 갑골점과 갑골문의 기원도 요하 지역에 있었다는 것이다.

우실하의 설명은 "홍산 신석기문화는 황하 지역과는 성격이 다른 북방문화 계통으로 서기전 6000년경부터 남북한 지역과 중국 동북 지역 일대를 엮는 발해만 연안은 독자적인 문화권을 형성하고 있었다."는 것인데 이는 매우 설득력 있는 해석이다. 이는 아래 하문식의 '환 황해 지석묘문화권(環黃海支石墓文化圈)' 이론과도 맥을 같이하는 것으로 볼 수 있다.

지금까지 요녕 지역을 중심으로 한 중국 동북 지역의 고인돌 분포가 고조선(고대조선) 영역과 상당 부분 연관성을 지니고 있으면서 껴묻거리 가운데 비파형동검, 미송리 유형 토기 등 고조선의 성격을 가늠할 수 있는 유물이 찾아지고 있다. …… 이와 같이 동북아시아의 고인돌은 중국 동북 지역을 비롯하여 황해를 중심으로 밀집 분포하고 있으므로 환 황해 고인돌문화권의 설정도 가능한 것으로 기대된다. …… 특히 요녕과 길림의 고인돌을 통한 문화권의 범위 설정도 가능할 것이다.[260]

---

260 하문식, 「고조선 지역의 고인돌 연구」, 백산자료원, 1999, 1~2쪽.

이상에서 요하문명 가운데 신석기시대 문화에 해당하는 홍산문화를 『삼국유사』의 단군왕검사화와 연계시켜 문화의 성격 면과 지역적인 문제가 한민족의 형성시기와 같은 문화권에 속한다고 단정할 수 있을지 살펴보았다. 그 결과 문화의 연대, 요소, 지역적인 조건들이 다양하게 그 가능성을 뒷받침하고 있는 것으로 판단된다. 그러나 이에 대한 최종적인 결론은 청동기시대 문화의 성격과 영역, 그리고 이를 주도한 세력이 누구였는지를 입체적으로 살펴본 후 고대조선의 건국 등 우리 민족의 고대국가 형성과 관련시켜 결론을 내려야 할 문제라고 생각한다.

요하 유역의 청동기문화 ──

하가점 하층문화는 요서 지역에서 발전한 청동기시대 문화이다. 이 문화는 1930년대에 학계에 알려지기 시작했고, 1960년대에 내몽골 적봉시 하가점 유적이 발견된 후부터 청동기시대 문화로 보게 되었다. 하가점 유적은 연대적으로는 청동기시대이면서 그 안에 문화의 차이가 뚜렷한 두 개의 문화가 존재했음이 밝혀졌다. 그 결과 아래층 문화를 하가점 하층문화(서기전 24~서기전 15세기)로,[261] 위층 문화를 하가점 상층문화(서기전 14~서기전 7세기)로[262] 부르게 되었다.

261 국립문화재연구소, 『한국 고고학 사전』, 2001(李伯謙, 「論夏家店下層文化」, 『紀念北京大學考古事業三十周年論文集』 文物出版社, 1990 ; 中國社會科學院考古研究所, 『新中國的考古發現和研究』, 文物出版社, 1984) 참조.
262 국립문화재연구소, 『한국 고고학 사전』, 2001(項春松·李義, 「영성소흑석구석곽묘조사청리보고」, 『문물』 1995-5, 1995 ; 靳楓毅, 「夏家店上層文化及族屬問題」, 『考古學報』 1987-2, 1987) 참조.

현재 이 문화에 대한 중국 학계의 정리된 입장은 하가점 하층문화를 중국의 전통문화와는 별개의 요하 유역 고유문화로 보는 것이다. 이는 중국의 전통문화에 대한 부정이 아니라 중국 문명의 기원을 기존의 황하(黃河) 유역이나 장강(長江) 유역에서 요하 유역으로 옮겨 새로운 관점에서 정리하려는 것으로 보아야 한다.

이 문화의 기원은 서기전 24세기경으로 추정되며 서기전 15세기를 전후한 시기에 와해된 것으로 보인다. 그 범위는 내몽골 남부 지역과 요녕성 서부 지역을 아우르는 매우 넓은 지역에 분포되어 있다. 『삼국유사』에 기록된 고대조선 건국 연대와 시기적으로 일치하며 지역적인 상관관계는 이형구의 다음과 같은 논의가 주목된다.

동방문명의 발상은 대체로 산동반도와 옹진반도가 발해를 포용한 것처럼 달을 한 아름 감싸 안은 듯이 만월형(彎月形)을 이루는 발해 연안일 것으로 의견이 모아지고 …… 동북아에서 비교적 초기의 청동기가 발견되는 곳은 역시 발해 연안 북부 대릉하(大凌河) 유역과 서요하(西遼河) 유역이다. 이 지역에서 발견되는 초기 청동기는 칼, 끌, 장신구 등 소형의 청동 제품으로 이른바 하가점 하층문화라고 명명된 유적지에서 주로 발견된다. …… 남산근문화에서는 발해 연안식 청동단검이 발굴되는데 이는 만주지방은 물론 우리나라 고대 청동기문화의 대표적인 한 유형이다. 이 단검은 중국 중원지방은 물론 시베리아지방에서도 찾아볼 수 없는 매우 독특한 양식이다.[263]

---

263 이형구, 『한국 고대문화의 기원』, 까치, 1991, 126~129쪽.

복기대는 요서·요동 지역과 남북한 지역 청동기문화는 넓은 의미에서 같은 문화권일 것이라고 다음과 같이 말한다.

만주 지역 고고 유물 가운데 한국 학계에서 통일된 의견을 보이는 것 중 하나가 비파형동검이다. 문제는 비파형동검을 한국사의 표식적인 기물로 인정하면서도 지역적으로 어디에서 출토되었는지를 구분하여 그것을 한국사로 인정하기도 하고 인정하지 않기도 한다는 것이다. 즉 요동 지역에서 출토된 것은 고조선과 관련되는 기물로 인정할 수 있는 것이고, 요서 지역에서 출토된 것은 인정하지 않는다. 지금까지 연구 결과에 따르면 비파형동검의 기원지는 중국 요녕성 동북 지역 어디로 추정하고 있다. 그런데 그 검이 가장 많이 쓰인 것은 요녕성 동부 지역이 아니라 요녕성 서쪽인 요서 지역이다. 남북한 지역 역시 비파형동검이 많이 출토되는 상황은 아니다. 그런데 어떤 이유로 요서 지역이 고조선의 활동 범위가 아니라는 것인지 의문이 든다. …… 청동 기물에서는 두 지역이 거의 같은 양상을 나타낸다. 비파형동검과 잔줄무늬거울, 그리고 일부 구리화살촉 등은 거의 같은 양상을 나타내는 것으로 볼 수 있다. 이렇게 보면 요동 지역과 요서 지역은 넓은 의미에서 호환성이 큰 문화로 볼 수 있을 것이다. 다음으로 남북한 지역과 요동 지역 문화를 비교해볼 필요가 있다. …… 두 지역 역시 넓은 의미에서 같은 문화권으로 보아야 할 것이다. 특히 두 지역의 문화를 연결시켜주는 고리는 고인돌과 비파형동검이다. 그런데 …… 요서 지역에서는 고인돌이 발견되지 않는다.[264]

---

264 복기대, 앞의 논문, 202~204쪽.

앞에서 살펴본 바와 같이 고대조선이 건국되기 이전의 사회 단계에 해당하는 문화들과 고대조선 건국 단계의 문화로 볼 수 있는 유적과 유물들이 요하 일대에서 대대적으로 발굴됨으로써 지금까지 문헌상으로만 논의되었던 역사적 사실들이 고고학적으로 증명되고 있다. 그럼에도 이들이 과연 고대조선의 선행문명 또는 고대조선문명이었느냐 하는 문제는 아직 미결 상태이다. 그것은 지역적으로 완전히 일치한다는 합의에 이르지 못하고 있기 때문이다. 이런 문제들을 풀어나가기 위해서는 문헌해석상의 견해차를 좁히고 청동기시대 연대에 대한 인식을 바꿔야 하며 무엇보다도 역사를 인식하는 태도를 바꿔나가야 한다.

한국고대사를 바로 보는 시각 ——

제1부에서 일본과 중국이 한국고대사를 왜, 어떻게 체계적으로 왜곡시켜왔는지 살펴본 바 있다. 특히 일제강점기에 조선 총독부의 직접적인 통제를 받아 운영되던 조선사편수회가 제작한 『조선사』 35권은 한국고대사의 상한 연대를 끌어내려서 한민족의 기원을 부정하고 정체성을 훼손할 목적으로 만들어졌다. 그런데도 한국 역사학계는 아직도 '역사는 근거에 기초해야 한다'는 명분과 '한국고대사는 근거가 없다'는 구실로 '실증주의'라는 이름을 붙여 일본인들이 기획했던 『조선사』 35권식으로 한국고대사를 해석하는 경우를 볼 수 있다. 『조선사』 35권은 제작 동기가 식민지 지배체제를 강화하기 위한 정치적 목적이었기 때문에 한국사는 정체성(停滯性)과 타율성(他律性)를 벗어

나지 못한 것으로 매도되었다. 한국사의 출발은 중국과 일본의 식민지로부터 출발한 것으로 엮어나가기 위해 연대는 잘라내고 고대 한·중(韓中) 간 경계는 본래의 위치를 벗어나 남북한 지역 안으로 끌어들여서 해석한다. 그러나 이제는 진실을 말하는 사료와 유적이 곳곳에서 나타나고 있다. 더 이상 이러한 해석들이 용납되지 않는다는 점에 착안하여 잘못된 견해들을 시정해나가야 한다.

1980년대 초부터 고고학적 연구 성과를 가지고 문헌기록을 고증하는 형식으로 한국사에서 청동기시대 진입 연대에 대한 인식을 제고시켜온 윤내현은 새로운 시각에서 한국고대사 체계 정립 방향을 제시하고 있다. 다음은 청동기시대에 대한 그의 주장이다.

광복 전까지만 해도 한국에 청동기시대는 존재하지 않는 것으로 인식되었다. …… 한국에서는 청동기시대를 거치지 않고 신석기시대로부터 곧바로 철기시대로 넘어갔을 것으로 생각하였다. …… 1970년대까지만 해도 한국의 청동기시대는 서기전 7세기 이전으로 올라가지 않을 것으로 보는 것이 주류였다. 한국의 청동기문화는 오르도스와 시베리아 청동기문화가 전파되어 형성되었을 것으로 보고 순수한 한국의 청동기는 세형동검이라고 보았기 때문이었다. …… 종래에는 요녕성의 청동기로만 인식되었던 비파형동검이 남북한 지역과 만주 지역에서 출토되고 세형동검은 비파형동검에서 발전된 것이라는 것이 확인됨에 따라 한국의 청동기시대 개시 연대를 올리지 않을 수 없게 되었다. 그러나 아직도 일부 학자들은 비파형동검의 연대를 서기전 10세기 이전으로 올려 보는 것에 주저하고 있다. …… 요녕성 지역에는 비파형동검보다 이른 청동기문화가 있다. 하가점 하층문화가 그것인데 이 유적들에서 출토된 유물은 귀걸이, 단추, 가락지, 활촉, 작은 칼 등 소형의 청동기가 주류를 이루고 있다. …… 남북한 지역에서도 서기전 25세기로 올라가는 청동기 유적이 두 곳이나 발굴되었다. 하나는 문화재관리국 발굴단에 의해서 발굴된 경기도 양평군 양수리 고인돌 유적이다. …… 교정 연대는 서기전 2325년경이 된다.[265] …… 다른 하나는 목포대학교 박물관에 의해서 발굴된 전남 영암군 장천리 주거지 유적이다.[266]

…… 과학적 연대가 얻어졌음에도 불구하고 일부 학자들은 종래에 그들이 생각했던 청동기시대 연대보다 너무 올라간다는 이유 때문에 그 연대를 적용하기를 주저하고 있다. 과학적인 연대를 얻어놓고도 계속해서 비과학적인 관념에 사로잡혀 있어야 할 것인지 반성해볼 일이다. …… 이상과 같은 자료와 연구 결과를 종합해볼 때 한국 청동기시대의 개시 연대는 서기전 25세기경으로 올려 볼 수 있는 것이다.[267]

역사를 연구하는 학자가 선학의 지침이나 학풍의 편견, 또는 이념적 고정관념에 묶여 있는 한 역사를 바로 볼 수 없다. 특히 스스로의 눈으로 역사를 보고자 노력하지 않으면 사대·식민사학의 틀에서 벗어날 수 없다. 현재 한국고대사 인식상의 문제점은 조선사편수회가 정리한 한국사를 마치 역사의 진실인 것처럼 잘못 인식하는 경향이 있을 뿐 아니라 역사학계가 이러한 문제의 지적에 대해 침묵으로 일관해왔다

---

265 이호관·조유전, 「양평군 양수리 지석묘 발굴보고」, 『팔당·소양 댐 수몰지구 유적 발굴 종합 조사보고』, 문화재관리국, 1974, 295쪽.

266 최성락, 『영암 장천리 주거지』 2, 목포대학교 박물관, 1986, 46쪽.

267 윤내현, 『고조선연구』, 일지사, 1994, 103~107쪽.

는 점이다. 다행히 최근 다양한 사료와 고고학적 발굴 성과에 힘입어 우리 역사를 바로 보아야 한다는 주장과 입체적인 연구 결과들이 쏟아져 나오고 있다. 매우 바람직한 현상이다. 그런데 일부에서는 이러한 현상에 오히려 위기감을 느꼈는지 젊은 학자들을 내세워 '사이비 역사학' 또는 '극단적 국수주의'라는 논리로 이에 대한 비판 논리를 폄으로써 기존의 논리를 지키고자 하는 움직임이 있다.[268] 이러한 비판은 종래의 입장에서 벗어나 상대 논리에 대한 비판과 수용의 반복을 통해 견해를 좁혀나갈 수도 있다는 차원에서 오히려 바람직한 기회로 활용될 수 있기를 바란다.

고고인류학 관점에서 본 고대조선의 기원 ——

한국고대사의 기원은 한민족 최초의 국가인 고대조선 형성의 기반이 된 문화에서부터 비롯하는 것으로 정리되어야 한다. 그것은 『위서』와 『고기』에 근거하여 작성된 『삼국유사』가 그에 대한 기록을 전하고 있고, 고고학적으로도 많은 양의 유적과 유물이 이를 뒷받침하고 있다. 학자에 따라서는 확신을 가질 수 없는 입장도 있을 것이다. 그러나 민족의 기원은 정체성 확립 차원에서 서둘러 바르게 정리해야 한다. 학풍이나 이념적 고정관념에 얽매여 사실의 규명도 하지 않고 이를 부정하는 것은 옳지 않다. 따라서 고대조선이 실재한 역사라는 전제하에 이의 역사적 진실을 밝혀 정리해나가

---

268 젊은역사학자모임 지음, 역사비평편집위원회 기획, 『한국고대사와 사이비역사학』, 역사비평사, 2017 ; 역사문제연구소, 『역사비평』 114, 2016 봄 ; 『역사비평』 115, 2016 여름.

는 작업이 이루어져야 한다.

이에 대해 김종서는 "고조선(고대조선)은 요하 서쪽, 발해 북쪽, 서요하 상류의 남쪽으로 둘러싸인 지역에 있던 국가로서 흥륭와문화(서기전 6200~5400)와 홍산문화(서기전 4710~서기전 2920)를 계승하고 하가점 하층문화(서기전 2500~서기전 1700)와 하가점 상층문화(서기전 1600~서기전 700)를 발전시킨 국가"라고 해석한다.[269] 그리고 고대조선의 본래 이름은 한자가 쓰이기 이전에는 '아사달(『삼국유사』에는 阿斯達로 표기)'이었을 것으로 추정하는 연구 결과들이 많이 나와 있다.[270] 그 후 한자를 쓰기 시작하면서 '조선'으로 불리게 되었을 것이라는 데는 이의가 없는 것 같다. 이를 옛날의 조선이라는 의미에서 '고(古)조선'으로 부르고 있는 것이 현실이다.[271] 그러나 '고대조선(古代朝鮮)'으로 호칭하는 것이 보다 합리적이다.

이제 고대조선으로 이어진 우리 고대문명의 기원을 고고학, 요하문명, 인류학, 신화학적 이론을 도입하여 입체적으로 살펴볼 수 있는 도표를 그려보자.

고고학에서는 인류문화 발전의 시대 구분을 인류가 사용했던 도구를 근거로 하여 석기시대와 청동기시대, 철기시대로 분류한다. 석기시대는 다시 구석기 – 중석기 – 신석기시대로 구분할 수 있으며 신석기시대는 전기와 후기로 나눌 수 있다. 요하문명은 광의의 홍산문화

---

269 김종서, 『기자·위만국 연구』, 한국학연구원, 2004, 472쪽.
270 이병도, 「아사달의 의미 문제와 그 명칭의 의의」, 『한국 고대사 연구』, 박영사, 1976 ; 서영수, 「고조선의 대외관계와 강역의 변동」 『동양학』 29집, 1999 / 「고조선의 위치와 강역」, 『한국사 시민강좌』 2, 일조각, 1988 ; 신용하, 「고조선의 통치체제」, 『고조선연구』 1호, 단군학회, 지식산업사, 2002 참조.
271 이도상, 「단군왕검사화의 역사학적 의미」, 『단군학연구』 제6호, 단군학회, 2002, 126~128쪽.

가 전기 신석기시대, 협의의 홍산문화와 소하연문화가 후기 신석기시대에 해당하며 하가점 하층문화와 상층문화는 청동기시대의 문화이다. 인류학에서 분류하는 무리사회는 구석기시대부터 중석기시대까지에 해당하며 마을사회는 전기 신석기시대, 마을연맹사회는 후기 신석기시대에 해당한다. 일반적으로 국가사회는 청동기시대부터 시작된 것으로 보고 있다.

단군왕검사화를 고고학과 인류학적 기준에 맞춰 구분해보면 환인시대는 무리사회단계의 이야기이고, 환웅이 풍백·우사·운사와 3천여 무리를 이끌고 지상에 내려와 홍익인간 이념에 기초하여 널리 인간세계를 다스리던 시대는 마을사회단계의 이야기이다. 환웅이 사람의 몸으로 변해 웅녀를 맞아 단군왕검을 낳는 과정은 마을연맹사회단계에 해당하며 단군왕검이 고대국가를 세워 한민족 최초의 고대국가인 고대조선이 출발한 것은 청동기시대에 들어섰음을 말한다.[272] 이를 도표로 그려보면 다음과 같다.

구분	~12000 전	-8000	-4000	-3000	-2400	-5~-4세기
고고학	구석기	중석기	신석기(전)	신석기(후)	청동기	철기
요하문명			홍산(광의)	홍산(협의)·소하연	하가점(상·하)	
인류학	무리사회		마을사회	마을연맹사회	국가사회	
신화학	환인		환웅·웅족·호족	환웅+웅족	고대조선	

272 우리 민족이 세운 국가들은 중국과 달리 민족국가들로 이어져 왔다. 중국도 본래는 한족(漢族, 中華族, 華夏族) 중심의 민족국가를 지향해왔으나 근래에 정치적 목적의 '통일적 다민족국가'를 추진하면서 영역국가체제를 지향하고 있다.

여기서 굳이 단군왕검사화를 강조하는 것은 단군왕검사화는 우리 민족의 건국사화로 한국인(한민족)이라면 누구나 자연스럽게 알고 있는 생활 속의 보편적 상식이어야 하기 때문이다. 단군왕검사화 속에는 우리 민족의 역사적 체험뿐만 아니라 사상과 문화의 원형이 함축되어 있다. 그래서 도표에 넣고 역사적 관점에서 살펴보려는 것이다. 이는 사화를 역사로 재해석하는 하나의 역사화 작업이라 할 수 있다.

문자가 없던 시대의 역사는 이야기 형식으로 입에서 입으로 후대에 전해지는 과정에서 신화로 엮어지고, 문자가 사용되면서 다시 사화라는 형식으로 다듬어져 오늘에 전한다. 즉, 역사가 신화가 되었다가 다시 사화로 다듬어지는 현상으로 이를 '역사의 신화화 현상'이라 할 수 있다. 따라서 한 민족의 신화나 사화는 그 민족의 사상과 역사적 체험이 시간과 공간을 초월해 응축되어 상징적으로 표현되는 것이다. 그러므로 신화화됐거나 사화로 전해지는 민족의 사상과 역사적 체험을 다시 역사화하는 작업, 즉 '신화 또는 사화의 역사화'는 반드시 거쳐야할 작업이다. 이는 민족사화의 역사화작업은 민족의 기원을 밝히고 민족의 사상과 문화의 원형을 찾는 작업이기 때문이다. 따라서 그 속에 함축된 내용이 의미하는 대상과 시기를 정확히 파악하는 것이 매우 중요하다. 즉 그 내용이 의미하는 시기가 언제이며 대상이 무엇인가를 파악해야 한다.

고대국가로 살펴보는 한국고대사 ──

『삼국유사』에 의하면 고대조선은 서기전 2333년 단군왕검이 건국

하여 서기전 425년까지 1908년 동안 연맹체제 형식으로 이어진 고대 국가이다. 고대조선 역사는 크게 전기와 후기의 두 단계로 나누어볼 수 있다. 『삼국유사』에 기록된 것처럼 우리 민족 최초의 고대국가로 국가사회단계에 접어든 고대조선은 서기전 2333년에 건국되어 기자 가 동래하였다는 서기전 1122년까지를 전기로 볼 수 있다. 이 시기는 아직 한자가 널리 쓰이기 이전이며 읍제국가(邑制國家) 형태의 국가 들이 여기저기 분립되어 있던 시기라 할 수 있다. 학자에 따라서는 고대조선이 처음부터 매우 광활한 지역을 지배했던 중앙집권적 고 대 봉건국가 체제를 유지했던 것처럼 기술하기도 하나 이는 지나친 해석이다.

고대조선 전기의 단군은 제천행사를 주관한다는 차원에서 상징성 이 강한 군장으로서 자신의 직할 지역을 제외한 영역은 자치적인 성 격이 강한 제후국들과의 연맹관계에 있었을 것이며 이때부터 한민족 으로 불리는 우리 민족이 형성되어 나온 과정으로 보아 무난할 것이 다. 이때 고대조선 서쪽에서는 중국의 하(夏)·상(商)시대의 읍제국가 형태의 역사가 이어지고 있었다.[273] 그런데 주(周)나라 무왕에 의해 중 국의 역사가 영역국가(領域國家) 형태로 전환될 때쯤 고대조선 변방 에서도 유사한 변화가 일어난다. 기자가 조선으로 망명한 것이다(기자 동래설). 이는 기자가 혼자서 도망 나온 것이 아니라 일단의 세력을 이 끌고 온 것으로 보아야 한다. 그럴 경우 고대조선의 강역을 침탈당했 거나 아니면 영역의 일부를 할양해주었을 것이다. 그런데 어느 기록

---

273 윤내현,「고조선의 사회 성격」,『한국 고대의 국가와 사회』, 일조각, 1985 참조.

에도 침탈했다는 내용이 보이지 않기 때문에 고대조선이 인정하는 선에서 그 강역 안에 거주했다고 본다면 기자가 세운 나라는 고대조선 연방체제에 편입되어 하나의 제후국가가 되었다고 볼 수 있다. 그리고 이때부터 고대조선은 영역국가로 발전하면서 후기로 들어가는 것이다. 고대조선 전기에 대한 기록상의 구체적인 내용은 더 이상 자세한 것이 없다. 다만 이 시기가 하가점 하층문화 편년과 일치하기 때문에 그에 대한 연구 성과가 쌓이면 더욱 확실해질 것이다. 또한 고대조선의 강역이었던 곳에서 발굴되는 다양한 유적과 유물에 대한 합리적인 해석들을 통해 고대조선 역사의 체계화가 가능할 것이다.

고대조선 후기는 시기적으로 하가점 상층문화와 같은 편년이다. 같은 시기 고인돌과 청동 기물 등 고대조선의 상징적인 유적과 유물들이 요서·요동 지역뿐만 아니라 남북한 전역에 폭넓게 분포되어 있다는 사실은 고대조선이 후기에 접어들면서 매우 광활한 지역에 대한 문화권을 형성한 영역국가체제로 발전했을 가능성을 말해준다. 그러나 고대조선의 후기 역사에 대한 구체적인 기록 역시 없다. 중국 사서에 '조선(朝鮮)'이라는 나라 이름이 자주 보이지만 중국인들은 춘추필법에 따라 중국 역사 위주로 기록했을 것이라는 점을 감안하여 그것들이 고대조선을 지칭하는 것인지 아니면 기자(기자조선) 또는 위만(위만조선)을 지칭하는 것인지 정확히 살펴야 한다.

여기서 한 가지 짚고 넘어가야 할 것은 고대조선이 언제 멸망했으며 열국시대의 시작은 언제로 볼 것인가이다. 지금까지는 위만조선의 멸망을 고대조선의 멸망과 같은 의미로 파악하여 서기전 108년이 위만조선의 멸망 연도이자 곧 고대조선의 멸망 연도인 것처럼 인식해왔다. 국사교과서에서조차 그렇게 설명해왔다. 그러나 이는 크게 잘못된 인식이다. 왜냐하면 위만이 기자조선을 멸망시킨 서기전 194년은 열국시대에 해당하며 이때 고대조선은 없었기 때문이다. 더욱이 지역적으로도 기자조선 – 위만조선 – 한사군으로 교체되는 일련의 정치적 사건들이 있었던 지역은 옛 고대조선 서쪽 변방 지역이었으며 당시에는 열국시대의 변방 지역이었다.

　남북국시대 이전까지의 한국고대사 편년을 요약하면 아래 도표와 같다.

-2333		-1122		-425					668
		고대조선(후기)		열국시대					
고대조선(전기)									
		기자조선		위만조선		한사군			
		-1122		-194		-108			
하	상	주	춘추	전국	진	진한	후한	삼국	위진남북조
-1776	-1122	-770	-403	-221	-202	25	220	265	589

　고대조선이 열국시대로 전환된 것은 서기전 425년임을 『삼국유사』가 말하고 있다. 『삼국유사』에 따르면 고대조선은 1908년간 지속된 나라이다. 이는 서기전 2333년 건국된 고대조선이 서기전 425년까지 존속했다는 이야기이다.[274] 그럼에도 그보다 훨씬 뒤인 한사군이 설치된

---

274 필자는 단군왕검이 나라를 세우고 1500년간 다스렸다는 내용(御國一千五百年)과 후일 돌아와서 아사달에 숨어 산신이 되어 1908세까지 살았다는 내용(壽一千九百八歲)을 구분하여 408년의 공백을 설명하지 못해 앞으로의 연구과제로 생각하고 있다.

서기전 108년 이후까지도 "예(濊)는 남쪽은 진한, 북쪽은 고구려·옥저와 접하고 동쪽은 큰 바다에 의하여 막혀 있는데 지금의 조선 동쪽이 모두 그 땅이다."라는 기록이 있다.[275] 이는 진수가 『삼국지』를 편찬할 당시 예(濊)의 서쪽에 조선이 있었음을 말해준다. 그렇다면 '고대조선 후기는 언제까지로 보아야 하는가?'라는 문제가 제기된다. 여기서 함께 생각해보아야 하는 것이 부여(夫餘)의 역사에 관한 문제이다. 현재 한국의 역사학계는 부여의 역사를 비교적 소홀히 다루고 있으나 일부 학자들은 고대조선을 계승한 부여의 역사를 부활시켜야 한다는 주장을 강하게 제기하고 있다.[276]

부여의 지도자 호칭이 단군이었다는 일부 기록과 부여의 건국사화를 보면 부여가 고대조선의 뒤를 이은 나라일 가능성이 높다.[277] 따라서 열국시대의 시작은 고대조선의 후기가 끝나는 서기전 425년으로 보는 것이 타당하다. 그러면 그 이후에 보이는 '조선'은 무엇인가 하는 의문이 남는다. 이는 열국시대에 접어든 이후 군소국가 중의 하나로 극히 쇠약해진 조선으로, 이전의 고대조선과는 동일 국가로 볼 수 없다. 이때 함께 존재했던 여러 나라들은 부여, 비류, 신라, 고구려, 남옥저·북옥저, 예, 맥 등이었고 이어서 백제와 가야가 열국에 동참한다. 이상의 논의를 통해서 한국고대사 체계는 서기전 2333년 고대조선 건국을 기점으로 서기전 1122년까지를 전기, 그로부터 서기전 425년까

275 『삼국지』권30 「위서(魏書)」 '烏丸鮮卑東夷傳' 濊傳. "濊南與辰韓 北與高句麗沃沮接 東窮大海 今朝鮮之東皆其地也."
276 김종서, 앞의 책, 58쪽 ; 김성환, 「전통시대의 단군묘 인식」, 『고조선연구』 1호, 2008, 117~118쪽.
277 박성수 편, 『정인보의 조선사연구』, 서원, 2000, 55~56쪽 ; 박은식 저, 이장희 역, 『한국통사』(상), 박영사, 1995, 46쪽 ; 천관우, 『한국 상고사의 쟁점』, 일조각, 1975, 73쪽 ; 문정창, 『한국 고대사』, 인간사, 1988, 97~104쪽.

지를 후기로 하는 고대조선 역사가 단절 없이 이어졌으며 그 이후 고대조선은 연맹체제에 대한 지도권을 상실한 채 하나의 군소국가로 쇠락하고 제천행사를 주관하는 정통성은 부여로 승계되면서 열국시대에 들어간 것으로 정리되어야 한다. 그 기간 중 옛 고대조선 서쪽 영역 안쪽에 해당되는 지역에서는 기자조선 – 위만조선 – 한사군으로 이어지는 일련의 정치적 사건들이 있었지만 이는 고대조선의 흥망과는 전혀 직접적인 연관이 없었음도 확인된다.

부여를 중심으로 펼쳐졌던 열국시대는 고구려의 멸망으로 종식되고 뒤이어 신라와 발해가 양립하는 남북국시대로 접어든다.

문답 형식으로 알아보는 한국고대사 개념

• **고대조선은 언제 성립되었으며 언제 해체되었는가?**

고대조선은 서기전 2333년(청동기시대) 단군왕검이 건국하여 1908년 동안 연방체제 형태로 유지되었다. 서기전 425년(철기시대) 고대조선 연방체제가 해체되면서 부여를 위시한 한민족 고대국가들은 열국시대로 접어든다.

• **한국고대사 지명과 위치를 혼란시키는 세 단어는 무엇인가?**

요동 가장 먼[遼] 동쪽이라는 의미의 보통명사. 영토가 줄거나 늘어남에 따라 동서로 옮겨지던 요동이 오랫동안 국경으로 고정됨에 따라 요동이라는 지명으로 바뀌어 고착되면서 고유명사가 되었다.

낙랑 한사군(요서 지역), 낙랑국(평양), 동한의 군사기지(평양) 등 시대와 위치가 다른 세 낙랑이 있었다.

패수 퉁구스 계통 종족이 강을 지칭하던 보통명사로 요하, 압록강, 청천강, 대동강 등을 가리킨다. 기자와 위만이 망명할 때 건넜던 강을 지칭하는 고유명사로 패수는 요서 지역에 있었다.

• **기자와 위만이 건넜다는 패수(浿水)는 어느 강을 말하는가?**

상흠의 『수경』과 허신의 『설문해자』에서 "패수는 낙랑군 누방현을 나

와 동에서 바다로 들어간다.[浿水出樂浪鏤方縣東入于海]"고 하였다. 동
으로 흘러 바다로 들어가는 강은 중국에 있는 강이며 당시 중국의 가
장 동쪽에 있던 패수는 지금의 난하(灤河)였다.

• 한사군의 실체는 무엇이며 그 위치는 어디였는가?

한사군은 한무제가 지금의 난하~대릉하 유역에 있던 위만조선을 멸
망시키고 그 지역에 설치한 한의 네 행정구역[郡縣]으로 위치는 요서
지역이다.

• 기자-위만-한사군으로 이어지는 역사는 어느 나라 역사인가?

한(韓)민족 영역의 변방에서 중국인들이 전개한 중국사이다. 위치로
보면 고대조선과 뒤이은 열국의 안팎과 관련이 있으나 한민족 역사의
본류와는 무관하다.

• 위만조선의 멸망이 곧 고대조선의 멸망을 의미하는가?

고대조선의 연방체제가 해체(서기전 425)되고 331년 뒤에 설립된 위만
조선(서기전 194~서기전 108)은 고대조선 역사와 직접적인 연관이 없다.

• 요하문명의 주체는 어느 민족이며 동북공정에 어떻게 활용되고 있는가?

요하문명은 한(韓)민족의 기원 문명이자 고대조선의 선행 문명이다.
그러나 중국은 그 위치가 현재의 중국 영토 안에 있다는 이유로 중국
소수민족의 독립 움직임을 차단할 목적에서 내세우는 통일적 다민족
국가론을 합리화하기 위해 활용하고 있다. 즉 요하문명을 역사왜곡

논리인 동북공정 논리의 배경 문명으로 활용한 것이다.

• 동북공정이 왜 역사왜곡인가?

지난날 중화민족은 한족(漢族)만을 가리켰으나 통일적 다민족국가론에서는 현재 중국이 차지하고 있는 영토 안의 모든 민족을 중화민족으로 포괄하는 개념으로 전환하였다. 그리고 소수민족들의 역사를 모두 중국 역사에 포함시키는 작업을 추진한 것이 소위 말하는 동북·서북·서남공정 등 역사공정이다. 지금은 비록 중국의 영토 안에 들어가 있지만 그 민족의 역사마저 중국의 역사일 수는 없다. 그럼에도 소수민족의 모든 역사를 억지로 중국역사에 포함시키다보니 문명과 영토에 대한 역사적 해석이 왜곡되고 그 귀속문제의 논란으로까지 이어지고 있다.

맺음말

한국고대사는 지금의 우리가 있기까지 대대손손 역사를 이어온 조상들의 이야기이자 민족의 뿌리를 밝혀 자신의 모습이 만들어지는 과정을 알려주는 해석이다. 따라서 우리는 그 속에서 민족의 성쇠와 영욕의 순간들을 들여다보고 그에 대한 반성과 다짐을 통해 재도약의 기틀을 다질 수 있다. 그러므로 한국고대사는 진실에 기초한 사실의 기록이어야 하고 후대에 소중하게 전해져야 한다. 그럼에도 이를 소홀히 하거나 부정적 인식을 갖고 있는 현상들을 자주 볼 수 있었다. 그것은 주요 정책 수립과 의사결정 과정에서 역사의식 부재가 낳은 현상들이었으며 그 배경에는 아직도 해소되지 않고 있는 사대·식민사학의 해악이 작용하고 있음을 구체적으로 살펴보았다. 이제는 문제점을 과감히 지적하고 극복해 나가야 할 시점에 이르렀다.

대한민국은 2021년에 UNCTAD(유엔무역개발회의)의 결의로 개발도상국에서 선진국으로 지위상승을 인정받는 첫 번째 국가가 되었다. 1964년 UNCTAD 설립 이래 처음 있는 일로, 보릿고개를 넘어서려고 허리띠를 졸라매고 피와 땀을 흘리며 추진했던 산업화를 통한 한강의 기적, 자유민주국가로 우뚝 성장한 그 연장선상에서 맞는 민족사적 자랑거리가 아닐 수 없다. 우리는 식민지로 전락했던 19세기 말에 비해 경제·군사력 등 물리적 측면에서 선진국으로 크게 성장하였다. 그럼에도 문화와 국민의식 수준의 한계를 지적하는 우려의 목소리가 나온다.

국가가 멸망하는 원인은 베트남의 공산화 과정과 최근 아프가니스탄 패망의 교훈에서 알 수 있을 뿐만 아니라 굳이 세계사까지 예를 들지 않더라도 외부의 침략보다 내부의 요인이 더 결정적임을 19세기 말 우리 자신의 모습에서 찾아볼 수 있다.

한국고대사는 1만여 년의 장구한 기간에 걸쳐 광범위한 지역에서 전개된 역사로 그에 대한 사료가 미흡할 수밖에 없었다. 고고학이 발달하지 않고 체계적인 학문으로 정리되기 이전에 역사는 신화 또는 사화의 형태로 구전되기도 하였고 일부는 특정 가문에 전해오던 자료들을 엮어 사료로 정리되기도 하였다. 더욱이 중세와 근대를 거치면서 인위적인 왜곡이 가해져서 상당 부분 진실에서 벗어난 형태로 정리되는 경우가 많았다. 게다가 우리가 접할 수 있는 사료의 원문들은 상당히 난해하고 단편적이어서 입체적인 해석이 쉽지 않았다. 그렇기 때문에 한국고대사는 깊이 있는 연구가 이루어지기 어려웠고 체계적인 인식의 틀도 형성되지 못했다. 특정 분야나 지역에 한정된 문제를 가지고 자기 목소리를 내는 경우가 있었지만 그중 상당수는 전체적인 시각에서 볼 때 논리적 모순을 안고 있는 경우가 많았다. 그럼에도 이러한 제한 요소들을 극복하고 반드시 우리의 것으로 바르게 체계화하여야만 하는 것이 곧 한국고대사인 것이다.

그래서 학자들의 다양한 견해들을 비교 분석하여 한국고대사 인식의 기준을 설정해보고 싶었다. 특히 후학들이 쉽게 목표에 접근할 수 있는 하나의 방향제시라는 차원에서 논의를 기대하면서 한국고대사 왜곡의 근본적 논리로 인용되고 있는 편견과 해석상의 오류 세 가지를 골라서 논리상의 문제들을 깊이 파헤쳐보았다. 기자-위만-한사군으로 이어지는 역사인식상의 오류, 패수 위치에 대한 해석상의 착오, 한사군 성격에 대한 정치적 편견 등이다. 분석 결과 얻은 결론은 한국고대사 왜곡의 단초가 되어 왔던 이러한 논리들은 더 이상 학문적 가치를 인정할 수 없는 억지요, 궤변들이라는 것이다. 그럼에도 지금까지 그러한 논리를 중심으로 한 논의가 이어져왔던 것은 고의적으로 엉뚱한 데 초점을 맞춰 왜곡된 시각으로 문제를 풀어왔기 때문이었다. 특히 사료가 부족하다는 이유가 억지 논리를 꿰어 맞추는 명분이 되기도 했다. 그러나 지금은 수많은 사료와 유적들이 진실에 다가갈 수 있도록 충분히 뒷받침되고 있다. 따라서 사실을 보는 시각을 바꿔 서둘러 역사적 진실로 환원해야 한다. 좀 더 추가적인 검증과 논의가 필요한 것은 분명하지만 이쯤에서 한국고대사 인식의 새로운 틀이 마련되어야 한다고 생각한다.

　이미 뜻있는 학자들에 의해 앞에서 지적한 편견과 오류에 대한 비판과 재해석이 다양하게 이루어져 지금은 거의 진실에 가까이 다가가 있지 않나 싶다. 그럼에도 아직도 중국과 일본의 왜곡과 억지, 이들과의 이해관계를 과감히 떨쳐버리지 못하는 일부 학자들과 그들의 지도를 받는 연구진의 거센 반발이나 편견이 국민의 올바른 역사인식에 저해요소로 작용하고 있다.

한국고대사가 바르게 정립되어 자아의식 확립을 위한 기본 교재로 쓰일 수 있기를 바라는 간절한 심정으로 첫발을 내딛었으나 개인의 능력으로 들어올리기 힘겨운 중량임을 느껴야만 했다. 그래서 사회적 여건과 역사학계의 분위기 속에서 이 과제에 대해 택한 방법은 목표를 낮추는 것이었다. 비록 정답을 내놓을 수는 없을지라도 관심을 촉구하고 방향만은 제시할 수 있어야 한다는 차원에서 문제를 제기하고 자료를 소개하여 논의를 이끄는 방향으로 전환하였다.

『손자병법』 제3 모공(謀攻)편에 "상하가 바라는 바가 같으면 승리한다.[上下同欲者勝]"는 말이 있다. 이 말은 군 지휘관 시절 마음속에 늘 간직하고 있었던 소중한 활동지침 중 하나였다. 지휘관은 때로는 생사가 걸린 사지(死地)로 부대원들을 이끌어야 할 경우가 있다. 이때 부대원들이 죽음을 무릅쓰고 명령에 적극 따르는 것은 상하가 적과 상황에 대한 인식을 공유할 때 가능하다. 거의 불가능해 보이는 임무일지라도 반드시 해내야 한다는 목표에 대한 공감대가 형성되면 부대원의 의지가 하나로 뭉쳐 성공적인 결과로 이어질 수 있는 것이다. 이에 부대원들과 인식을 공유하겠다는 차원에서 착안한 것이 역사교육이었다. 적극적인 임무수행을 위해 갖춰야 할 가장 중요한 전제요소가 자아의식이라는 판단에서 우리나라 역사를 알려주고자 한 것이다. 그런데 우리나라 역사는 읽을수록 이해하기 어려웠고 정리하기가 힘들었다. 사대·식민사학의 폐해가 심각한 수준이었다. 그래서 이러한 문제는 반드시 극복돼야 한다는 집념으로 역사연구에 깊이 빠져들게 되었다.

원고를 탈고하고 우리 역사를 소재별로 재미있게 정리하여 귀에 쏙 쏙 들어가는 자료로 정리하지 못하였다는 자괴감도 들었지만 문제를 제기하여 올바른 역사인식의 기반확립을 위한 방향만이라도 제시할 수 있었기를 바라며 한국고대사에 대한 적극적인 관심을 가져달라는 간곡한 당부의 뜻을 다시 한 번 전한다.

참고문헌

교과서

문교부(국사편찬위원회) 편, 사회((6 – 1) (6 – 2), 1965 / 국사((6), 1972 / 고등
학교 국사(상) (하), 1982 / 중학교 국사(상) (하), 1991 / 고등학교 국사(상),
1992.

문교부검정, 고등학교 세계사, 교학사, 1983.

교육부(국사편찬위원회) 편, 고등학교 국사(상) (하), 1996 / 고등학교 국사 교사
용 지도서, 1996.

교육인적자원부((국사편찬위원회) 편 고등학교 국사, 2002 / 중학교 국사, 2007
/ 고등학교 국사, 2007.

교육과학기술부, 고등학교 국사 ; 중학교 국사, 2009.

전국역사교사모임, 『살아 있는 한국사 교과서』 1, 휴머니스트, 2002.

금성출판사, 『고등학교 근·현대사』, 2003.

교과서포럼, 『대안교과서 한국 근·현대사』, 기파랑, 2008.

『고등학교 한국사』, 미래엔 컬처그룹, 2010.

한국 사서

『三國遺事』·『帝王韻紀』·『高麗史』·『三國史記』·『朝鮮王朝實錄』·『東國通鑑』

중국 사서

『魏略』·『史記』·『管子』·『魏書』·『史記索隱』·『山海經』·『三國志』·『舊唐書』·『新唐
書』·『漢書』·『後漢書』·『淮南子』·『逸周書』

단행본

가바리노 저, 한경구·임봉길 역,『문화인류학의 역사』, 일조각, 1994.

고구려연구재단,『고조선·고구려·발해 발표 논문집』, 2005 ;『고조선·단군·부여』상·중·하, 2004 ;『만주: 그 땅, 사람, 그리고 역사』, 2005.

고구려연구회,『동북공정과 한국학계의 대응논리』, 여유당, 2008.

고정휴,『태평양의 발견 대한민국의 탄생』, 국학자료원, 2021.

구자봉,『고고학에의 초대』, 학연문화사, 1991.

김경수 역주,『제왕운기』, 역락, 1999.

김상태,『엉터리 사학자 가짜 고대사』, 책보세, 2012 ;『고조선 논쟁과 한국 민주주의』, 글로벌콘텐츠, 2017 ;『고조선과 21세기』글로벌콘텐츠, 2021.

김석준,『바로 찾는 한국고대국가학: 고조선의 국가와 행정』, 대영문화사, 2020.

김성환,『고려시대의 단군 전승과 인식』, 경인문화사, 2002.

김용만·김준수,『지도로 보는 한국사』, 수막새, 2004.

김원룡,『한국 고고학 개설』, 일지사, 1986.

김정배,『한국 민족문화의 기원』, 고려대학교 출판부, 1973.

김정학,『한국 고대사 연구』, 범우사, 1990.

김종서,『단군조선 영토 연구』, 한국학연구원, 2004 ;『기자·위만국 연구』, 한국학연구원, 2004 ;『한사군의 실제위치 연구』, 한국학연구원, 2005.

김종성,『조선 노비들: 천하지만 특별한』, 역사의아침, 2013.

김철준,『한국 고대사 연구』, 서울대학교 출판부, 1990.

노태돈,『단군과 고조선사』, 사계절, 2000.

단군학회,『남북 학자들이 함께 쓴 단군과 고조선연구』, 지식산업사, 2005.

도유호,『조선 원시 고고학』, 사회과학출판사, 1960.

리쉐친 저, 심재훈 역,『중국 청동기의 신비』, 학고재, 2005.

리지린,『고조선연구』, 백산자료원, 1963.

리지린·김석형·황철산·리상호 외,『고조선에 관한 토론 논문집』, 과학원출판사, 1963.

문정창,『한국 고대사』, 인간사, 1988 ;『단군조선 사기 연구』, 백문당, 1966.

미야타 세쓰코(宮田節子) 著, 李榮娘 譯,『朝鮮民衆과 皇民化政策』, 1994.

민두기 편저,『일본의 역사』, 지식산업사, 1969.

박선희, 『한국 고대복식 그 원형과 정체』, 지식산업사, 2002 ; 『우리 금관의 역사를 밝힌다』, 지식산업사, 2008.

박은봉, 『한권으로 보는 한국사 100장면』, 가람기획, 1993.

박은식 저, 이장희 역, 『한국통사』(상) , 박영사, 1995.

박성수 편, 『정인보의 조선사연구』, 서원, 2000.

박성수·이이화 외, 『한국인의 원형을 찾아서』, 일념, 1987.

박진욱, 『조선 고고학 전서』 고대편, 과학백과사전 종합출판사, 1988.

복기대, 『요서 지역의 청동기시대 문화연구』, 백산자료원, 2002.

복기대 외, 『고구려의 평양과 그 여운』, 주류성, 2018.

사회과학연구원, 『고조선사·부여사·고구려사·진국사』, 백산자료원, 1991 ; 『조선 원시사』1, 백산자료원, 1991.

서대석, 『한국 신화의 연구』, 집문당, 2001.

서영대 편, 『북한학계의 단군신화 연구』, 백산자료원, 1995.

서일성, 『이스라엘 역사와 민족혼』, 육군종합행정학교, 1981.

성삼제, 『고조선, 사라진 역사』, 동아일보사, 2005.

손보기, 『한국 구석기학연구의 길잡이』, 연세대학교 출판부, 1988.

손진태, 『한국 민족사 개론』, 을유문화사, 1948.

송봉선, 『북한 김씨 3대 인간 청소 실태를 고발한다』, 도서출판 선인, 2021.

송호정, 『한국고대사 속의 고조선사』, 푸른역사, 2002 ; 『단군, 만들어진 신화』, 산처럼, 2004.

신용우, 『만주의 영토권: 문화영토론과 영토문화론』, 글로벌콘텐츠, 2021.

신용하, 『한국 원민족 형성과 역사적 전통』, 나남출판, 2005.

신채호 지, 정해렴 편역, 『신채호 역사논설집』, 현대실학사, 1995.

심백강, 『조선왕조실록 중의 단군 사료』, 민족문화연구원, 2001 ; 『단군 고기록 4종』, 민족문화연구원, 2001 ; 『사고전서 중의 단군 사료』, 민족문화연구원, 2002 ; 『교과서에서 배우지 못한 우리 역사』, 바른역사, 2014 ; 『사고전서 사료로 보는 한사군의 낙랑』, 바른역사, 2014.

심백강·이덕일·박정학, 『미래로 가는 바른 고대사』, 유라시안 네트워크, 2016 ; 역사문제연구소, 『역사비평』114·115호, 역사비평사, 2016.

오누마 야스아키·에가와 쇼코 저, 조진구·박홍규 역, 『한중일 역사인식 무엇이 문제인가』, 섬앤섬, 2018.

오명제 저, 심백강 편,『조선세기』, 민족문화연구원, 2001.

우실하,『동북공정 너머 요하문명론』, 소나무, 2007.

유엠부찐 저, 이항재·이병두 역,『고조선 역사·고고학적 개요』, 소나무, 1990.

윤내현,『고조선연구』, 일지사, 1994 ;『상주사』, 민음사, 1984 ;『중국의 원시시대』,
　　단국대학교 출판부, 1982 ;『사료로 보는 우리 고대사』, 지식산업사, 2007 ;『우
　　리 고대사: 상상에서 현실로』, 지식산업사, 2003 ;『동아시아의 지평과 인간』, 지
　　식산업사, 2005 ;『한국 고대사 신론』, 만권당, 2017 ;『고조선연구』 상·하, 만권
　　당, 2015.

윤내현·박선희·하문식,『고조선의 강역을 밝힌다』, 지식산업사, 2006.

윤명철,『단군신화, 또 다른 해석』, 백산자료원, 2008.

윤병무,『한국 청동기문화 연구』, 예경산업사, 1996.

윤이흠 외,『단군 그 이해와 자료』, 서울대학교 출판부, 1994.

이기백 편,『단군신화논집』, 새문사, 1988 ;『한국고대사론』, 탐구당, 1975 ;『한국
　　사신론』, 일조각, 1967.

이덕일·김병기,『고조선은 대륙의 지배자였다』, 역사의아침, 2006.

이덕일,『한국사 그들이 숨긴 진실』, 역사의아침, 2009 ;『우리 안의 식민사관』, 만
　　권당, 2014 ;『이덕일의 한국통사』, 다산북스, 2019 ;『동아시아 고대사의 쟁점』,
　　만권당, 2019 ;『사기, 2천년의 비밀』, 만권당, 2022.

이도상,『고대조선, 끝나지 않은 논쟁』, 들메나무, 2015 ;『한국고대사 바꿔 써야
　　할 세 가지 문제』, 역사의아침, 2012 ;『일제의 역사침략 120년』, 경인문화사,
　　2003.

이마니시 류(今西龍),『朝鮮古史の研究』, 近澤書店, 1937.

이병도,『한국 고대사 연구』, 박영사, 1976.

이선복,『고고학 이야기』, 가서원, 1996.

이성규 외,『동북아시아 선사 및 고대사 연구의 방향』, 학연문화사, 2004.

이성재,『잃어버린 나라 낙랑: 낙랑군의 그늘에 가려진 낙랑국의 숨겨진 역사』, 어
　　드북스, 2007.

이양자,『감국대신 위안스카이』, 한울, 2019.

이영화,『최남선의 역사학』, 경인문화사, 2003.

이영훈 외, 『반일 종족주의』, 미래사, 2019.

이은봉, 『단군신화 연구』, 온누리, 1986.

이종욱, 『한국고대사의 새로운 체계』, 소나무, 1999.

이종호, 『유적으로 보는 우리 역사 1, 고조선』, 북카라반, 2015.

이주한, 『한국사가 죽어야 나라가 산다』, 역사의아침, 2013 ; 『위험한 역사시간』, 인문서원, 2015.

이치이 사부로(市井三郎) 저, 김홍식 역, 『明治維新의 哲學』, 태학사, 1992.

이청규 외, 『요하문명의 확산과 중국 동북지역의 청동기문화』, 동북아역사재단, 2010.

이형구, 『한국 고대문화의 기원』, 까치, 1991.

이형석·이종호, 『고조선, 신화에서 역사로』, 우리책, 2009.

임종권, 『역사의 변명』, 인문서원, 2022.

임효재, 『한국 고대문화의 흐름』, 집문당, 1992.

장동균, 『고조선 본토기』, 한국미디어, 2015.

재레드 다이아몬드 저, 김진준 역, 『총, 균, 쇠』, 문학사상, 1998.

전용신 역, 『일본서기』, 일지사, 1989.

전우성, 『다시 쓴 한국고대사』, 매일경제신문사, 2015.

젊은역사학자모임 저, 역사비평편집위원회 기획, 『한국고대사와 사이비역사학』, 역사비평사, 2017.

정경희, 『백두산문명과 한민족의 형성』, 만권당, 2020.

조갑제 닷컴 편집실, 『고등학교 한국사 교과서의 거짓과 왜곡 바로잡기』, 조갑제닷컴, 2011.

조셉 텔루슈킨 저, 김무겸 역, 『숙기 전에 한 번은 유대인에게 물어라』, 북스넛, 1994.

조항래 편저, 『일제의 대한침략정책사연구』, 현음사, 1996.

조현설, 『동아시아 건국신화의 역사와 논리』, 문학과지성사, 2003.

존 A. J. 가우레트 저, 배기동 역, 『문명의 여명: 옛 인류의 고고학』, 범양사, 1987.

천관우 편, 『한국 상고사의 쟁점』, 일조각, 1975 ; 『고조선사·삼한사 연구』, 일조각, 1989.

최몽룡, 『한국 고고학·고대사의 신연구』, 주류성, 2006.

최성락, 『고고학 입문』, 학연문화사, 2005.

최성락, 『100년 전 영국 언론은 조선을 어떻게 봤을까』, 페이퍼로드, 2019.

최재석, 『일본고대사연구비판』, 일지사, 1990 ; 『고대 한일관계와 일본서기』, 일지사, 2001.

최재인, 『상고 조선 3천년사』, 정신문화사, 1998 ; 『우리 국사 왜곡 어떻게 할 것인가?』, 정신문화사, 2002.

최태영, 『한국 고대사를 생각한다』, 눈빛, 2003 ; 『한국 상고사』, 유풍, 1990.

최형주 해역, 『산해경』, 자유문고, 2004.

하가 도오루(芳賀徹) 저, 손순옥 역, 『명치유신과 일본인』, 예하, 1989.

하문식, 『고조선 지역의 고인돌 연구』, 백산자료원, 1999.

하야시 다이스케(林泰輔), 『朝鮮通史』, 進光社書店, 昭和19年(1944).

하종문, 『왜 일본은 한국을 정복하고 싶어 하는가』, 메디치미디어, 2020.

하타다 다카시(旗田巍) 著, 李基東 譯, 『日本人의 韓國觀』, 一潮閣, 1981.

한국고고학회 편, 『국가 형성의 고고학』, 사회평론, 2008.

한영우, 『우리 역사와의 대화』, 을유문화사, 1991 ; 『다시 찾는 우리 역사』, 경세원, 1997.

황순종, 『식민사관의 감춰진 맨 얼굴』, 만권당, 2014 ; 『동북아 대륙에서 펼쳐진 우리 고대사』, 지식산업사, 2012.

E. 버크·J. G. 피히테 저, 박희철 역, 『프랑스혁명 성찰 / 독일국민에게 고함』, 동서문화사, 2016.

논문

강인구, 「단군의 출생지에 대하여」, 이형구 엮음, 『단군과 단군조선』, 살림터, 1995.

강인숙, 「고조선 건국 년대와 단군조선의 존재 기간」, 『력사과학』, 1995 - 1.

고고학연구소, 「두만강 유역의 청동기시대 문화」, 『고고학 민속 논문집』 2, 사회과학출판사, 1970.

근풍의(靳楓毅), 「論中國東北地區含曲刃靑銅短劍的文化遺存」, 『考古學報』 1期.

기수연, 「중국 문헌에 보이는 동이와 조선」, 『단군학연구』 4호, 2001.

김광수, 「한의 고조선 침정 시 패수·왕검성의 위치에 대한 소고」, 『학예지』 3집, 1988.

김광억, 「국가 형성에 관한 인류학적 이론과 모형」, 『한국사 시민강좌』 2집, 일조각, 1988.

김남중, 「위만국의 영역과 왕검성」, 『한국고대사 연구』 22집, 2001.

김상기, 「한(韓)·예(濊)·맥(貊) 이동 고」, 『사해(史海)』 창간호, 조선사연구회, 단기 4281(1948) ; 『동방사논총』, 서울대학교 출판부, 1984.

김성한, 「전통시대의 단군묘 인식」, 『고조선연구』 1호, 2008.

김영수, 「기자조선은 中國 蒙縣 - 東國朝鮮과는 異地同名일 뿐」, 『전북대학교 논문집』 3집, 1960.

김유철, 「고조선의 중심지와 영역」, 『단군과 고조선 연구』, 단군학회, 2005.

김정배, 「예맥족에 관한 연구」, 『백산학보』 5호, 1968 ; 「위만국의 국가적 성격」, 『한국사학논총』, 고려대학교 사학회, 1977 ; 「고조선연구의 현황과 과제」, 『단군학연구』 9호, 단군학회, 2003.

김정학, 「청동기의 전래」, 『한국사론』 13, 국사편찬위원회, 1983.

김정희, 「중국 동북지방 지석묘연구의 최근 동향」, 『가야통신』 17집, 1988.

김철준, 「고조선 사회의 정치세력의 성립」, 『한국사』 2, 국사편찬위원회, 1973.

김한규, 「기자와 한국」, 『진단학보』 92, 진단학회, 2001.

나희라, 「단군에 대한 인식: 고려에서 일제까지」, 『역사비평』 19, 역사비평사, 1992.

남일룡, 「평양 일대에서 새로 발굴된 고인돌무덤과 그 의의」, 『단군과 고조선 연구』, 단군학회, 2005.

노태돈, 「한국 민족형성 과정에 대한 이론적 고찰」, 『한국고대사논총』 1, 1991.

도유호, 「왕검성의 위치」, 『문화유산』 1962 - 5.

류병흥, 「고조선의 문화 발전에 대한 고고학적 편년에 대하여」, 『조선 고고 연구』 99, 1996 - 2.

리상호, 「단군설화의 연대 문제」, 『력사과학』 1962 - 3 · 4호.

리지린, 「예족과 맥족에 관한 고찰」, 『고조선연구』, 1963.

미카미 쓰기오(三上次男), 「衛氏朝鮮國の政治 · 社會的性格」, 『中國古代史の諸 問題』, 東京大學出版會, 1954.

박광용, 「기자국에 대한 인식의 변천」, 『한국사론』 6, 서울대 인문대학 국사학과, 1980.

박선희, 「복식 자료를 통해 본 고조선의 영역」, 『백산학보』 61호, 2001 ; 「유물 자료로 본 고조선 이전 시기의 복식문화 수준」, 『단군학연구』 19호, 2008 ; 「평양 낙랑유적 복식유물의 문화 성격과 고조선」, 『단군학연구』 20호, 2009.

박원길, 「북방공정의 논리와 전개 과정 연구」, 『북방문화와 한국 상고문화의 기원』 단국대북방문화연구소, 2008.

박정학, 「한민족의 형성과 얼에 대한 연구」, 강원대학교 박사학위논문, 2009.

박준형, 「예맥의 형성과정과 고조선」, 『학림』 22, 연세대학교 사학과, 2001.

박진욱, 「단군릉 발굴 정형에 대하여」, 『북한의 단군릉 발굴 관련 자료』, 북한문제 연구소, 1993.

백련행, 「부조예군의 도장에 대하여」, 『문화유산』 1962년 4호.

복기대, 「중국 요서 지역 청동기시대 문화의 역사적 이해」, 『단군학연구』 5호, 단군 학회, 1999 ; 「한국사연구에서 고고학 응용의 몇 가지 문제에 관하여」, 『고조선 연구』 1호, 2008 ; 「소하연문화에 관하여」, 『단군학연구』 21호, 단군학회, 2009 ; 「임둔태수장 봉니를 통해 본 한사군의 위치」, 『백산학보』 61호, 2001.

서국태, 「최근에 발굴된 단군조선 초기의 유적과 유물」, 『단군과 고조선 연구』, 단 군학회, 2005.

서길수, 「중화인민공화국 동북공정 5년의 성과와 전망」, 『동북공정과 한국학계의 대응 논리』, 여유당, 2008.

서영대, 「단군관계 문헌자료 연구」, 『단군: 그 이해와 자료』, 서울대학교 출판부, 1994.

서영수, 「고조선의 위치와 강역」, 『한국사 시민강좌』 2, 일조각, 1988.

송영종, 「고조선 3왕조의 시기 구분에 대하여」, 『단군과 단군조선』, 살림터, 1999.

송호정, 「요녕지역 청동기문화와 미송리형 토기에 관한 고찰」, 『한국사론』 24, 1991.

신용하, 「한민족의 형성과 단군에 대한 사회사적 고찰」, 『단군과 고조선 연구』, 단 군학회, 2005 ; 「고조선 국가의 형성과 영역」, 『고조선 탐색』, 고조선학회, 2008 ; 「고조선의 통치체제」, 『고조선연구』 1호, 2008.

오강원, 「서요하상 유역 청동 단검과 그 문화에 관한 연구」, 『한국 고대사연구』 12, 1997.

우실하, 「최근 중국의 역사관련 국가 공정들과 한국의 과제」, 『단군학연구』 12호, 2005 ; 「요하문명론의 초기 전개 과정에 대한 연구」, 『단군학연구』 21호, 단군학 회, 2009.

윤내현, 「고조선의 도읍 위치와 그 이동」, 『단군과 고조선 연구』, 단군학회, 2005 ; 「고조선의 사회성격」, 『한국 고대의 국가와 사회』, 역사학회, 일조각, 1985 ; 「위 만국의 재인식」, 『사학지』 19집, 1986 ; 「고조선의 서변경계고」, 『남사 정재각 박사 고희 기념 동양학논총』, 고려원, 1984 ; 「중국 문헌에 나타난 고조선인식」, 『한국사론』 14, 1984 ; 「고대문헌에 보이는 한국고대사의 두 가지 체계」, 『고조 선연구』 1호, 2008 ; 「기자신고」, 『한국사연구』 41, 한국사연구회, 1981.

윤무병, 「요령지방의 청동기문화」, 『한국 상고사의 제 문제』, 한국정신문화연구소, 1987.

윤이흠, 「단군신화와 한민족의 역사」, 『단군: 그 이해와 자료』, 서울대학교 출판부, 1994.

이기동, 「한국사 시대 구분의 여러 유형과 문제점」, 『한국사 시대 구분론』, 소화, 1995.

이도상, 「단군왕검신화의 역사학적 의미」, 『단군학연구』 6호, 단군학회, 2002 ; 「일 본의 한국 침략논리와 식민주의사학」, 단국대학교 박사학위논문, 2000 ; 「고대 한중 국경선 패수위치 비정」, 『한국상고사의 쟁점』, 동북아역사재단, 2015.

이마니시 류(今西龍), 「檀君考」·「箕子朝鮮考」·「洌水考」, 『朝鮮古史の研究』, 近 澤書店, 1937.

이병도, 「단군설화의 해석과 아사달 문제」, 『서울대학교 논문집』 인문사회과학 2,

1955 ;「위씨조선 흥망고」,『논문집』, 서울대학교, 단기 4289(1956) ;「삼한문제의 신 고찰」,『진단학보』3권, 1935.

이병두,「요녕·현도군의 위치」,『백산학보』37호, 1990.

이성규,「선진문헌에 보이는 동이의 성격」,『한국 고대사논총』1, 1991.

이성시,「동아시아 고대사 인식의 분기와 연환」,『동아시아 삼국의 역사인식과 영토문제』, 단국대 동양학 연구소, 2007.

이재원,「남한과 북한 문학사에 서술된 단군신화 고찰」,『단군학연구』9호, 2003 ;「교과서에서의 단군사화 수용 고찰」,『단군학연구』19호, 2008.

이청규,「청동기를 통해 본 고조선」,『국사관논총』42집, 1995 ; 이청규 외,『요하문명의 확산과 중국 동북지역의 청동기문화』, 동북아역사재단, 2010.

이형구,「대릉하 유역 고죽문화(孤竹文化)」,『中國東北新石器時代及靑銅器時代之文化』, 1978 ;「발해연안 북부 요서·요녕지방의 고조선」,『단군과 고조선 연구』, 단군학회, 2005.

이호관·조유전,「양평군 양수리 지석묘 발굴 보고」,『팔당·소양댐 수몰지구 유적 발굴 종합 조사보고』, 문화재관리국, 1974.

임재해,「고대조선 본풀이의 역사인식과 본풀이 사관의 수립」,『단군학연구』21, 단군학회, 2009.

정영훈,「남과 북의 단군 인식과 단군 숭앙」,『단군학연구』12호, 2005.

정중환,「기자조선고」,『동아논총』2집, 동아대학교, 1964 ;「속 기자조선고」,『동아논총』8집, 동아대학교, 1971.

천관우,「난하 하류의 조선」,『사총』21·22 합집, 고려대학교 사학회, 1977 ;「기자고」,『동방학지』15, 1974.

최광식,「상고사에 대한 바람직한 교육 방안」,『단군학연구』9호, 단군학회, 2003.

최남선,「불함문화론」,『檀君及朝鮮民族』1, 1927.

최몽룡,「북한의 단군릉 발굴과 그 문제점」1·2,『단군: 그 이해와 자료』, 서울대학교 출판부, 1994 ;「고대국가 성장과 무역」, 역사학회,『한국 고대의 국가와 사회』, 일조각, 1985.

최복규,「한국과 시베리아의 중석기시대 유적과 문화」,『손보기 박사 정년기념 고고인류학 논총』, 지식산업사, 1988.

최성락,『영암 장천리 주거지』2, 목포대학교 박물관, 1986.

하문식, 「고조선의 무덤 연구」, 『단군과 고조선 연구』, 단군학회, 2005 ; 「한국 상고 사 연구의 경향과 성과」, 『단군학연구』 19호, 2008.

한영우, 「고려와 조선 전기의 기자 인식」, 『조선 전기 사회사상 연구』, 지식산업사, 1983.

한창균, 「고조선의 성립 배경과 발전단계 시론」, 『국사관논총』, 국사편찬위원회, 1992.

허종호, 「조선의 대동강문화는 세계 5대 문명의 하나」, 『력사과학』 1998 – 4.

황기덕, 「료서지방의 비파형 단검 문화와 그 주민」, 『비파형 단검 문화에 대한 연 구』, 과학·백과사전출판사, 1987.

황철산, 「고조선의 종족에 대하여」, 『고고민속』 1963 – 1.

황패강, 「단군신화의 한 연구」, 『백산학보』 3집, 1967.

미래 세대를 위한
한국고대사 바로 읽기

초판 1쇄 펴낸 날 2022. 9. 20.

지은이   이도상
발행인   양진호
책임편집   오선이
디자인   김민정
발행처   도서출판 |만권당▐

등 록   2013년 5월 21일(제2014-000039호)
주 소   (07207) 서울시 영등포구 양평로21가길 19, 우림라이온스밸리
          B동 512호
전 화   (02) 338-5951~2
팩 스   (02) 338-5953
이메일   mangwonbooks@hanmail.net

ISBN   979-11-88992-17-1 (93910)